너희는
광야로
진군하라

너희는 광야로 진군하라

민수기 강해설교

초판 1쇄 발행 2023년 5월 12일

지은이   이동원
펴낸곳   압바암마
출판등록   제2012-000093호

주소   경기도 성남시 분당구 황새울로 200번길 28, 1104-35호(수내동, 오너스타워)
전화   031-710-5948
팩스   031-716-9464
이메일   webforleader@jiguchon.org

ISBN 978-89-98362-31-7
값 20,000원

* 잘못된 책은 구입하신 곳에서 바꾸어 드립니다.
* 압바암마(abba amma)는 아람어로서 '아빠 엄마'라는 뜻입니다.

민수기 강해설교

너희는
광야로
진군하라

이동원 지음

서문

민수기는 광야의 책입니다.
하나님의 백성들의 광야 걷기의 책입니다.
하나님은 광야의 위험과 시험에도 불구하고
그 광야에서 백성들로 그 시련들을 직면하게 하십니다.
그러나 혼자가 아닌 공동체로 나아가게 하십니다.

누가는 사도행전에서 광야교회를 증언합니다.
주의 백성들의 '광야살이'는 바로 교회론의 핵심입니다.
그래서 신약의 백성들도 이 책을 주목하고 읽어야 합니다.
여기 새 언약 공동체의 삶을 옛 언약으로 볼 수 있어야 합니다.
새 시대는 옛 시대에서 다시 영감을 받아야 합니다.

광야의 비바람으로 백성들은 방황했습니다.
그러나 방황 속에서도 공동체를 포기하지 않았습니다.
그리고 리더십의 시련은 있었지만 포기되지도 않았습니다.
지금 우리는 팬데믹 광야에서의 시련을 마무리하고 있습니다.

이런 우리들에게 이 책은 말합니다.

"너희는 광야로 진군하라"고.
너희는 하나님의 공동체이고 하나님의 소망이라고.
이제 우리도 우리의 공동체를 계수할 때입니다.
그리고 일어나 진군의 나팔소리를 울려야 합니다.
이 책이 한국교회 회복의 기초이기를 기도합니다.

광야를 함께 지나는 시련의 지체가 된
이동원 목사

목차

Chapter 1   **새로운 출발, 새로운 역사**   13
민 1:1-4, 47-54

Chapter 2   **거룩한 공동체의 진을 치라**   25
민 2:1-2, 34

Chapter 3   **제대로 섬길 것인가? 죽을 것인가?**   37
민 3:1-4, 40-45

Chapter 4   **거룩한 직무를 감당하라**   49
민 4:1-4, 46-49

Chapter 5   **더럽히게 하지 말라**   61
민 5:1-4

Chapter 6   **나실인이 되라**   73
민 6:1-8

Chapter 7   **살아계신 주님과의 연합의 블레싱**   85
민 6:22-27

Chapter 8   **앞으로 비추게 할지니라**   97
민 8:1-4

Chapter 9   오늘의 유월절의 의미   109
민 9:1-5

Chapter 10   구름따라 불빛따라   121
민 9:15-23

Chapter 11   지금은 나팔을 불어야 할 때   133
민 10:1-9

Chapter 12   우리 공동체... 어떻게 만들까?   145
민 10:29-32

Chapter 13   원망을 넘어서는 비전 공동체   157
민 11:1-9, 34-35

Chapter 14   온유한 사람의 복   169
민 12:1-7, 13-16

Chapter 15   믿음의 눈으로 바라보기   181
민 13:25-33

Chapter 16   애굽으로 돌아갈 것인가?   193
민 14:1-10

Chapter 17   내 종 갈렙처럼   205
민 14:20-25

Chapter 18   **광야 위기의 처방**   217
민 15:32-41

Chapter 19   **하나님의 사람들의 중보기도**   229
민 16:1-3, 41-50

Chapter 20   **아론의 싹난 지팡이의 레슨**   241
민 17:1-11

Chapter 21   **부정과 정결의 레슨**   253
민 19:1-4, 20-22

Chapter 22   **므리바 물의 레슨**   265
민 20:2-13

Chapter 23   **바톤 터치**   277
민 20:1, 22-29

Chapter 24   **상한 마음, 상한 민족의 치유**   289
민 21:4-9

Chapter 25   **저주를 축복으로 바꾸라**   301
민 22:1-6

Chapter 26   **비느하스의 열심, 하나님의 질투**   313
민 25:1-13

Chapter 27   **다음 세대를 준비하라**   325
민 26:1-4

Chapter 28   매일 매주 매월의 헌신   337
              민 28:1-15

Chapter 29   매년 기억해야 할 감사(1)   349
              민 28:16-31

Chapter 30   매년 기억해야 할 감사(2)   361
              민 29:7-16

Chapter 31   서원을 해보셨습니까?   373
              민 30:1-5

Chapter 32   약속의 땅을 정복하라   385
              민 33:50-56

Chapter 33   여인들을 배려하라   397
              민 27:1-7, 36:5-9

Chapter 34   도피성의 은총   409
              민 35:9-15, 28

Chapter 1

새로운 출발,
새로운 역사

- 민 1:1-4

1 이스라엘 자손이 애굽 땅에서 나온 후 둘째 해 둘째 달 첫째 날에 여호와께서 시내 광야 회막에서 모세에게 말씀하여 이르시되 **2** 너희는 이스라엘 자손의 모든 회중 각 남자의 수를 그들의 종족과 조상의 가문에 따라 그 명수대로 계수할지니 **3** 이스라엘 중 이십 세 이상으로 싸움에 나갈 만한 모든 자를 너와 아론은 그 진영별로 계수하되 **4** 각 지파의 각 조상의 가문의 우두머리 한 사람씩을 너희와 함께 하게 하라

- 민 1:47-54

47 그러나 레위인은 그들의 조상의 지파대로 그 계수에 들지 아니하였으니 **48** 이는 여호와께서 모세에게 말씀하여 이르시되 **49** 너는 레위 지파만은 계수하지 말며 그들을 이스라엘 자손 계수 중에 넣지 말고 **50** 그들에게 증거의 성막과 그 모든 기구와 그 모든 부속품을 관리하게 하라 그들은 그 성막과 그 모든 기구를 운반하며 거기서 봉사하며 성막 주위에 진을 칠지며 **51** 성막을 운반할 때에는 레위인이 그것을 걷고 성막을 세울 때에는 레위인이 그것을 세울 것이요 외인이 가까이 오면 죽일지며 **52** 이스라엘 자손은 막사를 치되 그 진영별로 각각 그 진영과 군기 곁에 칠 것이나 **53** 레위인은 증거의 성막 사방에 진을 쳐서 이스라엘 자손의 회중에게 진노가 임하지 않게 할 것이라 레위인은 증거의 성막에 대한 책임을 지킬지니라 하셨음이라 **54** 이스라엘 자손이 그대로 행하되 여호와께서 모세에게 명령하신 대로 행하였더라

Chapter 1
새로운 출발, 새로운 역사

역사가 새로워지려면 역사의 전기에 때에 맞는 역사적 응답이 요청됩니다. 영국의 역사학자 아놀드 토인비(A. J. Toynbee)는 그의 역작 전12권으로 된 《역사의 연구》에서 이런 역사 연구의 틀로 '도전과 응답'(Challenge and Response)의 개념을 사용했습니다. 우리가 살고 있는 이 땅에도 시시때때로 역사의 전기를 맞이하곤 했습니다. 그때 우리 앞에 던져진 도전에 우리가 어떻게 응답했느냐에 따라 민족의 운명, 민족의 역사를 만들어 왔습니다. 우리는 우리 민족의 운명의 전기를 맞이하는 투표로 역사를 만들어왔습니다. 이런 중요한 도전의 시기에 우리는 때마침 구약의 민수기 강해를 시작합니다. 이 민수기 연구와 묵상이 우리 민족의 새로운 출발, 새로운 역사 형성에 도움이 되기만을 기도하며 강해를 시작합니다.

구약의 출애굽기가 이스라엘 백성이 애굽 땅의 노예 된 자리에서 해방되어 출애굽하여 광야의 시내 산에 도착하기까지의 여정을 다루고 있는 책이라면 민수기는 시내 산에서 이스라엘 백성이 율법을 받고 출발하여 가나안 땅이 내려다보이는 모압 광야에 이르기까지의 약 40년의 광야 생활을 다루고 있는 책입니다. 사실 이스라엘 백성이 시내산에 머물렀던 시기는 도합 약 1년의 과정이었습니다. 그러나 이때부터 가나안에 들어가기까지의 광야 생활은 무려 구약의 한 세대 39여 년이 경과된 것입니다. 쉽게 말해 한 사람의 그리스도인이 되고 기초 훈련을 받는 순간은 짧은 세월이지만 우리가 그리스도인다운 그리스도인이 되기까지는 적지 않은 세월, 때로는 평생이 걸리는 것과 같은 여정인 것입니다. 흔히 성경학자들은 이스라엘 백성이 시내산에서 하나님과 언약을 맺은 것을 결혼에 비유하기도 합니다. 그러니까 이스라엘이 하나님과 결혼하기까지 1년이 걸렸다면 부부다운 부부가 되는 데 39년이 걸린 셈입니다. 이런 부부됨의 훈련을 위해 광야가 필요했던 것입니다. 그래서 본래 이 책의 본명은 '광야에서'(베미드바르, B'midbar)입니다. 그러나 구약이 희랍어로 번역되는 과정에서 소위 70인역에서는 '아리트모이'(Arithmoi)라고 불렀고 그것이 다시 라틴어와 영어로 번역되는 과정에서 '민수기'(Numbers)라는 이름이 부여된 것입니다.

그러니까 당연히 민수기에서 가장 중요한 것은 백성들의 인구조사입니다. 그래서 민수기 1장은 이런 인구조사로 책이 열립니다. 1-2절을 보겠습니다. "이스라엘 자손이 애굽 땅에서 나온 후 둘째 해 둘째 달 첫째 날에 여호와께서 시내 광야 회막에서 모세에게 말씀하여 이르시되 너희는 이스라엘 자손의 모든 회중 각 남자의 수를 그들의 종족과 조상의 가문에 따라 그 명수대로 계수할지니." 이런 인구조사가 시사하는 의미는 무엇입니까? 왜 하나님께서 광야에서 새로운 출발을 하는 이스라엘 민족에게 이런 인구조사를 명하셨을까요?

1. 공동체의 안보를 책임지게 하기 위해서입니다.

본래 인구조사란 고대나 현대에서 동일하게 두 가지 큰 목적이 있습니다. 하나는 세금을 부과하기 위해서였고, 또 하나는 공동체 안보를 위한 군인 징집을 위해서였습니다. 지금 시내 산에서 광야 여정을 출발하여 미래에 어떤 위험이 기다리고 있을지 모르는 상황에서의 새로운 출발을 위해서 두 번째 이유로 인구조사가 필요했던 것입니다. 아브라함 매슬로우(Abraham Maslow)라는 심리학자가 '인간 욕구의 위계질서'(Hierarchy of Needs)를 설명하며 가장 근본적인 두 가지 필요를 말합니다. 첫째는 생리적 욕구(Physiological Needs)라 했고, 둘째는 안전에 대한 욕구(Safety Needs)라고 했습니다. 인간이 생존하기 위해서는 우선 먹고 마시고 잠을 자는 등의 기본적 욕구가 해결되어야 하고 다음으로 개인과 가정의 실제적 안전 욕구, 안전의 필요가 해결되어야 한다는 것입니다.

이런 필요를 아시는 여호와 하나님께서 시내광야에서 가나안 땅을 향해 출발하면서 인구조사를 명하십니다. 그리고 인구조사를 할 때 "종족과 조상의 가문에 따라 그 명수대로 계수할 지니"라고 하셨습니다. 이스라엘 12지파 중에서 각 종족의 리더를 선출하여 각 가족별로 종족별로 인구조사를 하게 하신 것입니다. 하나님은 만물을 창조하시면서 창조의 절정 여섯째 날에 하나님의 형상대로 지음 받은 남자와 여자(아담과 하와)가 부부로 연합하게 하심으로 한 가정을 이루게 하셨습니다. 그리고 이들로 에덴의 동산에 머물게 하셨습니다. 그래서 인간에게는 가정을 보호하려는 창조적 본능이 있습니다. 가정이야말로 인간 공동체의 기본입니다. 그래서 하나님은 가정과 종족을 중심으로 공동체를 형성하게 하십니다. 가정이 보호받지 못하는 공동체는 결코 안전할 수 없습니다.

그리고 궁극적으로 이런 가정들의 주인은 하나님이시고 하나님의 보호하심을 통해서만 공동체의 안전이 보장됨을 가문의 지도자들의 이름들을 통해 알 수가 있습니다. 여기 1장에 기록된 리더 중 무려 9명의 이름에 '엘'이란 명칭이 들어 있습니다. 5절에 엘리술(나의 하나님은 반석이시다), 6절에 슬루미엘(하나님은 나의 평화이시다), 8절에 느다넬(하나님이 주시다/선물), 9절에 엘리압(나의 하나님은 아버지이시다), 10절에 엘리사마(나의 하나님이 들으신다), 10절에 가말리엘(하나님은 나의 보상이시다), 13절에 바기엘(하나님은 나의 행운이시다), 14절에 엘리아삽(나의 하나님이 더하여 주신다), 14절에 드우엘(하나님은 친구이시다), 혹은

'샤다이'(전능자)란 명칭이 포함되기도 합니다. 5절에 스데울(샤다이는 빛이시다), 6절에 수리삿대(샤다이는 나의 반석이시다), 12절에 암미삿대(샤다이는 나의 친족이시다). 그렇습니다. 이런 리더들의 이름은 바로 하나님이 그들의 안전이 되신다는 일종의 신앙 고백이었습니다. 이제 이런 리더들을 통해 공동체의 안보를 책임지게 하신 것입니다.

2. 지킬만한 자를 병사가 되게 하기 위해서입니다.

본문 3-4절을 보십시오. "이스라엘 중 이십 세 이상으로 싸움에 나갈만한 모든 자를 너와 아론은 그 진영별로 계수하되 각 지파의 각 조상의 가문의 우두머리 한 사람씩을 너희와 함께 하게 하라." 여기 전쟁 능력이 있는 사람들을 병사로 모집하기 위해 20세 이상의 남자들을 계수한 것으로 보여집니다. 레 27:3에 인간을 값으로 환산할 때 인간의 전성기는 20세부터 60세였던 것으로 보여집니다. "네가 정한 값은 스무 살로부터 예순 살까지는 남자면 성소의 세겔로 은 오십 세겔로 하고." 그러나 민수기에서는 60세라는 한계를 정하지 않았습니다. 광야의 전투에서 필요하면 60세 이상도 가담해야 하기 때문입니다. 갈렙은 후일 85세에도 약속의 땅 정복 전쟁에 참여하지 않았습니까? 우크라이나-러시아 전쟁에 나이가 많은 사람들도 자원하는 모습들은 전쟁의 절박한 상황 속에서는 싸울만한 모든 사람들을 다 동원할 필요가 있었기 때문입니다.

중요한 것은 이제 하나님의 백성들이 하나님의 군대가 되어야 한다는 사실이었습니다. 그리고 군대의 일원이 되기 위해서는 군인 혹은 병사로서 분명한 책임과 특권에 대한 인식이 필요했습니다. 책임은 무엇일까요? 훈련받고 싸워야 한다는 것입니다. 병사가 훈련을 기피하고 전투를 기피한다면 병사의 자격이 없는 자들입니다.

바울 사도는 예수 그리스도의 제자 됨을 다른 말로 예수의 병사가 된다고 말합니다. 딤후2:3-4을 보십시오. "너는 그리스도 예수의 좋은 병사로 나와 함께 고난을 받으라 병사로 복무하는 자는 자기 생활에 얽매이는 자가 하나도 없나니 이는 병사로 모집한 자를 기쁘게 하려 함이라." 그리고 병사로써 모든 고난을 기쁘게 감수하려면 그가 후일 누릴 특권을 기억하고 있어야 합니다. 바울 사도는 딤후2:10에서 이렇게 말합니다. "그러므로 내가 택함 받은 자들을 위하여 모든 것을 참음은 그들도 그리스도 예수 안에 있는 구원을 영원한 영광과 함께 받게 하려 함이라." 구약시대 민수기에서 광야를 지나는 주의 군대들에게 약속된 영광은 약속의 땅에서의 그들의 기업(땅의 분배)이 약속되어 있었다는 것입니다.

다시 롬8:17-18의 바울의 하늘나라 기업의 상속에 대한 기대와 고백을 들어보십시오. "자녀이면 또한 상속자 곧 하나님의 상속자요 그리스도와 함께 한 상속자니 우리가 그와 함께 영광을 받기 위하여 고난도 함께 받아야 할 것이니라 생각하건 대 현재의 고난은 장차 우리에게 나타날 영광과 비교할 수 없 도다." 이것이 우리가 지금 하나님의 군대로 계수되고 징집됨을 기뻐해야 할 이유인 것입니다. 그러므로 민수기 1장을 읽어 내려가며 우리는 우리를 하나님의 군대로 부르시고 병사로 징 집 카운트를 하시는 그의 부르심 앞에 아멘 할 수 있어야 합니 다. 이제 징집의 나팔소리 울려 퍼질 때 그리고 여러분과 저의 이름이 하나님의 군대 하나님의 병사로 이름이 불리울 때 기꺼 이 우리는 자원하고 응답하시겠습니까? 훈련소에 가서 기꺼이 고난의 훈련을 감수하시겠습니까? 그리고 기꺼이 전선에 나아 가시겠습니까?

3. 하나님 섬김을 우선으로 하기 위해서입니다.

그런데 민수기 1장의 인구조사 기사를 계속 읽어내려 가다 보면 1장 47-54절에서 흥미로운 사실에 직면하게 됩니다. 인 구조사에 예외가 있었다는 것입니다. 47절을 보겠습니다. "그 러나 레위인은 그들의 조상의 지파대로 그 계수에 들지 아니 하였으니." 그것은 다음 절에 의하면 여호와 하나님의 명령이 었다는 것입니다. 다시 이어지는 49절을 보십시오. "너는 레위 지파만은 계수하지 말며 그들을 이스라엘 자손 계수 중에 넣지 말고." 도대체 왜입니까? 50절 이하가 대답하고 있습니다. "그들에게 증거의 성막과 그 모든 기구와 그 모든 부속품을 관리하게 하라 그들은 그 성막과 그 모든 기구를 운반하며 거기서 봉사하며 성막 주위에 진을 칠지며." 다시 말하면 레위지파를 인구조사에서 예외로 한 것은 그들이 성막 봉사에 전념하도록 하기 위해서였다는 것입니다. 요즘 말로 풀타임으로 그들에게 성막 봉사를 위탁하신 것입니다. 무슨 말입니까? 무슨 뜻입니까?

광야의 여정 행진 중에도 그리고 광야의 전투 중에도 이스라엘 백성들이 포기하지 말아야 할 것은 하나님의 임재에 집중하고 하나님을 예배하는 일이었기 때문입니다. 이 특별한 사역을 위해서 하나님은 레위 지파를 구별하신 것입니다. 하나님을 찬양하고 하나님께 제사하고 그리고 하나님의 음성에 귀를 기울이며 기도로 아뢰는 일은 광야의 삶에서 우선순위를 가져야 할 일이었기 때문입니다. 그리고 이 우선순위를 지키기 위해서 다른 모든 일상의 의무나 전투의 의무에서 레위 지파는 예외가 되어야 할 거룩한 필요가 있었던 것입니다. 이것은 거룩한 필요요 거룩한 의무였습니다. 이 우선순위가 허물어지고 이스라엘 백성들이 하나님을 섬기는 자리에서 이탈한다면 그것은 하나님의 저주를 피할 수 없는 일이었습니다. 이제 53절의 말씀을 보십시오. "레위인은 증거의 성막 사방에 진을 쳐서 이스라엘 자손의 회중에 진노가 임하지 않게 할 것이라 레위인은 증거의 성막에 대한 책임을 지킬지니라 하셨음이라." 그렇습니다. 증거의 성막에서 하나님을 섬기는 일은 거룩한 책임의 우선순위였던 것입니다.

오늘 우리는 인생의 광야에서 이 우선순위를 지키며 살아가고 있을까요? 하나님의 백성들이 광야에서도 빛이 되고 소금이 되고자 코로나 시대에 방역을 지키는 일은 중요합니다. 그러나 그렇게 하면서도 우리는 예배의 우선순위를 지키고 있을까요? 혹시 코로나를 핑계로 하나님을 예배하는 일, 하나님을 섬기는 우선순위를 포기하고 있는 것은 아닌지요? 바야흐로 선거가 목전에 있습니다. 우리가 옛날 이스라엘 백성들처럼 리더를 선출할 때 우리는 어떤 기준을 가져야 할까요? 우리 민족 공동체의 안보를 누가 더 잘 감당할수 있을까요? 누가 더 우리의 안보를 지키며 우리를 하나님의 군대로 훈련하고 행진하게 할 수 있을까요? 그리고 하나님을 섬기고 예배하는 신앙의 자유를 누가 더 잘 지켜줄 수 있을까를 물어야 합니다. 우리 민족의 광야 행진은 다시 시작됩니다. 누가 우리의 새로운 출발, 새로운 하나님의 역사 만들기에 리더로 합당할 것인가를 여호와 하나님에게 물어야 할 때입니다.

Chapter 2
거룩한 공동체의
진을 치라

- 민 2:1-2

1 여호와께서 모세와 아론에게 말씀하여 이르시되 2 이스라엘 자손은 각각 자기의 진영의 군기와 자기의 조상의 가문의 기호 곁에 진을 치되 회막을 향하여 사방으로 치라

- 민 2:34

34 이스라엘 자손이 여호와께서 모세에게 명령하신 대로 다 준행하여 각기 종족과 조상의 가문에 따르며 자기들의 기를 따라 진 치기도 하며 행진하기도 하였더라

Chapter 2
거룩한 공동체의 진을 치라

우리가 예수님을 나의 구주와 주님으로 믿고 영접하는 것은 '개인적 결단'(personal decision)에 의한 것입니다. 그러나 우리가 그를 믿는 순간 우리는 개인적으로 살아가는 것이 아니라, 예수 그리스도의 몸인 교회 공동체의 지체가 되어 살아갑니다. 마치 우리가 이 세상에 홀로 태어나는 것 같지만 태어나는 순간 가족이란 공동체의 일원으로 살아가는 것과 같습니다. 때로 공동체의 일원이 되어 살다보면 상처를 받을 수도 있고 시험을 겪을 수도 있습니다. 가정 공동체에서 우리가 피할 수 없이 상처를 받는 것과 동일합니다. 그래서 어떤 이들은 가정의 필요성을 부인하고 가출하여 싱글 라이프를 살아가기도 합니다. 그래서 무교회주의자들도 생겨나고 가나안(안나가)교인들도 생겨납니다. 그럼에도 불구하고 기독교 역사에는 끊임없이 이상적인 공동체를 찾는 운동들과 실험들이 계속되어 왔습니다. 결국은 공동체를 포기할 수 없기 때문입니다. 가정을 포기할 수 없는 이유와 동일합니다. 가정이 때로 우리 인생의 짐이 되어도 가정을 포기할 수 없는 것과 마찬가지입니다.

본문은 여호와 하나님께서 새롭게 다시 광야를 출발하는 이스라엘 백성들에게 그들이 홀로 각자 떠나는 것이 아니라 진을 치고 공동체를 이루어 떠날 것을 명하십니다. 본문 1-2절을 보십시오. "여호와께서 모세와 아론에게 말씀하여 이르시되 이스라엘 자손은 각각 자기의 진영의 군기와 자기의 조상의 가문의 기호 곁에 진을 치되 회막을 향하여 사방으로 치라." 그리고 이 공동체는 군사 공동체를 지향하는 것이었습니다. 왜냐하면 하나님은 그들이 광야에서 장차 만날 위험과 위기를 아셨기 때문입니다. 그래서 훈련된 군대가 되어 이런 위험과 위기에 대처하며 행진해 나갈 것을 준비시키고자 하신 것입니다. 이스라엘 12지파가 각자 진을 치고 군기를 휘날리며 각 지파의 지휘관의 인솔에 따라 행진하게 하셨습니다. 그리고 그들은 마침내 약속의 땅에 들어가 하나님의 뜻을 이루는 방편으로 쓰임 받을 공동체, 거룩한 목적을 지닌 공동체였던 것입니다.

우리는 좀 더 디테일하게 민수기 2장을 들여다보며 이 거룩한 공동체의 특성을 살펴보고자 합니다. 하나님이 진을 치라고 명하시는 이 거룩한 공동체의 특성은 무엇입니까?

1. 하나님 중심의 공동체입니다.

여기 본문 2절에 보면 "진을 치되 회막을 향하여 사방으로 치라"고 했습니다. 어느 방향에 자기가 속한 진이 있든지 다 회막이 잘 보이는 구조입니다. 이것이 무슨 의미를 지니는 것입니까? 회막을 영어로 말하면 'Tent of Meeting Place', 곧 만남의 텐트, 만나는 장막이라는 말입니다. 누구를 만나는 곳입니까? 하나님을 만나는 곳입니다. 출29:42을 보겠습니다. "이는 너희가 대대로 여호와 앞 회막문에서 늘 드릴 번제라 내가 거기서 너희와 만나고 네게 말하리라." 거기 곧 회막에서 우리를 만나주시겠다고 약속하신 곳입니다. 회막 안에서도 특히 중요한 곳은 지성소 곧 거룩한 곳 중의 가장 거룩한 장소입니다. 왜냐하면 거기서 대제사장이 백성들을 대신하여 하나님을 만나고 결정적인 기도의 응답을 받기 때문입니다. 지성소 중에도 특히 중요한 것은 언약궤, 증거궤 혹은 법궤입니다. 이 법궤 안에 시내 산에서 받은 율법, 토라를 두기 때문입니다. 하나님은 당신의 말씀을 통해 우리에게 말씀하시고 말씀으로 우리를 만나 주시는 것입니다. 그래서 하나님을 증거하는 곳이라 해서 증거궤 혹은 언약의 말씀을 주시는 곳이라 해서 언약궤라고도 합니다.

이스라엘 백성들이 머물 때에는 항상 진의 중심에 회막이 있고 언약궤가 있습니다. 회막이나 언약궤는 언제나 하나님의 임재의 표상이었습니다. 그들의 진 한 가운데 회막이 있고 언약궤가 있다는 것은 '우리 가운데 계시는 하나님'을 증거하고 있었던 것입니다. 그리고 이스라엘 백성이 행진할 때에도 한 가운데에서 언약궤가 있었지만 때로 주의 명하심을 따라 맨 앞에서 제사장들이 언약궤를 메고 행진하기도 했습니다. 수3:3-4을 보십시오. "백성에게 명령하여 이르되 너희는 레위 사람 제사장들이 너희 하나님 여호와의 언약궤 메는 것을 보거든 너희가 있는 곳을 떠나 그 뒤를 따르라 그러나 너희와 그 사이 거리가 이천 규빗쯤 되게 하고 그것에 가까이 하지는 말라 그리하면 너희가 행할 길을 알리니." 백성들의 행진 대열과 언약궤 사이 거리를 멀게 띄워 놓은 것은 백성 모두가 저 후방에서도 언약궤가 보이게 한 것입니다. 그리고 그 뒤를 따르면서 그들은 무엇을 고백했을까요? '앞서 가시는 하나님!' 그러다가 행렬이 머물게 되면 다시 그들 한 가운데 회막을 설치합니다. 다시 무슨 고백을 하는 것입니까? '우리 가운데 계신 하나님!'

이스라엘 백성들로 하여금 광야를 행진하며 회막 중심의 삶을 훈련하신 의도는 무엇입니까? 하나님 중심의 삶(God centered Life)을 살라는 것입니다. 신약성경에 예수님께서 그들의 제자들에게 두세 사람이 모여 예배하고 교제하고 기도할 것을 명하시며 무엇을 약속하십니까? 마18:20입니다. "두세 사람이 내 이름으로 모인 곳에는 나도 그들 중에(가운데) 있느니라." 역시 예수의 제자들이 예수 그리스도 중심의 삶(Christ centered Life)을 기대하신 것입니다. 왜 하나님은 그리고 하나님의 아들이신 예수 그리스도는 그를 따르는 사람들에게 이런 삶을 기대하실까요? 그들이 모여 형성하는 공동체가 단순히 사람들이 모이는 사람 중심의 공동체가 아닌 하나님 중심의 공동체 그리스도 중심의 공동체가 될 것을 기대하시기 때문입니다. 그가 기대하시는 공동체의 특성은 또 무엇입니까?

2. 거룩한 질서의 공동체입니다.

민수기 1장에서 하나님의 명을 따라 12지파별로 군대 나갈 수 있는 자들을 계수한 후 2장에서는 다시 하나님께서 모세와 아론에게 말씀하심을 따라 12지파별로 진을 치게 됩니다. 다시 2절을 보겠습니다. "이스라엘 자손은 각각 자기의 진영의 군기와 자기의 조상의 가문의 기호 곁에 진을 치되 회막을 향하여 사방으로 치라." 그리고 이어지는 3절 이하를 보면 동방 해 돋는 쪽에서 시작하여 유다와 잇사갈과 스블론 군대를 남쪽에는 르우벤과 시므온과 갓의 군대를 서쪽에는 에브라임과 므낫세와 베냐민의 군대를 그리고 마지막 북쪽으로 단과 아셀과 납달리의 군대가 배열하도록 하였습니다. 그들은 자신들의 선택이나 기호대로 진을 친 것이 아니고 하나님의 정하심과 명하심을 따라 그렇게 한 것입니다.

그렇다고 출생만을 고려하여 배열된 것이 아니고 하나님은 열두 지파의 리더들의 영적 상태를 보시고 그 순서를 정하신 것도 주목해야 할 것입니다. 예컨대 르우벤이 장자였지만 그는 범죄함으로 장자의 권한을 상실했습니다. 창49:3-4의 예언을 따른 것입니다. "르우벤아 너는 내 장자요 내 능력이요 내 기력의 시작이라 위풍이 월등하고 권능이 탁월하다마는 물의 끓음 같았은즉 너는 탁월하지 못하리니 네가 아버지의 침상에 올라 더럽혔음이로다." 그래서 동쪽으로 나아가며 첫째로 배정된 지파가 유다였습니다. 그가 대적을 패배시키고 이기는 사자로 명명되었고 메시아의 후손을 승계할 자로 선택되었기 때문에 동쪽 맨 앞 중앙에 유다 지파를 배열한 것입니다. 창49:8-9의 유다 지파에 대한 야곱의 예언을 보십시오. "유다야 너는 네 형제의 찬송이 될지라 네 손이 네 원수의 목을 잡을 것이요 네 아버지의 아들들이 네 앞에 절하리로다 유다는 사자 새끼로다." 다음 절 창49:11에는 유다를 통해 하나님 나라 통치자가 오실 것이라고 메시아의 오심을 예언합니다. 그러므로 이 배열은 영적인 거룩함을 반영하고 있습니다.

그러므로 하나님은 지금도 하나님의 백성의 공동체가 거룩하고 아름다울 것을 기대하십니다. 고린도교회가 하나님의 성령의 부으심으로 영적 은사를 가진 교우들이 많았지만 방언이나 예언을 무분별하게 사용함으로 혼란해 졌을 때에 고린도전서 14장에서 방언이나 예언의 은사를 어떻게 사용해야 하는가를 가르친 다음 바울 사도는 그 장의 레슨을 어떻게 마무리하고 있습니까? "모든 것을 품위 있게 하고 질서 있게 하라."(고전 14:40) 품위나 질서는 하나님의 공동체의 특성이 되어야 한다는 것입니다. 여기 민수기 군대 배치에서 또 하나 흥미로운 것은 회막을 중심으로 열두 지파를 배치할 때 회막과 백성들 사이에 레위인들(제사장들)이 있어서 하나님과 백성사이에 완충지대를 형성하고 있었다는 것입니다. 민1:53의 말씀을 다시 기억할 필요가 있습니다. "레위인은 증거의 성막 사방에 진을 쳐서 이스라엘 자손의 회중에게 진노가 임하지 않게 할 것이라 레위인은 증거의 성막에 대한 책임을 지킬지니라." 백성들이 함부로 성막에 접근하여 범죄하지 않도록 인도할 책임을 지게 한 것입니다. 하나님의 공동체를 거룩하게 할 일차적 책임을 레위인(영적 지도자들)에게 위탁한 것입니다. 이런 배열을 하늘에서 본다면 어떤 형태가 되는지 아십니까? 정방형 십자가가 되지요. 주께서는 거룩한 십자가 군대를 기대하시는 것입니다.

3. 예배 중심의 공동체입니다.

자, 이제 광야에 진치고 있었던 이 거대한 이스라엘 공동체의 진지를 상상해 보십시오. 이 진지 한복판에 회막이 있습니다. 광야에 머물러 있을 때 제사장들은 하루에 두 번 성소에 들어가 분향단에 올리브 기름을 넣고 향을 피워야 했습니다. 그리고 백성들을 대신하여 중보의 기도를 올려 드립니다. 이 기도 시간이 되면 백성들은 모두 회막에서 피어나오는 향내를 맡고 함께 예배하고 찬양하고 기도합니다. 그래서 후일 사도행전의 기자 누가는 이런 광야 공동체를 가르쳐 광야교회라고 했습니다. 행 7:38에서 모세에 대한 소개를 들어보십시오. "시내 산에서 말하던 그 천사와 우리 조상들과 함께 광야교회에 있었고 또 살아 있는 말씀을 받아 우리에게 주던 자가 이 사람이라." 모세를 광야교회의 리더라고 말하는 것입니다. 그러면 이 교회 회중들의 책임은 무엇입니까? 리더를 통해 전해지는 말씀을 신실하게 받고 함께 찬양하고 함께 기도하는 공동체가 되는 것입니다.

예배는 우리의 마지막 순례의 완성지인 천국에 가서도 계속되는 거룩한 의무요 특권입니다. 요한계시록 4장과 5장을 읽어보신 일이 있습니까? 하늘의 열린 문을 통해 사도 요한이 천상예배의 광경을 우리에게 보여주는 대목입니다. 요한계시록 4장은 창조주 하나님 성부 하나님에게 드려지는 예배입니다. 계 4:10-11입니다. "이십사 장로들이 보좌에 앉으신 이 앞에 엎드려 세세토록 살아 계시는 이에게 경배하고 자기의 관을 보좌 앞에 드리며 이르되 우리 주 하나님이여 영광과 존귀와 권능을 받으시는 것이 합당하오니 주께서 만물을 지으신지라." 그런데 요한계시록 5장에서는 어린 양되신 성자 하나님에게 경배가 드려집니다. 계5:8을 보십시오. "그 두루마리를 취하시매 네 생물과 이십사 장로들이 그 어린 양에 앞에 엎드려." 그리고 이어 만만 천천의 천사들과 함께 찬양을 드립니다. 계5:12입니다. "죽임을 당하신 어린 양은 능력과 부와 지혜와 힘과 존귀와 영광과 찬송을 받으시기에 합당하도다."

요한계시록 21장에 보면 새 하늘 새 땅을 증거합니다. 완성된 천국의 모습입니다. 거기 열두 문이 있는데 열두 지파의 이름이 기록되어 있다 했고, 열두 기초석 보석에는 열두 사도의 이름이 있다고 했습니다. 구약과 신약의 하나님의 백성들의 공동체의 빛나는 모습을 증언한 것입니다. 거기서 영원히 세세토록 하나님을 예배하고 찬양하는 곳이 궁극적인 하나님의 나라입니다. 세상 광야를 지나며 우리가 가장 중요하게 훈련 받아야 할 것이 바로 예배의 훈련입니다. 왜냐하면 하나님의 백성들의 공동체는 예배 공동체이기 때문입니다. 그 거칠고 험한 광야에서도 포기 될 수 없었던 것이 바로 예배입니다. 그 동안 한국교회는 방역의 차원에서 우리가 이웃들에게 해를 끼치지 않고자 온라인 예배 등으로 협력해 왔습니다만 더 이상 어떤 정부도 어떤 그 누구도 우리의 예배를 제한하게 해서는 안 됩니다. 그리고 우리는 스스로 공예배를 지켜 예배의 의무와 특권을 져버리지 말아야 합니다. 그래서 교회 공동체가 예배 공동체임을 선포하고 광야교회의 신실한 예배자로 살아가야 하겠습니다.

Chapter **3**

제대로 섬길 것인가?
죽을 것인가?

- 민 3:1-4

1 여호와께서 시내 산에서 모세와 말씀하실 때에 아론과 모세가 낳은 자는 이러하니라 **2** 아론의 아들들의 이름은 이러하니 장자는 나답이요 다음은 아비후와 엘르아살과 이다말이니 **3** 이는 아론의 아들들의 이름이며 그들은 기름 부음을 받고 거룩하게 구별되어 제사장 직분을 위임 받은 제사장들이라 **4** 나답과 아비후는 시내 광야에서 여호와 앞에 다른 불을 드리다가 여호와 앞에서 죽어 자식이 없었으며 엘르아살과 이다말이 그의 아버지 아론 앞에서 제사장의 직분을 행하였더라

- 민 3:40-45

40 여호와께서 또 모세에게 이르시되 이스라엘 자손의 처음 태어난 남자를 일 개월 이상으로 다 계수하여 그 명수를 기록하라 **41** 나는 여호와라 이스라엘 자손 중 모든 처음 태어난 자 대신에 레위인을 내게 돌리고 또 이스라엘 자손의 가축 중 모든 처음 태어난 것 대신에 레위인의 가축을 내게 돌리라 **42** 모세가 여호와께서 자기에게 명령하신 대로 이스라엘 자손 중 모든 처음 태어난 자를 계수하니 **43** 일 개월 이상으로 계수된 처음 태어난 남자의 총계는 이만 이천이백칠십삼 명이었더라 **44** 여호와께서 모세에게 말씀하여 이르시되 **45** 이스라엘 자손 중 모든 처음 태어난 자 대신에 레위인을 취하고 또 그들의 가축 대신에 레위인의 가축을 취하라 레위인은 내 것이라 나는 여호와니라

Chapter 3
제대로 섬길 것인가?
죽을 것인가?

우리는 종종 우리 주변에 함께 그리스도인 된 동역자들을 바라보며 어떤 사람은 성도가 된 후, 정말 열심히 성실하게 섬기는 분들이 있는가 하면 신자가 되고 나서도 정말 저들이 구원받은 자인가를 의심케 하는 불성실한 명목상의 성도들도 있는 것을 보게 됩니다. 과연 그들의 마지막은 어떻게 될 것인가 묻지 않을 수 없습니다. 그런가하면 믿지 않는 분들 중에도 진지하고 성실하게 인생을 사는 사람들이 있는가 하면 또 불신자 중에도 정말 악한 사람들이 존재하는 것을 보게 됩니다. 그래서 단테의 신곡을 보면 구원받은 자들의 천국에도 차등이 있고, 지옥에도 차등이 있도록 묘사된 것을 보게 됩니다. 지옥의 맨 밑바닥에서 형벌 받는 자로 예수님을 배반한 가룟 유다와 카이사르를 배신하고 암살한 브루투스(Marcus Brutus)를 그리고 있습니다. 믿음을 배반한 죄를 가장 중하게 물은 것입니다. 그래야 하나님의 정의가 만족된다고 단테가 생각했기 때문입니다.

본문은 광야를 행진하게 될 이스라엘 백성들의 영적 지도자인 아론의 자녀들을 소개합니다. 그들은 레위 지파와 함께 성막의 중심에서 제사장으로 하나님을 섬길 제사장 직분을 맡을 자들이었습니다. 본문 2-3절의 말씀을 보겠습니다. "아론의 아들들의 이름은 이러하니 장자는 나답이요 다음은 아비후와 엘르아살과 이다말이니 이는 아론의 아들들의 이름이며 그들은 기름 부음을 받고 거룩하게 구별되어 제사장 직분을 위임 받은 제사장들이라." 그런데 이 아론의 네 아들들이 다 같이 하나님을 섬기는 제사장 직분을 감당하지는 못했다는 것입니다. 두 아들 곧 나답과 아비후는 잘못 섬기다가 죽고 다른 두 아들 엘르아살과 이다말은 제대로 섬기는 자들이 되었다는 것입니다. 4절의 말씀을 보겠습니다. "나답과 아비후는 시내 광야에서 여호와 앞에 다른 불을 드리다가 여호와 앞에서 죽어 자식이 없었으며 엘르아살과 이다말이 그의 아버지 아론 앞에서 제사장의 직분을 행하였더라." 여기 성경은 우리가 하나님의 부르심을 받고 기름 부음을 받고 지도자로 세움을 받는다는 것은 분명히 영광스러운 일임을 말합니다. 그러나 거기에는 엄숙한 책임이 수반된다는 레슨을 보여줍니다.

본문의 교훈을 요약하면 이것입니다. 제대로 섬길 것인가? 죽을 것인가? 입니다. 무엇이 이런 차이를 낳았을까요? 새 언약의 시대, 곧 신약시대에는 우리 모든 신자들이 제사장으로 부름을 받습니다. 그러나 신약시대에도 신자들 중에 얼마를 여전히 하나님은 특별하게 부르시어 리더로 구별하여 사용하십니다. 이제 여전히 중요한 질문은 이것입니다. 제대로 섬기며 사시겠습니까? 하나님의 징계를 경험하며 사시겠습니까? 아론의 아들들을 통한 오늘의 우리에게 주시는 레슨은 무엇입니까?

1. 하나님의 방식을 따라 섬기라.

본문 4절에 보면 우리는 아론의 처음 두 아들들이 제사장으로 하나님의 제단에 불을 드리다가 죽어버린 비극을 볼 수 있습니다. 왜 무엇 때문이라고 성경은 기록합니까? "여호와 앞에 다른 불을 드리다가" 그리 되었다고 증언합니다. 무슨 의미입니까? 성경학자들은 여러 추측을 하고 있습니다만 가장 보편적인 해석은 성막 뜰에 있던 불을 사용하지 않고 다른 출처의 불을 사용했기 때문이라고 추정합니다. 모세는 지속적으로 아론과 그 후손들에게 제단의 숯불만을 사용하라고 지시하고 있기 때문입니다. 레16:12-13 말씀을 보겠습니다. "향로를 가져다가 여호와 앞 제단(번제단) 위에서 피운 불을 그것에 채우고 또 곱게 간 향기로운 향을 두 손에 채워가지고 휘장 안에 들어가서 여호와 앞에서 분향하여 향연으로 증거궤 위 속죄소를 가리게 할지니 그리하면 그가 죽지 아니할 것이며." 그런데 그 말씀대로 하지 않은 것입니다. 불이면 되었지 어디 있던 불이던 무슨 상관이 있느냐고 생각했던 것입니다. 그러나 하나님은 구별된 불만을 사용하시기를 기대한 것입니다.

오늘날도 유대인들은 음식을 먹을 때 유대 율법에 따라 구별된 음식만을 먹습니다. 이런 음식을 코셔 음식(Kosher Food)이라고 합니다.(무슬림은 할랄, Halal) 그래서 심지어 코셔나 할랄 인증을 하기도 합니다. 마음대로 먹고 마음대로 생각하고 마음대로 행동하는 것이 아니고 하나님께 구별된 드려진 존재로써 쓰임을 받아야 한다는 것입니다. 실제로 어떤 음식을 먹느냐는 문제 이상으로 성도의 구별된 삶의 의미를 규정하는 영적 원칙이라고 할 수 있습니다. 성도들은 하나님의 말씀의 가르침을 먹고 그 원리대로 살아야 한다는 것입니다. 그냥 내가 생각해서 내가 옳다고 판단하는 기준대로 마음대로 살아서는 안 된다는 것입니다. 그것은 구약의 원리대로 하면 죽어 마땅한 것입니다. 성경이 하라고 하면 하고 성경이 하지 말라고 하면 안하는 순전하고 단순한 삶의 방식이 우리의 삶이어야 한다는 것입니다. 물론 음식의 규례는 신약에 와서는 더 이상 구약처럼 규제될 필요가 없습니다. 그러나 우리는 여전히 거룩한 말씀의 원리를 붙잡고 살아야 한다는 것입니다. 구약의 성도이나 신약의 성도이나 우리는 여전히 '한 책의 사람들'(people of the book) 이어야 합니다.

우리를 위한 대제사장으로 이 땅에 오신 예수님의 제자들을 위한 마지막 기도를 기억하셔야 합니다. 요17:15-17 말씀입니다. "내가 비옵는 것은 그들을 세상에서 데려가시기를 위함이 아니요 다만 악에 빠지지 않게 보전하시기를 위함이니이다 내가 세상에 속하지 아니함 같이 그들도 세상에 속하지 아니하였사옵나이다 그들을 진리로 거룩하게 하옵소서 아버지의 말씀은 진리니이다." 어떤 상황 속에서도 하나님의 말씀을 붙들고 하나님의 방식대로 살고자 하는 사람들, 그들이 바로 하나님의 거룩한 백성들입니다.

2. 대속의 감격을 따라 섬기라.

우리가 하나님을 제대로 섬기고자 한다면 잊지 말아야 할 삶의 원리가 있습니다. 그것이 바로 '대속(대신 속죄)의 원리'입니다. 민3:40-45에 이 원리가 중요하게 강조되고 있습니다. 먼저 41절을 함께 읽습니다. "나는 여호와라 이스라엘 자손 중 모든 처음 태어난 자 대신에 레위인을 내게 돌리고 또 아스라엘 자손의 가축 중 모든 처음 태어난 것 대신에 레위인의 가축을 내게 돌리라." 여기 강조된 단어가 '대신'(in place of/instead of)입니다. 이 말씀은 45절에 다시 강조됩니다. "이스라엘 자손 중 모든 처음 태어난 자 대신에 레위인을 취하고 또 그들의 가축 대신에 레위인의 가축을 취하라 레위인은 내 것이라 나는 여호와니라." 여기 성경은 이스라엘 장자들을 대신하여 레위인들이 하나님에 의해 선택되었다는 것입니다.

여기 광야에 나온 이스라엘 장자들은 누구입니까? 그들이 애굽 땅을 떠날 때 유월절 어린 양의 피로 말미암아 구원을 경험한 사람들입니다. 모든 장자들이 하나님의 심판을 피할 수 없었던 밤에 하나님의 구원의 처방을 믿고 어린 양을 잡고 그 피를 문 인방과 좌우 문설주(십자가)에 뿌리면 내가 그 집을 '유월하리라'(pass-over)는 말씀에 순종함으로 구원받은 사람들입니다. 그런데 그 장자들처럼 레위인을 택하여 나를 섬기게 하라는 것입니다. 구원받은 장자의 심정으로 나를 섬기게 하라는 것입니다. 그런데 사도 베드로는 벧전1:2에서 그리스도인들을 어떻게 정의합니까? "하나님 아버지의 미리 아심을 따라 성령이 거룩하게 하심으로 순종함과 예수 그리스도의 피 뿌림을 얻기 위하여 택하심을 받은 자들"이라고 말합니다. 그렇습니다. 우리 대신 유월절 어린 양 되신 예수 그리스도의 피 흘림과 피 뿌리심으로 우리가 택함 받고 구원받은 사람들이라면 이제 우리 모두 새 언약의 시대에 레위인들이 되어 구원의 주님을 섬겨야 한다는 것입니다.

히9:22의 말씀을 기억하십니까? "피 흘림이 없은즉 사함이 없느니라." 예수 그리스도께서 희생의 어린 양이 되사 내가, 우리가 죽어야 할 그 십자가에서 나 대신 우리 대신 피 흘리심으로 우리가 죄 사함 받고 구원받은 사실, 이 대속의 진리로 말미암아 우리가 오늘을 살아가며 하나님을 섬기게 된 것을 잊지 말아야 한다는 것입니다. 이 대속의 감격이 사라지면 우리는 더 이상 하나님을 섬길 수가 없습니다. 설교의 황태자 스펄전은 "십자가의 감동을 상실한 사람은 십자가의 복음을 설교할 자격이 없다"고 말했습니다. 이 대속의 감격이 여기서 오늘 우리가 주님을 섬기는 이유인 것입니다.

3. 어린 시절부터 섬김을 훈련하라.

우리가 이미 민수기 1장과 2장에서 본 것처럼 이스라엘의 인구 계수에서 레위 지파는 예외로 했습니다. 그리고 20세 이상의 사람들을 계수하여 그들을 군대로 준비시키고자 했습니다. 그런데 민수기 3장에 와서 이스라엘 종족 중 레위인들을 따로 계수하게 하십니다. 민3:39 말씀을 주목하십시오. "모세와 아론이 여호와의 명령을 따라 레위인을 각 종족대로 계수한즉 일 개월 이상 된 남자는 모두 이만 이천명이었더라." 다시 40절 말씀을 보십시오. "여호와께서 또 모세에게 이르시되 이스라엘 자손의 처음 태어난 남자를 일 개월 이상으로 다 계수하여 그 명수를 기록하라." 다음 구절 이하에 보면 그 처음 태어난 자들의 숫자만큼 레위인을 세워 나를 섬기는 자가 되도록 훈련하라는 말입니다. 여기 우리가 흥미롭게 주목할 사실은 군사의 경우 20세를 출발점으로 했지만 하나님을 섬길 영적 지도자의 경우는 태어난 지 1개월부터 카운트 했다는 사실입니다. 왜 그렇게 했을까요? 한마디로 말하면 영적 지도자는 하루아침에 만들어 지는 것이 아니기 때문입니다. 우리는 교회 마당에서 성년이 되어 어느 날 갑자기 바울처럼 인생의 방향을 돌이킨 영웅적 지도자들의 간증 이야기를 듣습니다. 그러나 하나님의 교회, 예수 그리스도의 교회를 지탱해온 수많은 교회의 기둥들은 사실은 바울유형이 아닌 디모데처럼 어려서부터 신앙 생활을 해온 수많은 건강한 지도자들에 의해 지켜져 왔다는 사실을 간과해서는 안 됩니다. 수많은 믿음의 어머니, 수많은 믿음의 아버지들에 의해 양육되어온 자녀들의 헌신이었음을 잊지 말아야 합니다. 오늘날 우리는 조기 교육의 중요성을 잘 알고 있습니다. 그래서 외국어도 어려서부터 가르칩니다. 예능 교육도 어려서부터 합니다. 어릴 때 가장 민감하게 영향력을 흡수하기 때문입니다. 그러면 묻습니다. 우리는 우리의 자녀들에게 조기 신앙 교육도 하고 있나요? 어려서 신앙 고백을 하도록 성경을 가르치나요? 어린 자녀들에게 QT도 가르치나요? 전도와 선교도 가르치나요? 하나님 섬김을 가르치나요?

저는 이 땅을 처음 찾아온 선교사님들에게 제일 감사할 일은 그들이 이 땅에 와서 초등교육 중등교육을 시작하고 교회를 통해서 주일학교 교회학교를 시작했다는 사실입니다. 1885년 4월 이 땅에 선교사로 처음 발을 디딘 아펜젤러 선교사는 8월에 정동에 집 한 채를 사서 학생 둘을 데리고 학교를 시작합니다. 이겸라, 고영필이라는 두 학생입니다. 국한문, 영어, 성경을 가르쳤습니다. 학생들이 늘어나자 고종황제는 이 학교에 인재를 잘 기르라고 배재학당이라는 이름을 수여합니다. 이 학교에서 서재필, 김소월, 여운형, 이승만 같은 지도자들이 배출됩니다. 아펜젤러가 배재학당을 시작한 다음 해 함께 이 땅에 상륙한 언더우드 선교사는 같은 정동에서 25여명의 고아를 데리고 학교를 시작합니다. 이 학당은 얼마 후에 경신학교(정동에서 혜화동으로 이전)라는 이름을 갖게 됩니다. 역시 국한문, 영어, 성경을 가르쳤습니다. 이 학교에서 김규식, 안창호 같은 지도자들을 배출합니다. 구한말 망해가는 나라를 보며 교육 밖에는 미래가 없다고 판단한 애국자 남궁억 선생은 조국의 미래를 열고자 한일합병이후 선조의 고향 강원도 홍천 모곡에 돌아가 작은 교회와 학교를 세우고 나라꽃 무궁화 보급운동을 하며 미래의 지도자들을 키웠습니다. 그때 그가 만든 찬송가는 일제에 금지를 당하면서도 겨레의 희망을 일깨웠습니다. 그 찬송이 580장 "삼천리 반도 금수강산 하나님 주신 동산 이 동산에 할 일 많아 사방에 일꾼을 부르네 곧 이날에 일 가려고 그 누가 대답을 할까" 입니다. 지금은 우리가 다시 다음 세대를 키울 때입니다. 미래의 레위 세대를 일으켜야 할 때입니다.

Chapter 4

거룩한 직무를
감당하라

• 민 4:1-4

¹ 또 여호와께서 모세와 아론에게 말씀하여 이르시되 ² 레위 자손 중에서 고핫 자손을 그들의 종족과 조상의 가문에 따라 집계할지니 ³ 곧 삼십 세 이상으로 오십 세까지 회막의 일을 하기 위하여 그 역사에 참가할 만한 모든 자를 계수하라 ⁴ 고핫 자손이 회막 안의 지성물에 대하여 할 일은 이러하니라

• 민 4:46-49

⁴⁶ 모세와 아론과 이스라엘 지휘관들이 레위인을 그 종족과 조상의 가문에 따라 다 계수하니 ⁴⁷ 삼십 세부터 오십 세까지 회막 봉사와 메는 일에 참여하여 일할 만한 모든 자 ⁴⁸ 곧 그 계수된 자는 팔천오백팔십 명이라 ⁴⁹ 그들이 할 일과 짐을 메는 일을 따라 모세에게 계수되었으되 여호와께서 모세에게 명령하신 대로 그들이 계수되었더라

Chapter 4
거룩한 직무를 감당하라

인간에게 할 일이 있다는 것은 존재의 이유와 의미를 결정하는 것입니다. 아프리카 탐험가요 선교사였던 데이비드 리빙스턴은 수많은 생존의 위기를 극복한 비밀을 말하며 "I am immortal, till my work is accomplished(내 할 일을 성취할 때까지 나는 죽지 않는다)"는 말을 남겼습니다. 행복한 인생은 죽기까지 자기가 좋아하는 일을 하다가 죽는 사람일 것입니다. 얼마 전 세상을 떠난 이어령 선생은 죽기 직전까지 그가 좋아하는 강의를 하면서 임종을 맞이하셨습니다. 그는 마지막으로《이어령의 마지막 수업》,《메멘토 모리》라는 책을 이 땅에 남겼습니다. 세계적 베스트셀러였던《모리와 함께 한 화요일》처럼 이어령 선생도 암 투병을 하면서도 기자 제자 김지수와 화요일 마다 만나 라스트 인터뷰라는 주제로 삶과 죽음을 이야기하며 이 책《이어령의 마지막 수업》을 남긴 것입니다.

예수님이시야말로 마지막 십자가 직전까지 일하시다가 죽음을 맞이하셨습니다. 그는 베데스다 연못에 누워있던 병자를 고치시며 "아버지께서 이제까지 일하시니 나도 일한다."(요5:17)고 고백하시고 요9:4에서는 "때가 아직 낮이매 나를 보내신 이의 일을 우리가 하여야 하리라 밤이 오리니 그때는 아무도 일할 수 없느니라"고 말씀하시었습니다. 그는 겟세마네 동산에서의 체포 직전까지 마가의 다락방에서 제자들의 발을 씻기시고 떡과 포도주를 나누시며 제자들을 섬기시었습니다. 그리고 마지막 그의 기도를 통해 "아버지께서 내게 하라고 주신 일을 내가 이루어 아버지를 이 세상에서 영화롭게 하였사오니"(요17:4)라고 고백하시었습니다. 본문은 이제 레위 자손들에게 주어진 거룩한 직무를 설명하고 있습니다. 레위의 세 아들은 고핫과 게르손과 므라리입니다. 본문 4절을 보십시오. "고핫 자손이 회막 안의 지성물에 대하여 할 일은 이러 하니라." 그들의 할 일 곧 거룩한 직무를 설명합니다. 여기 민수기 4장에 드러난 이 거룩한 직무의 성격을 알아보며 우리에게 주어진 인생 직무에 대한 우리의 삶의 태도를 돌아보고자 합니다.

1. 주권적 직무 분담을 수용하라.

아론의 아들들은 제사장으로 가장 중요한 직무가 증거궤(언약궤)를 돌아보는 일이었습니다. 광야의 행진이 시작되면 성막을 해체하여 이동시켜야 했습니다. 민4:5-6을 보시기 바랍니다. "진영이 전진할 때에 아론과 그의 아들들이 들어가서 칸 막는 휘장을 걷어 증거궤를 덮고 그 위를 해달의 가죽으로 덮고 그 위에 순청색 보자기를 덮은 후에 그 채를 꿰고." 이제는 15절을 보시기 바랍니다. "진영을 떠날 때에 아론과 그의 아들들이 성소와 성소의 모든 기구 덮는 일을 마치거든 고핫 자손들이 와서 멜 것이니라 그러나 성물은 만지지 말라 그들이 죽으리라." 아론의 아들들 곧 제사장들이 언약궤를 가죽과 보자기로 덮는 일차 사역이 끝나면 다음에 고핫 자손들이 와서 언약궤를 어깨에 메는 일을 감당한 것입니다. 다음 게르손 종족들이 할 일이 24절과 25절 이하에 기록됩니다. "게르손 종족의 할 일과 멜 것은 이러하니 곧 그들이 성막의 휘장들과 회막과 그 덮개와 그 위의 해달의 가죽 덮개와 회막 휘장 문을 메며." 이어서 29절 이하에는 므라리 자손들이 할 일이 기록됩니다. 31절을 보시기 바랍니다. "그들이 직무를 따라 회막에서 할 모든 일곧 그 멜 것은 이러하니 곧 장막의 널판들과 그 띠들과 그 기둥들과 그 받침들과." 실제로 므라리 자손들이 가장 중노동을 감당해야 했습니다.

그런데 이런 모든 직무 분담은 그들의 선택이 아니라 하나님의 주권을 따라 주어진 직무였다는 것입니다. 그들이 누구의 자손으로 태어났느냐에 따라 직무가 주어진 것입니다. 그래서 이것은 주권적 직무 분담이었다고 밖에 표현할 길이 없습니다. 사실 우리의 직업은 우리보다 우리를 더 잘 아시고 이 땅에 어떤 재능과 은사를 갖고 태어난 것을 아시는 거룩하신 하나님의 주권적 인도를 따라 주어진다고 말할 수 있습니다. 그래서 종교개혁자들은 '모든 직업의 성직성'을 주장했습니다. 그 직업이 악을 행하는 직업이 아닌 이상 거룩하신 하나님의 주권적 인도로 맡겨진 모든 직업은 다 거룩한 직업이라는 것입니다. 이제 바울 사도의 종들을 향한 권면을 들어보십시오. "종들아 모든 일에 육신의 상전들에게 순종하되 사람을 기쁘게 하는 자와 같이 눈가림만 하지 말고 오직 주를 두려워하여 성실한 마음으로 하라."(골3:22) 이어지는 골3:23-24에서 "무슨 일을 하든지 마음을 다하여 주께 하듯 하고 사람에게 하듯 하지 말라 이는 기업의 상을 주께 받을 줄 아나니 너희는 주 그리스도를 섬기느니라." 여기 바울은 무슨 일이든 주의 일이 될 수 있다고 말합니다.

마치 영적 은사가 주권적으로 주어지듯 직업에 따른 직무도 주권적으로 주어진다는 것입니다. 바울 사도가 영적 은사에 대하여 설명하다가 주신 고전12:11의 말씀을 기억하십니까? "이 모든 일은 같은 한 성령이 행하사 그의 뜻대로 각 사람에게 나누어 주시는 것이니라." 그러므로 영적 은사를 비교해선 안되는 것처럼 우리는 직업을 비교할 필요가 없습니다. 각 사람이 하나님의 주권을 따라 주어진 직무로 하나님 나라를 섬기는 것뿐입니다. 몸의 각 지체가 서로가 서로를 필요로 하는 것처럼 이런 다양한 직무가 하나님의 나라에는 필요한 것입니다. 고전

12:23에서 말씀하시는 몸의 지체의 원리를 잘 기억할 필요가 있습니다. "우리가 몸의 덜 귀히 여기는 그것들을 더욱 귀한 것들로 입혀주며 우리의 아름답지 못한 지체는 더욱 아름다운 것을 얻느니라." 25절입니다. "몸 가운데서 분쟁이 없고 오직 여러 지체가 서로 같이 돌보게 하셨느니라." 몸의 각 지체들이 주권적 하모니를 따라 조화되어 움직이는 것처럼 광야에서의 회막 운반과 설치도 주권적인 직무 분담을 따라 움직이고 있었습니다. 그러면 오늘 우리는 그런 마음 자세로 교회 내에서 혹은 하나님 나라의 사역에서 각자의 직무를 감당하고 있을까요?

2. 자기 직무의 한계를 넘어서지 말라.

몸 안에서 지체의 열등함이나 차별이 없어야 하는 것처럼 구약의 회막 사역에서도 사역의 차별은 없어야 했습니다. 그러나 이 말이 리더십의 부재를 뜻하지는 않습니다. 여전히 레위 자손들은 아론의 아들들 곧 제사장의 지휘에 따라 섬기고 움직이도록 되어 있었습니다. 민4:19을 읽어 보십시오. "그들이 지성물에 접근할 때에 그들의 생명을 보존하고 죽지 않게 하기 위하여 이같이 하라 아론과 그의 아들들이 들어가서 각 사람에게 그가 할 일과 그가 멜 것을 지휘하게 할지니라." 찬양단과 오케스트라에서 어떤 악기의 우수성과 열등함을 말할 수는 없습니다. 그러나 지휘자는 필요하지 않습니까? 지휘자를 존중하고 그의 리더십을 따라 줄 때 우리는 비로소 아름다운 음악을 즐길 수 있습니다. 그래서 공동체에 언제나 리더는 필요한 것입니다. 그리고 각 직무의 영역을 규정하는 직무 분담도 필요한 것입니다. 그리고 자기 직무의 한계를 넘어서지 않도록 유의함이 필요한 것입니다.

만일 여기 고핫 자손들이 아론의 아들들이 하는 일을 하려고 한다면 죽음을 각오하라고 말합니다. 제사장들의 사역의 영역이 존중되어야 할 필요를 매우 엄격하게 규정한 것을 잊지 말아야 합니다. 아무리 탁월한 사람일지라도 인간에게는 자기 존재의 한계가 있습니다. 그 한계를 인식하고 자기 한계 안에 머물 줄 아는 것을 기독교에서는 겸손이라고 말합니다. 누군가가 성 어거스틴에게 하나님 앞에서 가장 중요한 덕이 무엇이냐고 물었습니다. 그는 첫째는 겸손이라고 말합니다. 둘째도 겸손이라고 말합니다. 셋째도 겸손이라고 말합니다. 겸손의 반대는 무엇입니까? 했더니 '교만'이라고 말합니다. 교만은 무엇입니까? 고 물었더니 자기가 겸손하다고 착각하는 것이 교만이라고 말합니다. 교만은 피조물 된 인간의 한계를 망각한 것입니다. 죄인으로서의 자신의 실존을 망각한 것입니다. 자기 실존의 한계를 수용하고 묵묵히 할 일을 감당하는 것이 겸손입니다. 마귀는 자기 한계를 망각하고 자기 위치를 떠남으로 어둠의 영이 된 것입니다. 유다서 6절에 보면 악령의 본질을 가리켜 "자기 지위를 지키지 아니하고 자기 처소를 떠난 천사들을 큰 날의 심판까지 영원한 결박으로 흑암에 가두셨으며"라고 말합니다.

우리가 좋아하는 찬송가 중에 212장의 가사가 기억납니다. "겸손히 주를 섬길 때 괴로운 일이 많으나 구주여 내게 힘주사 잘 감당하게 하소서/ 인자한 말을 가지고 사람을 감화시키며 갈 길을 잃은 무리를 잘 인도하게 하소서..." 이런 고백, 이런 기도야말로 섬기는 주의 백성들의 마음을 대표하는 것이어야 합니다.

3. 자기 인생의 최선의 때를 주께 드리라.

본문에서 레위 자손들의 직무 분담을 읽어 내려가며 인상적인 것은 레위인들의 섬김의 연령을 제한하고 있다는 사실입니다. 본문 3절을 보시기 바랍니다. "곧 삼십 세 이상으로 오십 세까지 회막의 일을 하기 위하여 그 역사에 참가할 만한 모든 자를 계수하라." 이 말씀은 고핫 자손들에게 주신 것이지만 다른 레위 자손들도 다르지 않았습니다. 46-47절을 보시기 바랍니다. "모세와 아론과 이스라엘 지휘관들이 레위인을 그 종족과 조상의 가문에 따라 다 계수하니 삼십 세부터 오십 세까지 회막 봉사와 메는 일에 참여하여 일할 만한 모든 자." 이제 49절을 보시기 바랍니다. "그들이 할 일과 짐을 메는 일을 따라 모세에게 계수되었으되 여호와께서 모세에게 명령하신 대로 그들이 계수되었더라." 여기 게르손이나 므라리 자손도 모두 레위인으로 성막 봉사를 하기 위해서는 30세부터 50세 까지로 연령을 제한하고 있는 것을 볼 수 있습니다. 이 연령의 의미가 무엇일까요? 한마디로 인생의 최고의 시간(Best Time)이 아니겠습니까? 자기 인생의 베스트 타임을 주께 드리라는 의미입니다.

인류를 위한 대제사장으로 이 땅에 오신 예수님도 30세에 공생애를 시작하시지 않았습니까? 그때가 유대인의 관점에서 성숙의 베스트 타임이셨던 것입니다. 예수님은 아마도 대부분의 사람들보다 짧은 지상 생애를 사셨지만 가장 효율적인 인생을 사신 분이었을 것입니다. 요한복음에 보면 일곱 번 때에 대한 증언이 기록됩니다. 네 번까지 예수님은 "내 때가 아직 이르지 아니하셨다"고 말합니다. 이방 헬라 사람 몇이 예수님을 찾아왔다고 하시자 요12:23에서 "인자가 영광을 얻을 때가 왔도다"라고 말씀하십니다. 그리고 예수님이 떠나가면 보혜사 성령이 제자들에게 오실 것을 예언하시면서 요16:32에 "나를 혼자 둘 때가 오나니 벌써 왔도다"라고 말씀하십니다. 그리고 이제 제자들을 위한 마지막 기도를 하시면서 요17:1에서 "아버지여 때가 이르렀사오니 아들을 영화롭게 하사 아들로 아버지를 영화롭게 하게 하옵소서"라고 말씀하십니다. 이제 십자가의 때가 임박한 것을 아시고 기도하신 것입니다.

레위 지파들에게 하나님 섬김의 사역을 위임하며 30세부터

50세 적어도 20년의 헌신을 요구하시던 주님, 그 주님을 위해 오늘 우리는 최선의 시간을 드리고 있는 것일까요? 옛날 전도자 무디가 전도만 하면 제가 좀 더 이 땅의 삶을 즐기다가 인생의 석양이 되면 예수를 믿겠다고 대답하는 사람이 있었다고 합니다. 그가 어느 날 병원에 입원했다는 소식을 듣고 무디는 조금은 시든 꽃들로 채워진 꽃다발을 보낸 후 그를 방문했다고 합니다. 그는 무디에게 "선생님 어째서 내게 이렇게 시든 꽃을 보내신 것이냐?"고 항의하자 "조금 기분이 안 좋으셨지요? 하나님은 우리가 인생의 황금기를 낭비한 후 바치는 시든 꽃을 좋아하실까요? 지금의 베스트 타임에 드려지는 당신의 신앙의 결단, 헌신의 결단을 하나님은 기대하신다는 메시지를 드리고 싶었습니다"라고 말했다고 합니다. 인생에서 가장 소중한 세 가지 금은 황금, 소금, 지금이라는 말이 있습니다. 그 중에 제일은 지금입니다. 지금 우리의 인생을 드려 시간의 주인이시며 섭리자(경영자)이신 그분을 믿고 따르지 않으시겠습니까? 지금 예수님을 믿고 영접하고 예수님의 제자로 그분을 섬기시지 않으시겠습니까? 보라 지금이 구원받을 만한 때요, 지금이 은혜의 날입니다!

Chapter **5**

더럽히게 하지 말라

● 민 5:1-4

1 여호와께서 모세에게 말씀하여 이르시되 **2** 이스라엘 자손에게 명령하여 모든 나병 환자와 유출증이 있는 자와 주검으로 부정하게 된 자를 다 진영 밖으로 내보내되 **3** 남녀를 막론하고 다 진영 밖으로 내보내어 그들이 진영을 더럽히게 하지 말라 내가 그 진영 가운데에 거하느니라 하시매 **4** 이스라엘 자손이 그같이 행하여 그들을 진영 밖으로 내보냈으니 곧 여호와께서 모세에게 이르신 대로 이스라엘 자손이 행하였더라

Chapter 5
더럽히게 하지 말라

우리가 누군가와 함께 있고자 할 때 우리는 상대방의 속성을 파악할 필요가 있습니다. 단지 한 번만 만나고 떠나는 것이 아니라, 그와 오래 함께 있기를 원할 때 더욱더 그것은 필수적인 요청입니다. 우리의 결혼이 실패하는 한 가지 현저한 원인은 결혼 상대를 알지 못한 채 결혼을 서두르는 케이스들입니다. 서로를 알아가면서 적어도 서로의 속성, 서로의 개성, 서로의 지성에 적응할 수 있느냐를 알아보는 것은 필수적인 결혼의 조건입니다. 우리가 신앙생활을 한다는 것은 하나님과 결혼하는 것과 같습니다. 하나님과의 영적 연합인 것입니다. 그렇기 위해 하나님의 속성을 알아보는 것은 무엇보다 중요합니다. 신학에서 하나님의 속성을 연구할 때 인간과 공유할 수 없는 속성, 즉 비공유적 속성과 인간과 공유할 수 있는 속성 즉 공유적 속성이 있다고 가르칩니다. 비공유적 속성으로 인하여 하나님은 인간과 질적 차이를 갖는 초월자가 되십니다. 이런 비공유적 속성은 전능성, 전지성, 편재성, 영원성 이런 것들입니다. 이런 것들은 우리가 닮아갈 수 없는 닮아가려고 해서도 안 될 속성들입니다. 그러나 공유적 속성을 대표하는 것으로 사랑, 거룩,

진실, 정직 이런 것들입니다. 이런 것들은 우리가 닮아가야 할 속성들입니다.

구약 성경 레위기와 민수기에 나타난 모든 정결예법은 한 가지 중요한 하나님의 속성에 기초하고 있습니다. 그것은 하나님의 정결하심, 혹은 하나님의 거룩하심입니다. 따라서 이런 하나님의 거룩하심의 속성에 적응하기 위한 본문의 명령이 '더럽히게 하지 말라'는 것입니다. 본문 3절을 보겠습니다. "남녀를 막론하고 다 진영 밖으로 내보내어 그들이 진영을 더럽히게 하지 말라 내가 그 진영 가운데 거하느니라." 정결하신 하나님, 거룩하신 하나님이 그들 가운데 거하시기 때문에 더럽히는 일이 없어야 한다는 것입니다. 그리고 특별히 본문에는 우리를 더럽히는 세 가지 병의 유형을 지적하고 있습니다. 지금 신약시대를 살고 있는 신약 성도의 입장에서는 이런 가르침을 문자 그대로 보아서는 안되고 그것들을 통해 교훈하는 영적 의미를 볼 수 있어야 합니다.

여기 인생을 더럽히는 세 가지 병의 유형이 기록됩니다. 본문 2절입니다. "이스라엘 자손에게 명령하여 모든 나병환자와 유출증이 있는 자와 주검으로 부정하게 된 자를 다 진영 밖으로 내보내되." 그럼 이런 병들을 통해서 주께서 우리에게 경고하시는 우리를 더럽히는 죄들은 무엇들이겠습니까?

1. 나병입니다.

구약에서 나병은 영적으로 교만의 범죄를 가르치고 있습니다. 나병은 피부가 썩는 병입니다. 그런데 교만은 영혼이 썩는 병입니다. 그런데 이 병은 스스로도 병의 발전을 인지하지 못하는 병입니다. 교만은 스스로 이 병의 위험성을 인지하지 못하는 병입니다. 우리가 유머 성경 퀴즈를 할 때 등장하는 성경 인물이 있습니다. 전지하신 하나님을 가장 닮은 여인은? 정답은 '미리암'입니다. 그녀는 모세의 누이이지요. 그런데 모세가 재혼하자 모세를 향하여 불평하고 그의 리더십에 반역합니다. 아마 어려서부터 그녀는 모세의 후견인 역할을 한 것으로 보여집니다. 모세가 갈대 상자에 실려 있었을 때에도 그가 어떻게 되나 지켜보고 있었던 것이 미리암이었지요. 바로의 공주에게 유모로 어머니를 추천한 것도 그녀였습니다. 하나님의 놀라운 기적으로 이스라엘 백성이 홍해를 건넜을 때 백성 앞에서 춤을 추며 축제를 벌인 것도 그녀였습니다. 그녀가 춤을 추자 모든 이스라엘 여인들이 함께 춤을 추었다고 했습니다. 그때 그녀에게 여선지자라는 칭호도 주어졌습니다. 그런데 모세가 그녀와 의논도 하지 않고 구스 여자와 마음대로 재혼하자 모세의 권위에 도전하고 그를 비방한 것입니다. 그때 하나님은 그녀에게 형벌로 나병을 내리셨습니다. 그녀가 교만해진 것을 책망하신 것입니다.

구약에 웃시야란 왕이 있었습니다. 다윗과 솔로몬처럼 탁월한 리더십으로 유다 왕국의 번영을 가져왔습니다. 그러나 그도 말년에 교만해져서 제사장만이 하는 일, 제단에서의 분향을 하려다 하나님의 징계로 나병에 걸려 죽기까지 별궁에 버려지고 왕들의 묘실에도 묻히지 못합니다. 대하26:16의 증언을 보십시오. "그가 강성하여지매 그의 마음이 교만하여 악을 행하며 그의 하나님 여호와께 범죄하되 곧 여호와의 성전에 들어가서 향단에 분향하려 한지라." 이제 대하26:23의 그의 최후에 대한 증언입니다. "웃시야가 그의 조상들과 함께 누우매 그는 나병 환자라 하여 왕들의 묘실에 접한 땅 곧 그의 조상들의 곁에 장사하니라." 그까짓 분향하는 일, 나인들 못하겠는가라는 생각, 그의 영적 월권이 그로 하여금 그의 말년의 재앙과 비극을 초래한 것입니다. 영적 교만 때문이었습니다.

여기 하나님이 얼마나 교만을 싫어하시는지를 알 수 있습니다. "하나님은 교만한 자를 대적하시되 겸손한 자들에게는 은혜를 주시느니라."(벧전 5:5) "교만은 패망의 선봉이요 거만한 마음은 넘어짐의 앞잡이니라."(잠16:18) 교만은 웃시야처럼 자기의 위치를 떠나 영적 지도자의 자리를 도전하게 하고 하나님이 주신 자신의 한계를 망각하게 하는 범죄입니다. 교만은 또한 미리암처럼 자신을 하나님의 자리에 위치시켜 마치 자기의 판단에는 오류가 없는 것처럼 이웃을 특히 지도자를 폄하하고 비방하는 것입니다. 미리암은 선지자이었기에 자기는 하나님과 소통하는 특별한 사람이라는 영적 교만이 있었던 것입니다. 그 교만이 결국 지도자 모세까지 비방하고 판단하게 만든 것입니다. 그러나 미리암의 경우 그녀는 회개합니다. 그리고 모세의 중보기도로 치유되고 회복됩니다. 영적 교만을 경계하십시오. 교만은 영혼을 썩게 하는 병입니다.

2. 유출병입니다.

유출증 혹은 유출병은 우리 몸 안에서 피나 고름 등 더러운 것이 밖으로 흘러나오는 병입니다. 그런데 이것은 영적으로 마음에 숨긴 은밀한 죄들을 지칭하는 병입니다. 예수님은 입으로 들어가는 것이 우리를 더럽게 하기보다 입에서 나오는 것 곧 마음에서 나오는 것이 우리를 더 더럽힌다고 말씀하십니다. 마 15:18-20을 보십시오. "입에서 나오는 것들은 마음에서 나오나니 이것이야말로 사람을 더럽게 하느니라 마음에서 나오는 것은 악한 생각과 살인과 간음과 음란과 도둑질과 거짓 증언과 비방이니 이런 것들이 사람을 더럽게 하는 것이요." 그러면 어떻게 우리 마음 안에서 이런 죄들이 만들어지는 것일까요? 우리가 마음 관리에 실패할 때 우리 마음은 죄를 만드는 공장이 되는 것입니다. 그래서 잠언기자는 잠4:23에서 "모든 지킬 만한 것 중에 더욱 네 마음을 지키라 생명의 근원이 이에서 남이니라"고 말합니다. 그리고 마음을 관리하는 핵심은 욕심을 관리하는 것입니다.

약1:15의 말씀을 기억하십니까? "욕심이 잉태한즉 죄를 낳고 죄가 장성한즉 사망을 낳느니라." 그렇습니다. 욕심을 통제 못하면 욕심이 죄를 낳는 것입니다. 그때 우리 마음은 죄의 지배를 받게 되고 더러운 죄가 우리 마음을 더럽히는 것입니다. 그리고 우리 마음은 바로 죄를 밖으로 유출하는 통로가 됩니다. 이것이 바로 영적 유출병의 증상입니다. 이런 영적 유출병을 극복하기 위해 마음을 말씀으로 지배받게 해야 합니다. 시 119:9의 말씀을 기억하십니까? "청년이 무엇으로 그의 행실을 깨끗하게 하리이까 주의 말씀만 지킬 따름이니이다." 이어지는 11절입니다. "내가 주께 범죄하지 아니하려 하여 주의 말씀을 내 마음에 두었나이다." 그렇습니다. 이 말씀이 우리 마음을 다스리면 우리는 영적 유출병에서 비로소 자신을 거룩하게 지키게 될 것입니다.

3. 주검과의 접촉입니다.
영적으로 우리가 주검과 접촉한다는 것은 무엇을 의미합니까? 그것은 우리가 영적인 죽음의 문화에 중독되거나 죽은 우상숭배에 오염되는 것입니다. 주검의 반대가 무엇입니까? 생명입니다. 그리스도인들은 예수 그리스도 부활의 주님을 영접하고 믿는 순간, 새 생명 곧 부활의 생명에 연합되어 살아가게 됩니다. 그럼에도 불구하고 세상을 지배하는 죽음의 문화는 끊임없이 우리를 오염시키고 우리를 부정하게 하고자 합니다. 그래서 본문은 2절의 경고처럼 "주검으로 부정하게 된 자를 다 진영 밖으로 내보내되"라고 경고합니다. 이 말씀을 신약적으로 다시 말하면 '세상을 사랑하지 말고 세상과 구별되라'는 것입니다. 우리는 세상에 살지만 세상에 속한 자들이 아니기 때문입니다. 우리의 대제사장 되신 예수님의 기도를 잊지 마십시다. 요17:15-16 말씀을 기억하십시오. "내가 비옵는 것은 그들을 세상에서 데려가시기를 위함이 아니요 다만 악에 빠지지 않게 보전하시기를 위함이니이다 내가 세상에 속하지 아니함 같이 그들도 세상에 속하지 아니하였사옵나이다." 세상은 결국 우리를 주검의 문화에 종속되게 하는 것입니다.

우상 숭배의 본질은 죽은 것, 죽은 신을 섬기는 것입니다. 시편기자는 시115:4이하에서 우상의 본질을 지적합니다. 시115:5-7을 보십시오. "입이 있어도 말하지 못하며 눈이 있어도 보지 못하며 귀가 있어도 듣지 못하며 코가 있어도 냄새 맡지 못하며 손이 있어도 만지지 못하며 발이 있어도 걷지 못하며 목구멍이 있어도 작은 소리조차 내지 못하느니라." 사44:9의 증언을 보십시오. "우상을 만드는 자는 다 허망하도다 그들이 원하는 것들은 무익한 것이거늘 그것들의 증인들은 보지도 못하며 알지도 못하니 그러므로 수치를 당하리라." 그래서 우상문화는 주검의 문화이고 수치의 문화입니다. 그래서 영생의 생명을 경험한 자들이 세상으로부터 구별될 것을 강조하고 사도 요한도 요한일서의 마지막 결론으로 요일5:21에서 이렇게 말합니다. "자녀들아 너희 자신을 지켜 우상에게서 멀리하라."

그러므로 이제 공동체를 이루어 광야로 떠나가는 민수기의 주의 백성들에게 하나님은 우리를 더럽히는 병들에서 스스로를 지키고 분리될 것을 명하십니다. 그러나 이런 분리는 일시적 처방일 뿐 궁극적인 하나님의 처방이 아닙니다. 궁극적으로 하나님과의 연합을 통해서만 인생들은 자신을 거룩하게 지키게 될 것입니다. 그래서 하나님의 아들 예수님이 이 땅에 오셨을 때 복음서에 보면 주 예수님은 세 가지 병들어 분리되어 있는 인생들을 오히려 찾아오시고 접촉하십니다.

1) 예수님이 나병환자들을 만나주신 것을 기억하십니까?
누가복음 17장에서 나병환자 열 명이 예수님을 만났을 때 가까이 오지도 못하고 소리를 높여 "우리를 불쌍히 여기소서" 라고 외치던 것을 기억하십니까? 그때에 예수님은 이들에게 "가서 제사장들에게 너희 몸을 보이라"고 말씀하십니다. 그리고 제사장들에게 가다가 길에서 그들은 깨끗함을 얻습니다. 그리고 그들은 더 이상 격리되지 않고 사회로 돌아옵니다.
2) 예수님이 열두 해를 혈루증으로 고생하던 여인을 치유하

신 것을 기억하십니까?

마가복음 5장에 보면 이 여인은 사람에게 접촉되어서는 안 되고 분리되어야 할 병자이었습니다. 그런데 예수의 소문을 듣고 예수에게 다가와 예수를 둘러싸고 밀어대는 무리 중에서 예수의 옷에 손을 대었습니다. 그때 예수님의 질문 기억하시나요? "누가 내 옷에 손을 대었느냐?" 그리고 성경은 예수에게 손을 내미는 순간 그녀의 혈루 근원이 마르고 병이 나았다고 증거 합니다. 그리고 그녀는 더 이상 아무에게서 격리 될 필요가 없었고 예수의 제자가 되었습니다.

3) 예수님이 주검이 실린 관을 만지시고 생명을 살린 것을 기억하십니까?

분명히 주검을 만지는 것은 부정 타는 일입니다. 그런데 누가복음 7장에서 예수께서 나인성 과부의 아들의 죽은 관에 손을 대시고 "청년아 일어나라"고 말씀하십니다. 그러자 청년이 일어나 그 어머니에게 돌아가고 그는 부활의 새 인생을 시작합니다. 기억합시다! 부활이요 생명이신 주 예수님만이 부정한 것을 정하게 하시고 죽은 것을 살게 하십니다. 이 예수님을 통해 더럽힘을 씻고 거룩함과 새 생명을 얻는 우리가 되십시다!

Chapter **6**

나실인이 되라

• 민 6:1-8

¹ 여호와께서 모세에게 말씀하여 이르시되 ² 이스라엘 자손에게 전하여 그들에게 이르라 남자나 여자가 특별한 서원 곧 나실인의 서원을 하고 자기 몸을 구별하여 여호와께 드리려고 하면 ³ 포도주와 독주를 멀리하며 포도주로 된 초나 독주로 된 초를 마시지 말며 포도즙도 마시지 말며 생포도나 건포도도 먹지 말지니 ⁴ 자기 몸을 구별하는 모든 날 동안에는 포도나무 소산은 씨나 껍질이라도 먹지 말지며 ⁵ 그 서원을 하고 구별하는 모든 날 동안은 삭도를 절대로 그의 머리에 대지 말 것이라 자기 몸을 구별하여 여호와께 드리는 날이 차기까지 그는 거룩한즉 그의 머리털을 길게 자라게 할 것이며 ⁶ 자기의 몸을 구별하여 여호와께 드리는 모든 날 동안은 시체를 가까이 하지 말 것이요 ⁷ 그의 부모 형제 자매가 죽은 때에라도 그로 말미암아 몸을 더럽히지 말 것이니 이는 자기의 몸을 구별하여 하나님께 드리는 표가 그의 머리에 있음이라 ⁸ 자기의 몸을 구별하는 모든 날 동안 그는 여호와께 거룩한 자니라

Chapter 6
나실인이 되라

성경해석의 원칙 중에 〈점진적 계시의 원리〉(Principle of Progressive Revelation)라는 것이 있습니다. 구약에서부터 신약을 향한 성경의 계시는 계시의 완성자이신 그리스도를 향하여 점진적으로 발전하고 있다는 것입니다. 처음 구약에 어린 양의 희생의 제물에 대하여 말씀하시다가 신약에 와서 예수님이 바로 인류를 위한 희생의 어린 양이 되셨다고 말씀하십니다. 구약에서는 소중한 남자의 성적 기관 피부의 일부를 거세하는 할례로 하나님의 백성 된 표시를 가르치시다가 신약에 와서는 신체가 아닌 더 소중한 마음을 주께 구별하여 드리는 마음의 할례, 혹은 영적 할례의 중요성을 가르치십니다. 구약에 하나님에게 헌신하여 살아가는 대표적 직업인이 제사장이었습니다. 그러나 이 제사장을 통해 하나님에게 드려짐과 쓰여짐의 중요성을 구약에서 가르치시다가 신약에 와서는 그리스도를 믿는 모든 신자가 바로 제사장이라고 가르치십니다. 종교 개혁자들은 이것을 '모든 신자의 제사장직'(Priesthood of all believers)이라고 부른 것입니다.

그런데 구약시대에서 제사장은 출생에 의하여 결정되다 보니까 보통 백성들 사이에도 제사장의 삶에 대한 갈망이 있었을 것입니다. 물론 제사장이 된다는 것은 고귀한 특권이지만 동시에 거기에는 엄정한 책임이 뒤따르고 있었던 것입니다. 히5:4 말씀을 보시기 바랍니다. "이 존귀(this honor)는 아무나 스스로 취하지 못하고 오직 아론과 같이 하나님의 부르심을 받은 자라야 할 것이니라." 여기 성경은 아론의 제사장직을 존귀한 직분이라고 말합니다. 그러나 구약시대에 제사장직의 특권과 책임을 보통 백성들에게도 경험시킬 수 있는 제도가 있었습니다. 그것이 바로 나실인 제도였던 것입니다. 나실인(Nazirite)이라는 말은 '헌신하다'는 뜻을 지닌 '나사르'(nazar)라는 말에서 나온 말입니다. 제사장은 출생에 의해 결정되지만 나실인은 스스로 자원함으로 가능했습니다. 기혼자이고 세속 직업을 갖고 있으면서도 이 서원을 할 수 있었습니다. 심지어 여인에게도 가능한 제도였습니다. 본문 1-2절을 보겠습니다. "여호와께서 모세에게 말씀하여 이르시되 이스라엘 자손에게 전하여 그들에게 이르라 남자나 여자가 특별한 서원 곧 나실인의 서원을 하고 자기 몸을 구별하여 여호와께 드리려고 하면." 그래서 짧게는 한 3개월부터 평생에 이르기까지 나실인의 삶을 살 수가 있었습니다. 그래서 그들은 제사장과 유사한 삶을 살아가며 하나님에게 헌신된 삶의 의미를 이해하고 경험할 수가 있었습니다.

그런 의미에서 오늘날도 하나님에게 헌신적 삶을 살아가는 그리스도인들을 오늘의 나실인이라고 할 수 있습니다. 그렇다면 나실인, 어떻게 될 수가 있을까요?

1. 서원해야 합니다.

본문 2절에 보면 "특별한 서원, 곧 나실인의 서원을 하라"고 기록됩니다. 서원(vow)은 특별한 맹세라고 할 수 있습니다. 성경에서 서원은 맹세와 같은 의미로 사용되기도 하고, 조금은 구별된 의미로 사용되기도 합니다. 예컨대 서원이 조건적이라면 (.....해주신다면) 맹세는 일방적인 것이라는 차이가 존재하기도 합니다. 민수기 30장에 도달하면 이 서원의 의미를 더 상세하게 기술하여 가르칩니다. 그러나 중요한 것은 일단 서원하면 서원한 것을 지켜야 한다는 것입니다. 민30:2 말씀을 보십시오. "사람이 여호와께 서원하였거나 결심하고 서약하였으면 깨뜨리지 말고 그가 입으로 말한 대로 다 이행할 것이니라." 서원의 명제를 둘러싸고 우리는 신앙 공동체 안에도 두 가지 정반대의 반응을 보이는 성도들을 만나게 됩니다. 어떤 성도들은 지나치게 정적인 사람들로 마음에 어떤 감동이 오면 너무 쉽게 서원을 하고 결심을 합니다. 그런데 또 너무 쉽게 서원을 깨뜨리고 스스로 한 결심을 망각하고 이행하지 않습니다. 그래서 그런 반작용으로 또 어떤 성도들은 성경에 함부로 맹세하지 말라고 하지 않았느냐는 말씀을 말하면서 아예 서원 한 번도 하지 않고 사는 이들이 있습니다.

사실 서원을 쉽게 깨뜨리려면 하지 않은 것이 나을 수도 있습니다. 그래서 전5:5에도 "서원하고 갚지 아니하는 것보다 서원하지 아니하는 것이 더 나으니"라고 말씀하십니다. 예수님도 산상수훈에서 마5:34-37에 "나는 너희에게 이르노니 도무지 맹세하지 말지니 하늘로도 하지 말라...땅으로도 하지 말라...오직 너희 말은 옳다 옳다, 아니라 아니라 하라"고 하십니다. 그럼 이 말을 우리는 정말 맹세나 서원 없이 살라는 말씀으로 받아야 할까요? 흥미로운 사실은 성경의 하나님은 맹세하시는 하나님이라는 사실입니다. 창22:15이하를 보십시오. "여호와의 사자가 하늘에서부터 두 번째 아브라함을 불러 이르시되 여호와께서 이르시기를 내가 나를 가리켜 맹세하노니...내가 네게 큰 복을 주고 네 씨가 크게 번성하게 하리라"고 하십니다. 그리고 우리에게도 맹세를 하라고 가르치십니다. 신6:13을 보십시오. "네 하나님 여호와를 경외하며 그를 섬기며 그의 이름으로 맹세할 것이니라." 헛된 서원이나 맹세가 문제이지 뜻을 이루는 인생을 살고자 하는 이들에게 진지한 서원이나 맹세는 오히려 아름다운 것입니다. 세상이 아름다울 수 있는 것은 아름다운 서원이나 맹세가 실현되는 까닭입니다. 한 번쯤 나실인의 서원을 해보십시오! 나도 주님을 위해 이렇게 살겠다고...이런 서원도 결심도 없는 인생을 어떻게 하나님을 아는 인생이라고 하겠습니까?

2. 서원에 따르는 행동을 해야 합니다.

그러나 한 사람이 나실인이 되고자 한다면 명백하게 구별된 행동을 시작해야 했습니다. 특별히 세 가지 행동이 요청되었습니다.

1) 포도주나 독주를 멀리해야 합니다.

본문 3절을 읽겠습니다. "포도주와 독주를 멀리하며 포도주로 된 초나 독주로 된 초를 마시지 말며 포도즙도 마시지 말며 생포도나 건포도도 먹지 말지니" 사실 이 구절의 핵심은 독주에 대한 경고였습니다. 그러나 독주로 향하는 유혹을 차단하기 위해서 일체의 포도주와 포도까지 헌신한 기간 동안 금해야 했습니다. 무엇이 문제입니까? 술로 취하게 되면 이성적 행동을 못하고 하나님의 사람다운 간증과 품격을 상실할 수 있기 때문입니다. 그래서 성경은 끊임없이 "술 취하지 말라"고 경고하고 있는 것입니다. 유명한 엡5:18에서는 "술 취하지 말라 이는 방탕한 것이니"라고 말씀합니다. 여기 방탕(아소티아, asotia)이란 단어는 무절제 혹은 무분별한 일에 삶을 낭비하는 것을 의미하는 단어입니다. 누가복음 15장 탕자의 비유에서 탕자가 아버지를 떠나 먼 나라로 갔을 때 그는 허랑방탕했다고 증언합니다. 술 취함이 우리를 이런 삶으로 인도할 수 있다는 것입니다.

아마도 술 취함에 대한 가장 실감나는 경고는 잠23:29-35의 말씀일 것입니다. "재앙이 뉘게 있느뇨 근심이 뉘게 있느뇨 분쟁이 뉘게 있느뇨 원망이 뉘게 있느뇨 까닭 없는 상처가 뉘게 있느뇨 붉은 눈이 뉘게 있느뇨 술에 잠긴 자에게 있고 혼합한 술을 구하러 다니는 자에게 있느니라 포도주는 붉고 잔에서 번쩍이며 순하게 내려가나니 너는 그것을 보지도 말지어다 그것이 마침내 뱀 같이 물 것이요 독사같이 쏠 것이며 또 네 눈에는 괴이한 것이 보일 것이요 네 마음은 구부러진 말을 할 것이며 너는 바다 가운데에 누운 자 같을 것이요 돛대 위에 누운 자 같을 것이며 네가 스스로 말하기를 사람이 나를 때려도 나는 아프지 아니하고 나를 상하게 하여도 내게 감각이 없도다 내가 언제나 깰까 다시 술을 찾겠다 하리라." 술 자체는 하나의 음료이고 그것은 좋은 선물일 수도 있습니다. 그러나 사단은 좋은 음료로 우리를 하나님 나라의 질서의 삶에서 탈선하게 할 수도 있었기 때문에 하나님에게 헌신하려는 사람들에게 금해야 할 음식으로 포함시킨 것입니다.

2) 삭도를 머리에 대지 말아야 합니다.

본문 5절의 말씀을 보십시오. "그 서원을 하고 구별하는 모든 날 동안은 삭도를 절대로 그의 머리에 대지 말 것이라 자기 몸을 구별하여 여호와께 드리는 날이 차기까지 그는 거룩한즉 그의 머리털을 길게 자라게 할 것이며." 유대인들에게 전통적으로 머리는 하늘의 권위를 상징합니다. 그래서 머리를 기른다는 것은 그 권위를 인정하고 그 권위 아래 살겠다는 고백을 의미합니다. 오늘날의 유대인 남자들은 그들의 정체성을 드러내기 위해 테두리가 없는 모자 '키파'를 쓰고 다닙니다. 이 모자를 쓰지 않으면 통곡의 벽 같은데도 출입이 불가합니다. 역시 하늘의 권위를 인정하는 고백이라고 할 수 있습니다.

우리는 삼손 같은 사람이 나실인의 서원을 하고 머리를 길렀던 것을 기억합니다. 그가 머리를 기르고 있었던 한 하나님은 그에게 힘을 주어 사사의 역할을 감당하게 했습니다. 그런데 그가 들릴라의 유혹으로 머리를 밀자 그 모든 힘이 떠났습니다. 삼손의 인생에 가장 비극적인 날을 성경은 삿16:20에서 이렇게 증언합니다. "삼손이 잠을 깨며 이르기를 내가 전과 같이 나가서 몸을 떨치리라 하였으나 여호와께서 이미 자기를 떠나신 줄을 깨닫지 못하였더라." 왜 그렇게 되었습니까? 이방 여인 들릴라에 의해 머리털이 밀렸기 때문이었습니다. 더 이상의 하나님의 축복의 상징, 혹은 하나님께 대한 헌신의 상징이 사라진 것입니다. 신약 시대에는 머리는 중요하지 않지만 헌신의 약속은 여전히 중요합니다. 하나님의 사람들이 하나님께 대한 헌신의 약속을 깨버리면 더 이상 그의 인생에서 하나님의 임재와 축복을 기대할 수 없는 것입니다.

3) 가족의 시신도 가까이 말아야 합니다.

이제 본문 7절을 보시기 바랍니다. "그의 부모 형제 자매가 죽은 때에라도 그로 말미암아 몸을 더럽히지 말 것이니 이는 자기의 몸을 구별하여 하나님께 드리는 표가 그의 머리에 있음이라." 왜 그렇습니까? 물론 사체는 부정하기 때문입니다. 그러나 더 중요한 이유는 헌신한 사람에게는 우선순위가 하나님이기 때문입니다. 부모와 형제 자매라도 하나님보다 더 중요한 자리에 올 수는 없기 때문입니다. 그들은 모두 하나님의 선물이었을 따름입니다. 이것은 신약에 와서도 예수 그리스도의 제자의 조건으로 등장합니다. 눅14:26의 말씀을 기억하십니까? "무릇 내게 오는 자가 자기 부모와 처자와 형제와 자매와 더욱이 자기 목숨까지 미워하지 아니하면 능히 내 제자가 되지 못하고." 같은 맥락의 말씀을 마10:37에서 보십시오. "아버지나 어머니를 나보다 더 사랑하는 자는 내게 합당하지 아니하고 아들이나 딸을 나보다 더 사랑하는 자도 내게 합당하지 아니하며." 그것이 바로 제자의 삶인 것입니다.

하나님이나 하나님의 아들이신 예수에 대한 절대적 사랑과 헌신, 그것은 구약시대나 신약시대나 변함없는 요청인 것입니다. 그러나 이런 나실인의 헌신도 완벽할 수는 없습니다. 그래서 그들의 헌신을 더럽힐 실수나 허물이 자각되면 그들은 속죄제와 번제를 드려야 했습니다. 찬송 시인 중에 하버갈이란 분

이 있었습니다. 그녀가 어느 영국 주말 휴양지 알리(Areley) 하우
스에 머무는 중에 거기 한 열 명의 사람들이 있었는데 더러는
기독교인이 아닌 사람도 있고 더러는 믿기는 하지만 주께 헌신
되지 못한 사람들도 있고 해서 그들을 위하여 기도하다가 성령
님이 너부터 온전하게 헌신하라는 음성을 듣고 찬송가 213장
〈나의 생명 드리니〉를 작사하게 됩니다. 이 시는 모차르트의
아름다운 곡이 입혀져 우리가 좋아하는 헌신의 찬양이 됩니다.
"나의 생명 드리니 주여 받아주셔서 세상 살아 갈 동안 찬송하
게 하소서/ 손과 발을 드리니 주여 받아주셔서 주의 일을 위하
여 민첩하게 하소서/ 나의 음성 드리니 주여 받아주셔서 주의
진리 말씀만 전파하게 하소서..." 원문에 보면 마지막 가사가
"Ever, only, all for Thee"(오직 당신을 위하여 모든 것을 드립니다)인데, 이
찬송이야말로 나실인으로 헌신하는 사람들을 위한 찬송입니
다. 그렇게 오늘 주께 당신도 나실인의 헌신 서원을 드리시겠
습니까?

Chapter 7

살아계신 주님과의
연합의 블레싱

● 민 6:22-27

22 여호와께서 모세에게 말씀하여 이르시되 **23** 아론과 그의 아들들에게 말하여 이르기를 너희는 이스라엘 자손을 위하여 이렇게 축복하여 이르되 **24** 여호와는 네게 복을 주시고 너를 지키시기를 원하며 **25** 여호와는 그의 얼굴을 네게 비추사 은혜 베푸시기를 원하며 **26** 여호와는 그 얼굴을 네게로 향하여 드사 평강 주시기를 원하노라 할지니라 하라 **27** 그들은 이같이 내 이름으로 이스라엘 자손에게 축복할지니 내가 그들에게 복을 주리라

Chapter 7
살아계신 주님과의
연합의 블레싱

미국 한 초등학교 교실에서 선생님이 학생들에게 살아있는 인물 중에 미국에서 가장 존경하는 사람들의 이름을 써내라는 과제를 주었다고 합니다. 투자가 워렌 버핏, 마이크로 소프트의 빌 게이츠, 농구선수 마이클 조던, 영화배우 브래드 피트, 대통령 버락 오바마, 아마존 창업자 베이조스 등...여러 이름들이 나왔는데 그중에 예수 그리스도라고 쓴 학생이 있었다고 합니다. 선생님은 "나는 여러분에게 살아있는 인물 중 존경하는 인물이라고 했는데 예수 그리스도는 과거의 인물이 아니냐"고 했을 때 한 학생이 손을 들고 "선생님! 예수 그리스도는 장사한지 사흘 만에 부활하셨고 그는 지금도 살아계십니다"라고 말했다고 합니다. 그렇습니다. 우리들 그리스도인들은 살아계신 분 예수 그리스도를 우리의 구주와 주님으로 고백하는 사람들입니다. 그런데 그분은 구약에서도 살아계신 여호와 하나님으로 증언되어 있습니다. 구약의 여호와의 존재가 종종 신약에서 예수 그리스도의 존재로 증언되고 있음을 기억해야 합니다.

예컨대 요8:58에서 예수께서 "아브라함이 나기 전부터 내가 있느니라"고 말씀하십니다. 여기 '내가 있느니라'는 영어로 유명한 'I am'입니다. 그런데 이 표현이 맨 처음 등장하는 것이 출3:14에서 하나님이 모세에게 "나는 스스로 있는 자이니라"(I am that I am)고 말씀하실 때 사용된 표현입니다. 그것이 바로 하나님의 이름 여호와라는 것입니다. 하나님의 영존성을 가르치는 이름입니다. 그는 과거에도 존재하시고 현재에도 존재하시고 미래에도 존재하십니다. 그래서 그분은 영원하신 I am 이십니다. 한걸음 더 나아가서 이런 표현은 기독교 신관의 특성인 삼위일체 하나님을 우리에게 보여주는 표현이기도 합니다. 하나님은 삼위일체로 존재하시며 신자들의 모든 삶에 관여하십니다. 우리가 그리스도인이 되고자 침례(세례)를 받을 때에도 우리는 성부와 성자와 성령의 이름으로 받습니다. 그리고 우리가 사도적 축복을 받을 때에도 성부와 성자와 성령의 이름으로 축복을 받습니다. 여기 민수기에 증언된 제사장의 축복도 실은 삼위 하나님의 축복이라고 주장하는 학자들이 있습니다.(독일 구약 학자 카일 Keil, 델리취 Delitzsch) 본문에 여호와 하나님의 이름이 세 번에 걸쳐 등장하는 것(24,25,26절), 그리고 본문은 세 개의 축복 문장(24,25,26절)으로 구성되어 있는 것이 그 증거이기도 합니다. 신약을 받은 우리의 관점에서 보면 영락없이 삼위 하나님의 축복을 증언하는 것입니다.

우리가 예수를 믿는 순간 우리는 삼위 하나님과 연합하여 영원한 삶을 누리게 됩니다. 그런데 이 제사장의 축복은 삼위 하나님 각 위의 특별한 축복을 우리에게 보여주고 있다는 것입니다. 살아계신 주님과 연합됨으로 보증된 블레싱의 본질을 오늘 부활 주일에 살펴보고자 합니다.

1. 성부 하나님의 지키심의 복입니다.

본문 24절을 읽겠습니다. "여호와는 네게 복을 주시고 너를 지키시기를 원하며." 이 말씀은 성부 하나님의 보호하심의 축복을 전하고 있습니다. 지금 이스라엘 백성들은 보호 받기 어려운 광야의 행진을 앞두고 있습니다. 전쟁의 위험, 질병의 위험, 빈곤의 위험, 사막기후의 위험, 백성들의 분열의 위험, 지도력에 대한 불신의 위험 등을 앞두고 있습니다. 그러나 최대의 위험은 백성들이 악에 빠지는 위험이었습니다. 그런데 이런 악에서 지켜지도록 하나님이 우리를 보호해 주시겠다는 것입니다.

우리 예수님이 제자들에게 가르쳐 주신 기도를 기억하십니까? "하늘에 계신 우리 아버지여..."로 시작되는 기도 말입니다. 기도의 절정에서 우리가 무엇을 위해 기도하라고 가르치십니까? "다만 악에서 구하시옵소서." 여기 '악'이란 단어는 '악한 자'라고 번역되기도 합니다. 모든 악의 배후에는 악한 자가 존재하기 때문입니다. 악한 자를 우리는 악마, 혹은 사탄이라고 부르기도 합니다. 이런 악, 혹은 악한 자에게서 우릴 구할 자는 단 한 분밖에 없습니다. 여호와 하나님, 혹은 아버지 하나님 한 분 뿐이십니다.

다시 요17:15에서의 우리를 위한 예수님의 기도를 기억합시다. "내가 비옵는 것은 그들을 세상에서 데려가시기를 위함이 아니요 다만 악에 빠지지 않게 보전하시기를 위함이니이다." 그분은 우리가 악에 빠지지 않고 보전되는 구체적 방편을 알고 또한 기도하십니다. 요17:17입니다. "그들을 진리로 거룩하게 하옵소서 아버지의 말씀은 진리니이다." 그렇습니다. 주 부활의 위대한 승리를 기리는 날, 악에서 우리를 지키시는 여호와, 아버지 하나님의 말씀으로 충만하시기를 기도합니다.

2. 성자 하나님의 은혜의 복입니다.

본문 25절 말씀을 보겠습니다. "여호와는 그의 얼굴을 네게 비추사 은혜 베푸시기를 원하며." 성경이 우리에게 전달하는 가장 아름다운 단어의 하나가 '은혜'일 것입니다. 히브리어 동사형으로 '하난'인데 명사로는 '헨'입니다. 신약 언어인 헬라어로는 '카리스'입니다. 이 단어는 여호와 하나님이 준비하신 가장 아름답고 친절한 사랑의 선물을 뜻하는 말입니다. 사랑하는 사람에게 이런 선물을 준비하신 분의 얼굴은 해처럼 밝게 빛나고 있습니다.

신약성경에서 하나님의 아들 성자 예수님은 이 은혜의 선물을 주고자 우리에게 오신 분이십니다. 요1:14에 보면 성육신하신 그분은 '은혜와 진리가 충만하신 분'이라고 증언합니다. 요1:16의 말씀을 보십시오. "우리가 다 그의 충만한 데서 받으니 은혜 위에 은혜러라"고 말합니다. 우리는 맨 처음 그분에게서 구원의 은혜를 받았습니다. 엡2:8을 보십시오. "너희는 그 은혜에 의하여 믿음으로 말미암아 구원을 받았으니 이것은 너희에게서 난 것이 아니요 하나님의 선물이라." 이 은혜의 선물을 증거하던 스데반에게 사람들은 돌을 들고 있었지만 그의 얼굴은 천사의 얼굴처럼 빛나고 있었다(행6:15)고 성경은 증언합니다. 그 후 이 은혜를 경험해야 할 사람들에게 편지를 쓰는 그리스도의 처음 제자들, 곧 사도들은 "주 예수 그리스도의 은혜가 너희와 함께 하고"(고전16:23) "우리 주 예수 그리스도의 은혜가 너희 심령에 있을지어다"(갈6:18) "우리 주 예수 그리스도를 변함 없이 사랑하는 모든 자에게 은혜가 있을지어다."(엡6:24) 빌립보서 마지막도 골로새서 마지막도 데살로니가전후서 마지막도 은혜를 비는 축복으로 마무리 합니다.

3. 성령 하나님의 평강의 복입니다.

이제 본문 26절을 보겠습니다. "여호와는 그 얼굴을 네게로 향하여 드사 평강 주시기를 원하노라 할지니라." 여기 '네 얼굴을 들었다'는 말이 히브리어로 '나싸티 파네카'인데 창19:21 같은 경우에 '네 소원을 들었다'로 번역됩니다. 다시 말하면 누군가의 중요한 소원을 들어주기 위해 얼굴을 바짝 쳐드는 제스처를 뜻하는 말입니다. '내가 네 가장 중요한 소원을 들어주마... 네게 평강이 있기를 원한다'는 말입니다.

히브리 사람들에게 가장 아름다운 단어를 물으면 '헨'이라고 말할 것입니다. 그러나 그들에게 가장 큰 복이 무엇이냐고 묻는다면 지체 없이 '샬롬'이라고 말할 것입니다. 그래서 그들의 일상의 인사도 '샬롬'입니다. 샬롬은 단순하게 우리 마음의 평화만을 뜻하는 단어가 아닙니다. 우리의 삶의 모든 영역에 넘쳐나는 하나님의 충만한 기쁨과 생명, 건강을 포괄하는 축복을 뜻하는 말입니다. 그래서 평소에도 샬롬으로 인사하다가 안식일에는 샤바트 샬롬으로 서로를 축복합니다.

부활하신 예수님이 제자들을 찾아 오셨을 때 주님의 말씀을 기억하십니까? 요20:19 말씀을 보십시오. "이 날 곧 안식 후 첫날(지금 주일/첫 부활주일) 저녁때에 제자들이 유대인들을 두려워하여 모인 곳의 문들을 닫았더니 예수께서 오사 가운데 서서 이르시되 너희에게 평강이 있을지어다." 한 번만 이 말을 하신 것이 아닙니다. 이어지는 21절을 보십시오. "예수께서 또 이르시되 너희에게 평강이 있을지어다 아버지께서 나를 보내신 것 같이 나도 너희를 보내노라."

부활하신 주님의 선물 평강을 받고 이제 저 세상으로 가라는 것입니다. 그리고 다음 22절 말씀을 보십시오. "이 말씀을 하시고 그들을 향하사 숨을 내쉬며 이르시되 성령을 받으라." 여호와 하나님의 영이신 성령이 바로 평강의 영이신 것입니다. 성령으로 우리는 하나님의 평강을 체험하고 나아가 세상에서 그의 평화, 그의 평강을 증거 하는 것입니다. 이것이 바로 부활의 주님을 영접하고 주께 연합된 그의 백성들이 증거해야 할 부활의 블레싱입니다.

우리는 본문에서 진정한 축복관을 배우게 됩니다. 구약은 다소간 축복의 이해가 물질적인 지상의 축복을 보여주고 있음에도 불구하고 제사장의 축복은 참된 축복이 하나님과의 관계임을 가르칩니다. 본문 25절과 26절이 강조하는 축복관의 핵심은 하나님의 얼굴입니다. 축복은 하나님의 얼굴이 우리를 비추시는 것 그리고 하나님이 자신의 얼굴을 우리를 향해 드시는 것이라고 말합니다. 우리가 죄와 악에 빠질 때 우리는 더 이상 하나님의 얼굴을 뵐 수 없는 상태에 빠지는 것입니다. 선지자 요나가 하나님의 말씀을 순종하기를 거부했을 때 욘1:3은 "그러나 요나가 여호와의 얼굴을 피하려고 일어나 다시스로 도망하려 하여 욥바로 내려갔더니"라고 기록합니다. 그러나 그가 큰 물고기 뱃속에서 회개할 때 선지자는 욘2:4에서 "내가 말하기를 내가 주의 목전에서 쫓겨났을지라도 다시 주의 성전을 바라보겠다 하였나이다"고 고백합니다.

시105:4에 보면 "여호와와 그의 능력을 구할지어다 그의 얼굴을 항상 구할지어다"라고 말합니다. 정상적인 신앙인의 삶은 여호와의 얼굴을 찾고 구하는 것입니다. 그것은 하나님은 영이신데 그분이 얼굴을 갖고 계시다는 말이 아니라, 그분의 임재를 사모하고 그분과의 교제를 갈망해야 한다는 말입니다. 예수께서 십자가에 죽으시고 부활하심으로 우리에게 다가온 최고의 축복은 이제 예수의 영이신 보혜사 성령의 임재를 언제 어디서나 우리가 경험할 수 있게 되었다는 사실입니다. 요14:16-17의 예수님의 약속을 상기합시다. "내가 아버지께 구하겠으니 그가 또 다른 보혜사를 너희에게 주사 영원토록 너희와 함께 있게 하리니 그는 진리의 영이라 세상은 능히 그를 받지 못하나니 이는 그를 보지도 못하고 알지도 못함이라 그러나 너희는 그를 아나니 그는 너희와 함께 거하심이요 또 너희 속에 계시겠음이라." 이 보혜사 성령님을 통해 오늘 우리는 부활하신 예수님을 만나고 경험하는 것입니다.

〈불의 전차〉라는 영화로 우리에게 알려진 스코틀랜드의 크리스천 에릭 리들(Eric Liddell)은 1924년 파리 올림픽에서 주일 성수를 위해 주일에 있었던 그의 종목 100m를 포기하는 대신 그의 종목이 아닌 400m에 출전합니다. 사람들은 그에게 아무런 기대를 걸지 않았고 주일 출전을 포기한 그를 비웃었습니다. 그가 400m를 100m 단거리처럼 뛰어 나가자 곧 그는 기권할 것이라고 예상했습니다. 그러나 그는 200m에서도 100m처럼 달립니다. 그리고 그는 300m, 400m에서도 같은 속도로 달려 세계 신기록을 세우고 금메달을 획득합니다. 어떻게 그런 질주가 가능했느냐는 질문에 그는 "처음 200m까지는 전 저의 목표를 향해 저의 힘으로 달렸습니다만, 나머지 200m는 주의 얼굴만 보고 달렸습니다"는 대답을 남깁니다. 그리고 다음해 1925년 그는 하나님의 인도를 따라 중국 선교사로 떠납니다. 그리고 1945년 주님의 부르심을 받기까지 주의 얼굴만 바라보고 달리는 인생을 삽니다. 부활의 주님이 부활의 능력으로 함께한 복된 인생이었습니다. 할렐루야! 해피 이스터!

Chapter 8

앞으로 비추게
할지니라

● 민 8:1-4

1 여호와께서 또 모세에게 말씀하여 이르시되 **2** 아론에게 말하여 이르라 등불을 켤 때에는 일곱 등잔을 등잔대 앞으로 비추게 할지니라 하시매 **3** 아론이 그리하여 등불을 등잔대 앞으로 비추도록 켰으니 여호와께서 모세에게 명령하심과 같았더라 **4** 이 등잔대의 제작법은 이러하니 곧 금을 쳐서 만든 것인데 밑판에서 그 꽃까지 쳐서 만든 것이라 모세가 여호와께서 자기에게 보이신 양식을 따라 이 등잔대를 만들었더라

Chapter 8
앞으로 비추게 할지니라

칼 바르트라는 현대 신학자는 극장과 교회 건축의 차이를 아느냐는 질문을 했습니다. 그 차이는 극장에는 창문이 없다는 것입니다. 그러나 교회들은 대부분 창문이 있는 구조를 선택한다고 말합니다. 바르트는 상징적이지만 그것이 교회의 사명을 말해 준다고 했습니다. 교회는 빛의 역동이 있어야 한다는 것입니다. 빛을 받고 빛을 반사하는 공동체, 그것이 예수 그리스도의 교회이어야 한다는 말을 했습니다. 이스라엘 백성이 광야를 행진하면서도 반드시 갖고 다닐 거룩한 기구들이 있었는데 그중에 중요한 것이 금촛대(메노라, menorah)였습니다. 제사장들이 성소에 들어가면 성소에는 창문이 없기 때문에 캄캄 합니다. 그러나 성소 안에서 제사장들의 활동이 가능했던 것은 그 안에 금촛대 곧 메노라가 있었기 때문입니다.

이제 본문 1-2절을 보십시오. "여호와께서 또 모세에게 말씀하여 이르시되 아론에게 말하여 이르라 등불을 켤 때에는 일곱 등잔을 등잔대 앞으로 비추게 할지니라." 그러니까 이 금촛대는 일곱 개의 등잔을 가지고 있었다는 것을 알 수가 있습니다. 이어지는 4절의 말씀을 보십시오. "이 등잔대의 제작법은 이러하니 곧 금을 쳐서 만든 것인데 밑판에서 그 꽃까지 쳐서 만든 것이라 모세가 여호와께서 자기에게 보이신 양식을 따라 이 등잔대를 만들었더라." 여기 한걸음 더 나아가 이 금촛대의 가지는 꽃 모양이었는데 성경학자들은 살구꽃(아몬드꽃)이었을 것으로 추정합니다. 살구꽃은 유대인들에게 겨울(위기)이 지나고 새 봄이 오는 것을 알리는 꽃입니다. 그리고 그 등잔은 모두 금을 쳐서 만듭니다. 성경학자들은 이것은 모두 세상의 빛 되신 예수 그리스도의 존재를 증거 한다고 말합니다. 그의 본성은 금 같은 신성입니다. 그러나 그가 세상의 빛으로 이 땅에 오시면서 고난을 받으셨습니다. 이 금을 때리는 망치질을 통과하는 고난을 통해 그는 참 사람이 되셨습니다. 그래서 그분은 참 하나님과 참 사람이 되셨습니다. 그렇게 만들어진 금 촛대는 성소의 빛이 되어 제사장들의 활동을 가능하게 해 주는 것입니다.

그리고 이 금촛대는 바로 등잔대 앞을 비추게 하라는 특별한 역할을 수행합니다. 금촛대 앞에 있는 것이 무엇일까요? 진설병이 있는 떡상입니다. 떡상에는 제사장들이 먹을 양식이 준비되어 있습니다. 금촛대는 바로 이 양식을 빛나게 하고 그 양식의 존재를 알려줍니다. 그렇다면 여기 본문에 '앞으로 비추게 하라'는 말씀의 의미는 무엇입니까?

1. 성도가 누릴 축복을 시사합니다.

우선 신약의 관점에서 볼 때 이 금 촛대는 세상의 빛 되신 예수 그리스도를 증거합니다. 그러나 이 빛을 따르는 자들에게 빛은 그 빛 가운데 거하는 축복을 제공합니다. 요8:12의 말씀을 기억합시다. "예수께서 또 말씀하여 이르시되 나는 세상의 빛이니 나를 따르는 자는 어둠에 다니지 아니하고 생명의 빛을 얻으리라." 본래 이 말씀은 예수님이 초막절의 절정을 맞으시며 선포하신 말씀이었습니다. 초막절이 되면 세계 여러 나라에 흩어진 유대인들이 이 절기를 축하하기 위해 예루살렘으로 모여듭니다. 초막절 기간 동안 예루살렘 성전 여인의 뜰에서는 매일 저녁 특별한 행사가 벌어지고 있었습니다. 해가 석양에 지면 여인의 뜰 중앙에 세워진 동서남북을 상징하는 네 개의 거대한 촛대에 불이 밝혀집니다. 그러면 곧 노래와 춤의 축제가 벌어집니다. 빛의 축제였습니다. 상상해 보십시오. 석양에 해가 떨어지고 어둠이 덮이는 순간 성전에 불이 밝혀지고(the Illumination of the Temple), 그 순간 예수께서 소리쳐 말씀하십니다. "나는 세상의 빛이니...나를 따르는 자는 어둠에 다니지 아니하고 생명의 빛을 얻으리라." 얼마나 장엄한 순간이었을까요!

또한 성막 안, 성소에 들어간 제사장들은 그 안에 준비된 금 촛대, 메노라로 인하여 빛 가운데 거하며 사역을 감당하는 복을 누린 것처럼 오늘 이 시대의 제사장들인 신약의 성도들은 예수를 만나는 순간부터 어둠에 거하지 아니하고 빛 가운데 거하며 사는 축복을 누리는 것입니다. 성소 안에는 창문이 없었습니다. 그래서 이 금촛대는 유일한 빛의 원천이었습니다. 오늘 우리가 사는 세상은 죄로 말미암아 어둠에 잠긴 방향을 알 수 없는 광야가 되었습니다. 사람들이 제공하는 어떤 철학도 어떤 지혜도 빛을 찾아가는 노력의 조각일 뿐 빛은 아닙니다. 그러나 성소 안에는 메노라가 빛나고 광야의 행진 중에는 불기둥이 주의 백성들을 인도함으로 방황할 필요가 없게 되었습니다. 할렐루야, 주를 찬양하십시오. 거기다가 성소에 들어간 제사장들은 중보의 기도를 하고 하나님의 사역을 감당하기 위해 먹어야 했습니다. 그런데 이 메노라, 금촛대의 불빛이 그 앞에 있는 12개의 진설병(12지파를 대표하는)이 예비 된 떡상을 비추고 있었던 것입니다.

신약시대 오병이어의 기적을 체험한 백성들의 반응을 기억하십니까? 요6:34의 말씀을 보십시오. "그들이 이르되 주여 이 떡을 항상 우리에게 주소서." 물론 그들이 원한 떡은 육신의 굶주림을 면하게 할 떡이었습니다. 그러나 요6:35의 예수님의 대답을 기억하십니까? "예수께서 이르시되 나는 생명의 떡이니 내게 오는 자는 결코 주리지 아니할 터이요 나를 믿는 자는 영원히 목마르지 아니하리라." 그는 육신의 굶주림을 넘어선 영적 굶주림을 해결할 대답이 되어 주신 것입니다. 약속의 메시아 되신 그분이 태어난 곳이 베들레헴이었습니다. 그 뜻을 아시지요? '베이트'는 집이고, '레헴'은 떡(빵)이란 뜻입니다. 나는 생명의 떡이라고 선언한 그분은 떡집에서 태어나십니다. 그리고 그분은 진리의 말씀으로 우리를 먹여 주실 것을 약속하십니다. 요17:8입니다. "나는 아버지께서 내게 주신 말씀들을 그들에게 주었사오며 그들은 이것을 받고 내가 아버지께로부터 나온 줄을 참으로 아오며 아버지께서 나를 보내신 줄도 믿었사옵나이다."

구약의 유명한 말씀의 예찬의 장 시119:105의 말씀을 기억하십니까? "주의 말씀은 내 발에 등이요 내 길에 빛이니이다." 여기 금촛대와 떡상의 완벽한 조화가 있습니다. 금촛대의 빛으로 떡상이 빛나고 있습니다. 말씀이 빛이 되어 우리를 기다리고 있습니다. '앞으로 비추게 하라'...이제 그 은혜를, 그 축복을 우리가 누리고 있는 것입니다. 때로 고대 이스라엘에서 사용된 등잔 중에는 발목에 매는 작은 등잔이 있었다고 합니다. 걸어갈 때마다 앞으로 빛이 비추게 됨으로 어두운 밤길을 안전하게 걸어갈 수 있었다고 합니다. 먼 앞을 헤아리기 어려워도 한 걸음 한 걸음 앞으로 나아가는 빛의 축복을 누릴 수 있었다고 합니다. 여러해 전에 빌리 그래함 전도 대회 독창자로 노래하던 한국에서 미국으로 입양된 킴 윅스라는 시각 장애인 성악가가 있었습니다. 그분을 통역할 기회가 있었는데 그녀가 한 간증의 한 대목을 잊을 수 없습니다. 사람들이 자신을 안내할 때 저 멀리 앞에 무엇이 있다고 말하는 사람은 거의 없다고, 대신 바로 앞에 계단이 있다고, 바로 앞에 사람이 있다고, 바로 앞에 장애물이 있다고. 그래서 그렇게 안내하는 분의 말을 의지하고 따르다 보면 언제나 그녀는 목적지에 도달한다고 했습니다. 하나님은 말씀으로 자기를 그렇게 한 걸음 한 걸음 인도하신다는 것입니다. '앞으로 비추게 하라' 이것이 말씀의 빛으로 인도받는 축복입니다.

2. 교회 공동체의 사명을 시사합니다.

여기 본문에 '앞으로 비추게 하라'는 명제는 성도 개인의 축복을 시사할 뿐 아니라, 더 나아가 하나님의 백성 공동체의 사명을 시사하는 말씀입니다. 신약 산상수훈에서 예수님은 마 5:14에서 그의 제자들에게 "너희는 세상의 빛이라 산 위에 있는 동네가 숨겨지지 못할 것이요" 하시고 이어 16절에서 "이같이 너희 빛이 사람 앞에 비치게 하여 그들로 너희 착한 행실을 보고 하늘에 계신 너희 아버지께 영광을 돌리게 하라"고 말씀하십니다. 사실 구약 성막의 성소에 있는 금촛대에 기름을 넣고 최초의 불을 밝히는 것은 대제사장의 책임이었습니다. 다음에는 아침저녁으로 제사장들이 하루 두 번씩 금촛대를 살펴 기름이 떨어지지 않고 불을 밝히도록 할 책임이 있었습니다. 다시 말하면 제사장들은 성소의 금촛대 불이 꺼지지 않게 해야 할 책임이 있었던 것입니다. 저는 바로 이 책임을 신약성경에서는 예수님이 너희 빛을 사람 앞에 비추게 하라는 말씀으로 주신 것으로 적용하는 것이 옳다고 믿습니다. 오늘 한국교회의 금촛대는 빛을 발하고 있을까요?

요한계시록 2장은 사도 요한이 소아시아 일곱 교회를 향한 소명의 메시지를 전달합니다. 그 시작이 되는 계2:1의 말씀을 보겠습니다. "에베소 교회의 사자에게 편지하라 오른손에 있는 일곱 별을 붙잡고 일곱 금 촛대 사이를 거니시는 이가 이르시되." 여기 교회의 주인이요 교회의 머리되신 예수님을 일곱 금 촛대 사이를 다니시는 분으로 묘사하고 있습니다. 직전 구절인 계1:20은 이 별과 촛대의 정체를 밝히고 있습니다. "네가 본 것은 내 오른손의 일곱 별의 비밀과 또 일곱 금 촛대라 일곱 별은 일곱 교회의 사자요 일곱 촛대는 일곱 교회니라." 이미 서두에도 말씀 드린대로 성소의 금촛대, 메노라는 일곱 살구 가지로 되어 있습니다. 요한계시록에서 일곱은 완전수입니다. 그것은 비단 사도 요한 당시에 존재한 일곱 교회만이 아닌 오고 오는 모든 시대의 교회들을 대표하는 완전한 교회를 향한 메시지라는 의미가 있는 것입니다. 교회가 촛대로 비유된 이유는 무엇이겠습니까? 교회가 세상을 밝히는 빛이어야 한다는 말씀이 아닙니까? 교회의 빛이 꺼지면 세상은 어둠 속에 묻힐 수밖에 없습니다. 그래서 예수님은 당신이 세상의 빛이라고 말씀하시면서 당신을 구주와 주님으로 모시고 사는 모든 그리스도인 공동체로서 또한 "너희(복수)가 세상의 빛이라"고 말씀하신 것입니다.

그러나 우리가 그리고 교회가 세상의 빛이 되기 위해 우리는 무엇을 해야 합니까? 적어도 두 가지의 결단이 필요하다고 생각합니다. 그 첫째는 세상의 어둠과 직면할 각오가 있어야 합니다. 너희가 세상의 빛이라는 말씀은 세상이 어둠이라는 것을 전제한 말씀입니다. 오늘의 세상이 아무리 문화적으로 과학적으로 발전된 디지털 세상이라 할지라도 영적으로 보면 하나님의 관점에서 보면 여전히 죄로 어두워진 세상입니다. 세상은 여전히 거짓되고 부정직하고 그리고 부도덕한 광야입니다. 그래서 빛이 필요한 것입니다. 빛이 어둠에 비치면 어둠을 폭로합니다. 그래서 세상은 복음이신 그리스도를 배척합니다. 그리스도를 심하게 배척하는 사회일수록 더욱 어두운 곳입니다. 그래서 빛이 되고자 하는 우리는 어둠과 타협하지 않고 어둠을 극복할 대안 세력이 되어야 합니다. 우리가 어둠에 속한 자들과 다르게 사는 것이 우리의 힘입니다.

둘째 결단은 빛은 스스로를 태울 준비, 곧 자기희생의 준비가 있어야 합니다. 금촛대의 기름이 태워짐으로 촛대는 빛을 발하는 것입니다. 우리의 이기심을 다 충족시키고 나서 우리가 세상의 빛이 될 수는 없습니다. 우리가 손해 보고 우리가 양보하고 우리가 더 헌신함으로써만 우리 안에 빛이신 그리스도가 드러날 수가 있습니다. 아프리카 선교지에서 평생 무명의 선교사로 희생하고 복음을 전하던 선교사가 죽었을 때 마을의 원주민들은 매우 인상적인 묘비문을 세워 주었다고 합니다. "당신이 왔을 때 우리는 어둠 속에 있었지만, 당신이 떠난 지금 우리는 빛 가운데 있습니다." 이것은 실상 엡5:8 말씀을 인용한 것이었습니다. "너희가 전에는 어둠이더니 이제는 주 안에서 빛이라 빛의 자녀들처럼 행하라." 여러 해 전 공장을 겸한 회사에서 일하는 한 자매가 찾아와 주변 분위기가 험하고 욕이 난무하고 해서 자신은 아무래도 회사를 떠날 생각을 하고 있다고 기도해 달라고 했습니다. 제가 함께 기도하겠다고 하면서 그런데 이런 생각도 포함시켜 기도하자고 했습니다. 자매님 다니는 그 회사가 견디기 어렵도록 어둡기 때문에 그 곳이 자매님의 빛을 필요로 하는 것은 아닌지 꼭 생각해 보라고 했습니다. 우리는 금촛대는 못 되어도 우리가 살고 일하는 곳에서 작은 촛불 하나는 될 수 있지 않을까요? '너희 빛을 앞으로 비추게 하라!'

Chapter 9

오늘의 유월절의 의미

- 민 9:1-5

¹ 애굽 땅에서 나온 다음 해 첫째 달에 여호와께서 시내 광야에서 모세에게 말씀
하여 이르시되 ² 이스라엘 자손에게 유월절을 그 정한 기일에 지키게 하라 ³ 그
정한 기일 곧 이 달 열넷째 날 해 질 때에 너희는 그것을 지키되 그 모든 율례와 그
모든 규례대로 지킬지니라 ⁴ 모세가 이스라엘 자손에게 명령하여 유월절을 지키
라 하매 ⁵ 그들이 첫째 달 열넷째 날 해 질 때에 시내 광야에서 유월절을 지켰으되
이스라엘 자손이 여호와께서 모세에게 명령하신 것을 다 따라 행하였더라

Chapter 9
오늘의 유월절의 의미

우리는 한 해 한 해 인생을 살아가며 소위 명절 혹은 휴일 지키기를 합니다. 오늘의 우리에게 명절은 그냥 하루 혹은 이틀을 쉬면서 어디론가 나들이 할 수 있는 날로만 기억합니다. 그리고 그런 날이 되면 우리는 가족들 혹은 자녀들에게 "이번 휴일에 어디로 놀러 가면 좋겠니?"라는 질문부터 합니다. 그런데 이스라엘 백성들의 명절 지키기는 오늘의 우리와 매우 달랐습니다. 한마디로 그들의 명절 지키기는 교육적이고 신앙적입니다. 그것이 오늘의 유대인들의 정체성을 만들고 세계적인 영향력을 끼치는 민족이 되게 한 원인이라고 생각이 됩니다. 이스라엘 백성들에게 가장 중요한 의미를 갖는 유월절을 맞이하며 "왜 우리가 이런 식으로 명절을 지켜야 합니까?"라고 질문하는 자녀들에게 성경은 이런 가르침을 기록합니다. 출12:26-27절입니다. "이 후에 너희의 자녀가 묻기를 이 예식이 무슨 뜻이냐 하거든 너희는 이르기를 이는 여호와의 유월절 제사라 여호와께서 애굽 사람에게 재앙을 내리실 때에 애굽에 있는 이스라엘 자손의 집을 넘으사 우리의 집을 구원하셨느니라 하라 하매 백성이 머리 숙여 경배하니라."

그렇습니다. 이스라엘 역사를 연구해 보면 이스라엘 백성 된 사람들이 가장 중요하게 기억할 명절이 유월절임을 알게 됩니다. 그들의 역사 가운데 가장 치욕적인 사건은 애굽의 노예가 되어 살아간 일입니다. 그리고 가장 감격적인 사건은 이런 노예 된 상태에서 그들이 자유를 얻고 출애굽한 날입니다. 출애굽의 결정적 사건이 유월절 사건이었던 것입니다. 하나님께서 애굽 땅의 모든 집마다 첫 아들과 짐승의 첫 새끼를 잡아가시는 심판을 결정하신 밤, 그러나 하나님을 믿고 하나님의 처방대로 어린 양을 잡아 그 피를 좌우 문설주와 인방에 바른 사람들의 집은 심판의 천사가 넘어가리라(pass-over, 유월하리라)고 약속하신 것입니다. 이런 은혜를 경험하고 살아남은 이스라엘 백성들은 이제 매년 그 절기를 지켜야 한다는 명을 받고 애굽을 떠난 것입니다. 그리고 일 년이 경과되어 그들은 시내 산에 도착하여 머물다가 이제 다시 시내 산을 떠나 광야를 향해 출발할 즈음에 유월절을 맞이하게 됩니다.

본문 1-2절을 보겠습니다. "애굽 땅에서 나온 다음 해 첫째 달에 여호와께서 시내 광야에서 모세에게 말씀하여 이르시되 이스라엘 자손에게 유월절을 그 정한 기일에 지키게 하라." 그렇다면 신약에 근거하여 살아가는 오늘의 그리스도인들에게 이 구약에서 이스라엘 백성에게 명령된 유월절은 무슨 의미가 있겠습니까? 오늘의 유월절의 의미는 무엇일까요? 저는 오늘의 유월절의 의미의 핵심은 감사에 있다고 믿습니다. 당신의 백성들로 하여금 감사의 정신을 상실하지 않도록 하려는 하나님의 장치였다고 믿습니다. 그러면 유월절이 오늘을 사는 우리에게 무엇을 감사하도록 가르치고 있을까요?

1. 구원에 대한 감사

구약의 유월절 절기의 핵심에 있었던 어린 양의 희생은 신약 성경에 와서 그리스도의 십자가 희생의 예표가 되었습니다. 고전5:7의 말씀이 그것을 증거합니다. "우리의 유월절 양 곧 그리스도께서 희생되셨느니라." 다시 말하면 유월절에 어린 양의 피흘림과 피뿌림은 바로 우리의 속죄와 구원을 위한 예수 그리스도의 희생의 피를 증거하고 있었던 것입니다. 찬송가 265장의 가사는 이 사건을 이렇게 노래합니다. "주 십자가를 지심으로 죄인을 구속하셨으니 그 피를 보고 믿는 자는 주님의 진노 면하겠네 (후렴)내가 그 피를 유월절 그 양의 피를 볼 때에 내가 널 넘어서 가리라" 최근 우리가 자주 부르는 복음성가 〈유월절 어린 양의 피로〉에도 "유월절 어린 양의 피로 나의 삶의 문이 열렸네 저 어둠의 권세는 힘이 없네 주 보혈의 능력으로 원수가 날 정죄할 때도 난 의롭게 설수 있네 난 더 이상 정죄함 없네 난 주 보혈 아래 있네"

한마디로 이것은 오늘의 우리 곧 신약 성도에게는 예수 그리스도의 십자가로 말미암은 구원에 대한 감사를 가르치는 것입니다. 우리가 주께 감사할 많은 일들이 있지만 구원보다 더 감사할 일이 어디에 있을까요? 십자가 사건보다 더 감사할 일이 어디에 있을까요? 예수 그리스도의 피 흘리심보다 더 감사할 일이 어디에 있을까요? 그래도 행여나 우리가 이것을 잊지 않도록 주께서 주의 만찬을 그리스도인들에게 가르쳐 주시며 만찬의 포도주를 마실 때마다, 만찬의 떡을 먹을 때마다 '이것은 내 몸이니라...이것은 나의 피 곧 언약의 피니라...이것을 행하여 나를 기념하라(Remember me)'고, 다시 말하면 '잊지 말라'는 것입니다. 왜냐하면 예수 그리스도의 피흘리심의 희생으로 우리가 죄사함과 구원을 얻은 까닭입니다. 마치 어린 양의 희생의 피로 이스라엘의 장자들이 구원을 얻고 그리고 애굽의 바로의 권세에서 해방되어 자유를 얻은 것처럼 우리는 우리를 정죄하는 마귀의 권세에서 해방되어 하나님의 자녀가 되는 구원을 얻은 까닭입니다.

히2:3의 말씀을 기억합시다. "우리가 이같이 큰 구원을 등한히 여기면 어찌 그 보응을 피하리요 이 구원은 처음에 주로 말씀하신 바요 들은 자들이 우리에게 확증한 바니." 그렇습니다. 구원받은 그리스도인들로서 우리가 평생 잊지 말아야 할 가장 큰 감사, 구원에 대한 감사입니다. 유월절 어린 양의 희생은 바로 이 구원에 대한 감사를 우리에게 일깨우는 절기요 사건인 것입니다.

2. 가족에 대한 감사

본래 오리지널 유월절은 가족 곧 가정을 향해 명령된 절기였습니다. 출12:3 말씀을 보겠습니다. "너희는 이스라엘 온 회중에게 말하여 이르라 이 달 열흘에 너희 각자가 어린 양을 취할찌니 각 가족대로 그 식구를 위하여 어린 양을 취하되." 이제 말씀하신 바를 따라 어린 양의 피를 문인방과 좌우설주에 발랐을 때 그 집은 장남은 물론 온 집안이 모두 구원을 경험하게 된 것입니다. 유월절과 함께 오는 무교절 행사도 집에서 누룩이 발견되지 않도록 집을 배경으로 절기 행사가 진행되었습니다. 그리고 이미 말씀드린 것처럼 이 유월절 절기의 의미를 자자손손 전달할 때에도 가정행사로 부모가 자손에게 가르쳐야 하는 것이었습니다. 출12:26에 보면 "이 후에 너희의 자녀가 묻기를 이 예식이 무슨 뜻이냐 하거든." 따라서 유월절은 어린 양의 희생을 감사하되 가족적인 감사이어야 했습니다. 그리고 가족이 함께 예배하며 감사를 드리는 것입니다. 결국 유월절은 가족에 의한 가족에 대한 감사가 핵심이었던 것입니다.

본래 가족은 일본어이고 우리식으로는 식구인데 생존을 위해 음식을 같이 먹는 사람들입니다. 그리고 생존의 위기가 올 때 고난을 함께 하는 사람들이 바로 가족이고 식구입니다. 유월절 심판의 밤에 하나님의 백성들은 말씀에 순종하며 예배하며 새 날을 기다렸을 것입니다. 죽음의 천사들이 지나가고 밝아 온 새벽, 그들은 얼싸안고 감사를 드렸을 것입니다. 육체의 구원도 그렇게 감사한데 영원한 구원을 온 가족이 함께 누리는 축복은 얼마나 감사한 일입니까? 온 세상이 홍수 심판을 경험할 때 구원을 경험한 노아 가족의 기쁨은 얼마나 대단한 것이었겠습니까? 히11:7의 말씀의 증거를 보십시오. "믿음으로 노아는 아직 보이지 않는 일에 경고하심을 받아 경외함으로 방주를 준비하여 그 집을 구원하였으니 이로 말미암아 세상을 정죄하고 믿음을 따르는 의의 상속자가 되었느니라." 그래서 가족 중 한 사람의 구원은 놀라운 일의 시작입니다. 그를 통해 온 가족의 구원이 이루어질 수 있기 때문입니다. 그래서 바울은 빌립보의 감옥의 간수들에게 복음을 이렇게 전합니다. 행16:31입니다. "이르되 주 예수를 믿으라 그리하면 너와 네 집이 구원을 받으리라."

그날 밤 이 간수의 집 온 가족은 함께 침례를 받고 한밤의 감사의 축제를 엽니다. 행16:33-34입니다. "그 밤 그 시각에 간수가 그들을 데려다가 그 맞은 자리를 씻어 주고 자기와 그 온 가족이 다 침례를 받은 후 그들을 데리고 자기 집에 올라가서 음식을 차려 주고 그와 온 집안이 하나님을 믿으므로 크게 기뻐하니라." 복음은 마침내 한 가정을 변화시켜 가족들이 함께 감사하며 함께 기뻐하며 살아야 할 이유를 제공한 것입니다. 그리고 이런 가정들이 모여 빌립보교회 공동체를 탄생시키고 마침내 빌립보라는 한 도시의 변혁을 가져 온 것입니다. 오늘 우리도 이렇게 가정을 인해 주께 드리는 감사가 있습니까?

3. 은혜의 삶에 대한 감사

이스라엘 백성들에게 출애굽은 은혜의 사건이었습니다. 은혜(Grace)는 받을 자격이 없는 사람들에게 일방적으로 베풀어지는 호의 또는 사랑입니다. 출애굽은 유일한 은혜가 아니었습니다. 은혜의 시작이었습니다. 홍해 바다를 건넌 것도 은혜이었습니다. 쓴물이 변하여 단물이 된 것도 은혜이었습니다. 질병에서 치유 받은 것도 은혜이었습니다. 만나와 메추라기가 하늘에서 내린 것도 은혜이었습니다. 구름기둥으로 불기둥으로 인도 받음도 은혜였습니다. 그래서 애굽 땅을 떠날 때에 이스라엘 백성은 유월절을 지키며 그 은혜를 감사했습니다. 이제 광야에 나아가며 그 은혜가 지속될 것을 믿었기 때문입니다. 이제 일 년 만에 시내 산에 머물던 이스라엘은 본격적인 광야 생활을 앞두고 다시 유월절을 지킵니다. 저 찬 바람, 뜨거운 바람 부는 광야에서도 은혜의 삶이 지속될 것을 믿은 것입니다. 심지어 유월절은 이스라엘 백성뿐 아니라 하나님의 은혜를 사모한 모든 이방인에게도 열려 있는 은혜의 절기였습니다. 민9:14의 말씀을 보겠습니다. "만일 타국인이 너희 중에 거류하여 여호와 앞에 유월절을 지키고자 하면 유월절 율례대로 그 규례를 따라서 행할지니 거류민에게나 본토인에게나 그 율례는 동일할 것이니라."

할렐루야! 그러므로 이 유월절의 은혜는 오늘의 우리에게도 함께 적용될 수 있는 절기입니다. 중요한 것은 유월절의 은혜를 경험한 사람들은 계속 그 은혜를 기억해야 한다는 것입니다. 그래서 그런 주의 은혜를 망각하지 않기 위해 적어도 일년에 한 번 유월절을 지키며 감사를 일깨운 것입니다. 모든 것이 은혜임을 잊지 않도록 말입니다. 바울사도의 어느 날 고전 15:10에서의 고백을 기억하십니까? "내가 나 된 것은 하나님의 은혜로 된 것이니 내게 주신 그의 은혜가 헛되지 아니하여 내가 모든 사도보다 더 많이 수고하였으나 내가 한 것이 아니요 오직 나와 함께 하신 하나님의 은혜로라." 그는 마침내 그의 질병조차도 자신의 약함 중에도 주의 능력을 드러내기 위한 족한 은혜라고 고백하게 됩니다. 고후12:9의 말씀을 기억하십니까? "나에게 이르시기를 내 은혜가 네게 족하도다 이는 내 능력이 약한 데서 온전하여짐이라 하신지라 그러므로 도리어 크게 기뻐함으로 나의 여러 약한 것들에 대하여 자랑하리니 이는 그리스도의 능력이 내게 머물게 하려 함이라." 그리하여 그는 모든 상황 속에 함께 하신 주의 은혜를 기억하고자 했습니다.

그렇다면 은혜 아닌 것이 없습니다. 최근에 한국교회를 강타한 〈은혜〉라는 복음 찬양의 가사처럼 모든 것이 은혜입니다. "내가 누려왔던 모든 것들이 내가 지나왔던 모든 시간이 내가 걸어왔던 모든 순간이 당연한 것 아니라 은혜였소..." 제가 둘째 아들을 천국에 보내놓고 생각해 보니 그 아이가 속 썩이던 순간조차 부모에게 대들던 순간도 부모에게 감사하지 못하고 요구만 한다고 섭하게 생각하던 순간도 지금 돌아보면 감사였습니다. 여러분, 자녀들이 살아있는 것만으로도 앞으로 달라질 기회가 있다는 것만으로도 감사하십시오. "내가(자녀들이) 이 땅에 태어나 사는 것 어린 아이 시절과 지금까지 숨을 쉬며 살며 꿈을 꾸는 삶 당연한 것 아니라 은혜였소/ 내가(자녀들이) 하나님의 자녀로 살며 오늘 찬양하고 예배하는 삶...당연한 것 아니라 은혜였소/ 모든 것이 은혜 은혜 은혜 한없는 은혜" 은혜의 삶을 살고 기대할 수 있다는 것. 이것이 바로 오늘의 유월절의 의미입니다. 오늘의 어린이 주일의 의미입니다.

구름따라 불빛따라

● 민 9:15-23

15 성막을 세운 날에 구름이 성막 곧 증거의 성막을 덮었고 저녁이 되면 성막 위에 불 모양 같은 것이 나타나서 아침까지 이르렀으되 **16** 항상 그러하여 낮에는 구름이 그것을 덮었고 밤이면 불 모양이 있었는데 **17** 구름이 성막에서 떠오르는 때에는 이스라엘 자손이 곧 행진하였고 구름이 머무는 곳에 이스라엘 자손이 진을 쳤으니 **18** 이스라엘 자손이 여호와의 명령을 따라 행진하였고 여호와의 명령을 따라 진을 쳤으며 구름이 성막 위에 머무는 동안에는 그들이 진영에 머물렀고 **19** 구름이 성막 위에 머무는 날이 오랠 때에는 이스라엘 자손이 여호와의 명령을 지켜 행진하지 아니하였으며 **20** 혹시 구름이 성막 위에 머무는 날이 적을 때에도 그들이 다만 여호와의 명령을 따라 진영에 머물고 여호와의 명령을 따라 행진하였으며 **21** 혹시 구름이 저녁부터 아침까지 있다가 아침에 그 구름이 떠오를 때에는 그들이 행진하였고 구름이 밤낮 있다가 떠오르면 곧 행진하였으며 **22** 이틀이든지 한 달이든지 일 년이든지 구름이 성막 위에 머물러 있을 동안에는 이스라엘 자손이 진영에 머물고 행진하지 아니하다가 떠오르면 행진하였으니 **23** 곧 그들이 여호와의 명령을 따라 진을 치며 여호와의 명령을 따라 행진하고 또 모세를 통하여 이르신 여호와의 명령을 따라 여호와의 직임을 지켰더라

Chapter 10

구름따라 불빛따라

　인생은 고스톱이란 말이 있습니다. 인생은 도전과 승부라는 '고'의 연속이고 동시에 신중한 판단으로 미래를 예측하고자 '스톱'할 줄 알아야 한다는 것입니다. 이스라엘 백성들의 광야의 행진이 그랬습니다. 본문 17절에 보면 성막을 덮고 있던 구름이 위로 떠오르면 행진(Go)을 시작하고 구름이 머무는 곳에서 정지하고(Stop) 진을 쳤습니다. "구름이 성막에서 떠오르는 때에는 이스라엘 자손이 곧 행진하였고 구름이 머무는 곳에 이스라엘 자손이 진을 쳤으니." 본문에는 '행진하였고', '머물렀고' 이 두 단어가 반복됩니다. 18절을 보겠습니다. "이스라엘 자손이 여호와의 명령을 따라 행진하였고 여호와의 명령을 따라 진을 쳤으며 구름이 성막 위에 머무는 동안에는 그들이 진영에 머물렀고." 고, 스톱의 반복이 아닙니까?

　이런 때에 이스라엘 백성들의 보호와 인도의 역할을 감당한 것이 구름이었습니다. 광야에서 뜨거운 태양이 내려 쪼일 때 구름은 얼마나 그들의 시원한 보호막이었을까요? 동시에 시시각각으로 변하는 구름의 색깔과 형태는 그들이 가는 길에 얼마

10. 구름따라 불빛따라　123

나 멋진 인도의 그림이었을까요? 오죽하면 시인 박목월은 인생의 길을 "강나루 건너서 밀밭 길을 구름에 달 가듯이 가는 나그네"라고 했을까요? 그런데 밤에는 어떻게 인도하셨습니까? 때로는 이스라엘 백성들은 밤에도 행진의 필요가 있었고 어떤 밤에는 쉬어 갈 필요가 있었습니다. 이때에 하나님의 보호와 인도의 또 하나의 자연도구가 불빛이었습니다. 본문은 불 모양이라고 했습니다. 본문이 시작되는 15-16절을 보겠습니다. "성막을 세운 날에 구름이 성막 곧 증거의 성막을 덮었고 저녁이 되면 성막 위에 불 모양 같은 것이 나타나서 아침까지 이르렀으되 항상 그러하여 낮에는 구름이 그것을 덮었고 밤이면 불 모양이 있었는데."

그런데 출애굽기의 기사는 이 불 모양을 불기둥이라고 칭하고 있습니다. 출13:21의 말씀을 보겠습니다. "여호와께서 그들 앞에서 가시며 낮에는 구름 기둥으로 그들의 길을 인도하시고 밤에는 불 기둥을 그들에게 비추사 낮이나 밤이나 진행하게 하시니." 밤이면 무섭도록 추운 광야에서 이 불 기둥은 또한 얼마나 따뜻한 그들의 보호이었으며 불 기둥을 따라 한 걸음 한 걸음 발걸음을 옮기는 것은 얼마나 신나는 모험이었을까요? 광야를 지나는 구약의 이스라엘 백성들의 행진을 한마디로 우리는 '구름 따라 불빛 따라' 혹은 '구름 기둥 따라 불 기둥 따라'라고 할 것입니다. 그러나 동시에 이스라엘 민족의 광야의 삶은 행진과 멈춤 혹은 머묾의 리듬을 조화시키는 일이었습니다. 따라서 우리에게 광야의 삶을 이해하는 열쇠는 행진과 멈춤의 의미를 아는 것입니다.

1. 행진의 의미

이스라엘 백성들의 광야의 행진을 이해하는 두 가지 열쇠단어가 있다면 '약속과 순종'입니다. 첫째로 이스라엘 백성들에게 광야의 행진은 약속의 땅을 향한 나아감이었다는 것입니다. 우리가 예수를 믿고 하나님을 삶의 주인으로 만난 순간부터 우리는 약속의 땅이 우리의 본향이 되는 것입니다. 그리고 이 땅에서는 우리는 외국인처럼 나그네처럼 순례자로 살아야 합니다. 히브리서 기자는 히11:13에서 "또 땅에서는 외국인과 나그네임을 증언하였으니"라고 말합니다. 그리고 그것이 우리의 광야 생활인 것입니다. 이제 이어지는 히11:16 말씀을 보겠습니다. "그들이 이제는 더 나은 본향을 사모하니 곧 하늘에 있는 것이라 이러므로 하나님이 그들의 하나님이라 일컬음 받으심을 부끄러워하지 아니하시고 그들을 위하여 한 성을 예비하셨느니라." 그 성(시온성, 새 예루살렘 성)이야말로 약속의 땅의 종착역인 것입니다. 그 약속의 땅에 부끄럼이 없도록 들어가기 위해 약속의 말씀을 주신 것입니다.

그러므로 이스라엘 백성들의 광야의 행진에는 또 하나의 중요한 목적이 있었습니다. 그것은 우리가 이 행진을 통해 약속의 말씀을 순종하는 백성으로 성숙되어야 한다는 것입니다. 그래서 이스라엘 백성의 광야 행진은 그냥 앞으로만 나아가는 돌격 행진이 아니었습니다. 그것은 철저하게 여호와 하나님의 말씀에 순종하는 행진이었다는 것입니다. 본문 18절이 어떻게 시작됩니까? "이스라엘 자손이 여호와의 명령을 따라 행진하였고, 여호와의 명령을 따라 진을 쳤으며", 다음 절 19절에도 "여호와의 명령을 지켜 행진하지 아니하였으며", 다시 그 다음 절 20절에는 "여호와의 명령을 따라 행진하였으며", 이제 마지막 23절을 보십시오. "곧 그들이 여호와의 명령을 따라 진을 치며 여호와의 명령을 따라 행진하고." 여기 철저하게 고안된 행진의 목적이 드러나 있지 않습니까? 그것은 여호와 하나님의 말씀을 순종하는 훈련의 걸음걸음이었다는 것입니다. 그래서 인생의 광야에서 우리가 하나님의 백성으로 배워야 할 가장 중요한 레슨이 있다면 순종의 사람이 되는 일입니다.

히브리서 기자는 심지어 예수님이 이 땅에 오신 목적의 하나가 순종의 본을 보이심이라고 말합니다. 히5:8-9입니다. "그가 아들이시면서도 받으신 고난으로 순종함을 배워서 온전하게 되셨은즉." 여기 우리는 인생 광야에 고난이 허용되는 이유를 발견합니다. 이 고난을 통해 순종을 배워가는 것입니다. 어느 날 그분이 기뻐하시는 모습으로 약속의 땅에 들어가기 위해서입니다. 그러나 이 여호와의 명령에는 광야의 멈춤도 포함된다는 것을 잊지 말아야 합니다. 그러면 이 머뭄 또는 멈춤을 명하시는 이유는 무엇일까요?

2. 멈춤의 의미

행진의 의미가 '약속과 순종'이었다면 멈춤의 의미는 무엇입니까? 멈춤은 우리의 행동을 그치고 쉬는 것을 뜻합니다. 히브리 사람들은 이런 그치고 쉼을 '샤바트'라고 합니다. 그러면 샤바트의 목적은 무엇이냐고 다시 히브리인들에게 묻는다면 그들은 틀림없이 '하나님 사랑과 이웃 사랑'이라고 대답할 것입니다. 이스라엘 백성들이 시내 산에서 받은 십계명에 의하면 안식 지킴의 계명은 제4계명입니다. 그런데 제1-3계명까지는 하나님에 대한 의무를 가르칩니다. 그런데 그것은 하나님만 사랑하면 다 지켜지는 것입니다. 하나님 사랑하는 사람이 우상을 숭배할리 없고 하나님의 이름을 망령되이 일컬을 이유가 없습니다. 그리고 제5계명부터 10계명까지는 이웃에 대한 의무입니다. 그런데 이 계명들은 우리가 이웃을 참으로 사랑하면 다 지켜지는 것들입니다. 이웃을 사랑하는 사람이 이웃을 속이고 이웃을 살인하겠습니까? 그런데 우리가 왜 우리는 하나님 사랑하지 못하고 이웃 사랑하지 못하고 사는 것입니까? 저는 하나님 사랑의 상실은 무엇보다 하나님에 대한 마음의 여유나 안식을 상실한 까닭이라고 믿습니다. 하나님을 예배하는 마음, 하나님의 은혜를 묵상하는 안식의 상실은 결국 하나님을 사랑하지 못하는 결과를 초래합니다.

이웃 사랑도 마찬가지입니다. 우리가 이웃을 사랑하지 못하는 이유, 이웃을 향한 배려의 마음, 그런 안식의 상실에서 비롯된 것이 아닙니까? 그래서 사랑하기보다 질투하고 미워하고 살인하고 하지 않습니까? 그래서 하나님은 때로 우리의 행진을 멈추고 쉬면서 하나님을 바라보고 이웃을 돌아보게 하십니다. 우리의 행진이 너무 조급했을 때 하나님은 행진을 멈추고 억지로라도 쉬게 하십니다. 그래서 멈춤의 시기도 인생 마음대로 정하지 못했습니다. 여호와의 명을 따라 구름이 머물 때 멈추어야 했습니다. 본문 22절을 보시기 바랍니다. "이틀이든지 한 달이든지 일 년이든지 구름이 성막 위에 머물러 있을 동안에는 이스라엘 자손이 진영에 머물고 행진하지 아니하다가 떠오르면 행진하였으니." 너무 앞서 갔고 너무 무리해서 이 행진에 어려움이 있겠다고 하나님이 판단하시면 때로 이틀, 때로 한 달, 때로는 일 년도 쉬게 하시는 것입니다. 사실 바로와 대결하며 출애굽을 하여 시내 산까지 오는 동안 많은 에너지를 소모한 이스라엘 백성에게 시내 산 부근에서 거의 일 년을 쉬게 하시다가 이제는 다시 광야로 나아가라고 명하십니다. 지난 2-3년의 코로나로 말미암은 멈춤도 이런 하나님과 이웃과의 관계의 회복을 위한 하나님의 섭리적 계획일 수 있습니다.

그렇다면 잊지 마십시오! 이제야말로 멈춤으로 하나님 사랑을 회복하고 이웃 사랑, 부모 사랑, 부부 사랑을 회복할 때임을! 한국 가정 사역자 중의 한 분이신 이의수님이 쓴 책 중에 《아플 수도 없는 마흔이다》가 있습니다. 이 책 201쪽에 실린 "커피 한잔의 로맨스"라는 글이 생각납니다. 커피숍을 운영하는 주인아줌마의 일상을 소개한 글입니다.

"무엇을 끝내기에는 너무 늦은 오후 4시 정각에 한 여자가 커피숍 문을 열고 들어왔다. 순간 나는 망설였다. 손님인가? 잡상인인가? 그 여자는 한 눈에도 정상에서 멀어보였다. 임산부는 아니면서도 배는 남산만 했고 복장은 초라했고 황당했다. 핸드백도 없고 휴대전화도 없었다. 다행히 악의는 없어 보였다. 이 여자가 커피 값 낼 돈은 있을까? 아니 이 손님 때문에 다른 손님이 거북하게 느껴 나가버리면 낭패였다. 난 차가운 목소리로 물었다. 무슨 일로 오셨냐고? 여자는 주저하며 여기서 남편을 만나기로 했다고 한다. 할 수 없이 난 아르바이트하는 최 군에게 물을 갖다 주라고 했다. 아니, 사모님, 여긴 셀프인데 물을요? 저 여자가 물도 안마시고 여기 저기 돌아다니면 손님들이 좋아하겠니? 아, 네. 시간이 5시를 넘어서고 있었다. 최 군이 먼저 커피를 하겠느냐고 권하자 화들짝 놀라며 아 그건 안돼요. 물만 주세요. 한다. 시간이 벌써 7시를 넘어서고 있다. 바리스타가 내게 사모님 저 여자 남편이 올지 안 올지 내기해

요 한다. 난 오지 않는다고 말하고 바리스타는 온다에 만원을 걸겠다고 한다. 오후 8시 밖이 완전히 어두워져 가로등을 밝히는 순간 네 시간만에 여자가 벌떡 일어섰다.

여인은 환하게 웃으며 밖으로 나간다. 이어 여인은 남루한 파란색 점퍼를 입고 싸구려 운동화를 신은 남자를 데리고 들어와 자리에 앉는다. 그녀의 남편이었다. 최 군이 다가가 뭘 드릴까요? 커피요. 어떤 커피를? 보통 커피로요. 카페 라떼로 드릴까요? 예. 난 두 사람의 대화가 궁금해서 유리문을 닦는 척하며 창가로 다가섰다. 내가 다가서는 것을 보더니 여자가 남편을 소개한다. 울 남편이에요. 요 아래서 구두 닦아요. 정식으로 허가가 안 나와 조그맣게. 아, 그러시군요. 그때 최 군이 커피를 가져왔다. 커피 거품에 하트를 그려 놓았다. 남편의 소리가 들린다. 그런데 왜 갑자기 커피를 마시자고 한 거야? 여자가 말한다. 우리 결혼한 지 3년이 되었잖아요. 그동안 당신하고 분위기 낸 적이 없어서요. 당신 고생 많이 했는데, 오늘은 꼭 커피를 대접하고 싶었어요. 허허, 이 사람아 대접은 무슨? 그래서 여기서 날 기다렸어? 오래 기다렸어? 아, 아니에요. 금방 왔어요. 커피 값이 비쌀텐데. 비싸기는 해도 가끔은 당신에게 커피 정도는 사드리고 싶었어요. 이야기도 나누고, 분위기도 좋고, 그렇지 않아요?

난 천천히 발걸음을 돌려 주방으로 향했다. 이제 두 사람이 오붓하게 대화를 나누도록 자리를 비켜 주어야 했다. 그러나 난 두 걸음도 걷지 않아 내 자신의 모습을 떠올렸다. 결혼한 지 15년이 지났지만 가족이 커피숍에 마주 앉은 기억이 떠오르지 않는다. 마주하긴 했을 것이다. 그러나 저렇게 행복한 커피 타임은 아니었다. 심지어 내가 커피숍을 운영하는데도 말이다. 나는 처음에 저 여인을 비웃었지만 정작 비웃어야 할 사람은 나 자신이었다. 이번에는 부러운 표정으로 그녀를 바라보았다. 따스한 커피 한 잔을 두 손으로 감싸고 그 온기를 느끼면서 남편을 바라보고 있었다. 세상에서 가장 환한 표정으로 남편의 이야기를 듣고 있는 저 표정. 여전히 촌스럽기 그지없는 얼굴이었지만 이제껏 마흔 둘의 내가 본 적이 없는 가장 아름다운 미소였다."

이 구두닦이 부부의 커피 타임이야말로 우리 시대가 그리워하고 있는 성경이 약속하는 샤바트의 행복, 멈춤의 축복이 아니겠습니까? 그래서 내일 일은 내일 걱정하고 들의 백합화를 보고 공중에 나는 새를 보라는 안식의 초대에 이제라도 응답하시지 않겠습니까? 이제라도 구름 따라 불빛 따라 걷지 않으시겠습니까?

Chapter 11

지금은 나팔을 불어야 할 때

● 민 10:1-9

¹여호와께서 모세에게 말씀하여 이르시되 ²은 나팔 둘을 만들되 두들겨 만들어서 그것으로 회중을 소집하며 진영을 출발하게 할 것이라 ³나팔 두 개를 불 때에는 온 회중이 회막 문 앞에 모여서 네게로 나아올 것이요 ⁴하나만 불 때에는 이스라엘의 천부장 된 지휘관들이 모여서 네게로 나아올 것이며 ⁵너희가 그것을 크게 불 때에는 동쪽 진영들이 행진할 것이며 ⁶두 번째로 크게 불 때에는 남쪽 진영들이 행진할 것이라 떠나려 할 때에는 나팔 소리를 크게 불 것이며 ⁷또 회중을 모을 때에도 나팔을 불 것이나 소리를 크게 내지 말며 ⁸그 나팔은 아론의 자손인 제사장들이 불지니 이는 너희 대대에 영원한 율례니라 ⁹또 너희 땅에서 너희가 자기를 압박하는 대적을 치러 나갈 때에는 나팔을 크게 불지니 그리하면 너희 하나님 여호와가 너희를 기억하고 너희를 너희의 대적에게서 구원하시리라

지금은 나팔을 불어야 할 때

대한민국 남성들의 일생에서 가장 진한 기억이 있다면 군대 생활의 추억일 것입니다. 군대에서의 나쁜 기억조차 시간이 흘러가면 잊기 어려운 낭만적 추억으로 변신합니다. 그런데 시간이 흘러도 여전히 나쁜 기억으로 연상되는 것이 있다면 기상 나팔 소리입니다. 고된 훈련으로 하루를 보내고 단잠에 들어가 몇 시간을 보내지 않아 울리는 그 나팔소리는 정말 지금 생각해도 지긋지긋 몸서리가 나는 소리였습니다. 그런데 군대 계급이 올라가면 그 나팔소리에 조금 늑장을 부릴 수 있다는 것 만으로도 위로가 됩니다. 제대가 가까워 병장쯤 되면 기상나팔 불리어도 점호에서 예외를 주는 것으로 고참 대우를 해주기 때문입니다. 그러나 그럼에도 불구하고 군대가 군인들을 잘 훈련하여 군대의 목적을 달성하기 위해서는 나팔은 꼭 필요한 것입니다.

그런데 성경의 민족 이스라엘에게도 나팔은 매우 중요한 의미를 지니고 있습니다. 그들은 새해를 쇼파르(shofar)라는 양각 나팔을 부는 것으로 시작합니다. 그래서 새해의 별명은 나팔절

(The Feast of Trumpets)입니다. 여기 사용되는 나팔은 어린 양의 뿔로 만들어진 것입니다. 우리가 아브라함 사건에서 기억하는 것처럼 어린 양은 이삭이 제물로 바쳐지기 위해 대신 준비된 것이기도 했습니다. 그래서 어린 양의 희생으로 새 날이 온 것을 감사하며 나팔을 부는 것입니다. 과거 이스라엘 왕의 대관식이나 현재 이스라엘의 대통령의 취임식에서도 이 쇼파르 나팔을 붑니다. 이 나팔의 역사는 3천 년 이상의 것으로 나팔과 함께 그들은 선민의 역사를 만들어 왔습니다.

그런데 이스라엘 백성이 시내 산을 떠나 광야로 나아가며 하나님은 모세에게 지시하여 제사장들로 하여금 나팔을 불게 하십니다. 그리고 구체적으로 나팔을 불어야 할 때를 정해 주십니다. 본문을 묵상하며 저는 지금이야말로 한국교회도 나팔을 불어야 할 때라는 확신이 들었습니다. 우리는 왜 지금 나팔을 불어야 할까요?

1. 지금은 주의 백성들이 모여야 할 때입니다.

본문 1-2절을 보겠습니다. "여호와께서 모세에게 말씀하여 이르시되 은 나팔 둘을 만들되 두들겨 만들어서 그것으로 회중을 소집하며 진영을 출발하게 할 것이라." 여기 중요한 단어는 '소집'입니다. 두 개의 은 나팔 소리는 주의 모든 백성들을 모이게 하는 소집이었습니다.(한 나팔은 지도자만 소집) KJV는 '회중을 소집한다'를 'calling of the assembly'라고 번역하고 있습니다. 신약에서는 이런 소집된 회중을 교회라고 부르고 있습니다. 교회는 본래 희랍어에서 에클레시아(Ekklesia)라는 단어인데 '-으로부터 불러냄을 받아 형성된 공동체'라는 의미입니다. 광야의 이스라엘 백성들은 하나의 거대한 교회라고 할 수 있습니다. 행7:38 말씀을 보겠습니다. "시내 산에서 말하던 그 천사와 우리 조상들과 함께 광야 교회에 있었고 또 살아 있는 말씀을 받아 우리에게 주던 자가 이 사람이라." 모세에게 이끌림을 받은 이스라엘 공동체를 '광야 교회'라고 부르고 있는 것입니다. 지금 불리어지는 나팔은 바로 교회로 모이게 하는 소집의 부르심이었던 것입니다.

사랑하는 여러분, 지금이야말로 우리는 교회로 모이도록 소집의 나팔이 불어져야 할 때가 아닙니까? 새 언약의 교회는 본질적으로 부활하신 예수 그리스도를 머리로 한 모임의 공동체입니다. 사도행전에 보면 예수님을 주님으로 믿은 제자들이 안식후 첫날(주일)마다 '떡을 떼려하여 모였다'고 증언되고 있습니다. 예컨대 행20:7을 보겠습니다. "그 주간의 첫날에 우리가 떡을 떼려하여 모였더니 바울이 이튿날 떠나고자 하여 그들에게 강론할새 말을 밤중까지 계속하매." 이 성찬의 공동체, 그리고 말씀의 공동체가 바로 온 세상에 복음을 증거한 초대교회, 주님의 몸이었습니다. 그런데 이런 교회 모임이 소홀해지고 더 이상의 말씀도 가르쳐지지 않고, 성도의 교제가 사라진다면 우리는 어떻게 온 천하에 다니며 말씀을 전하라는 지상명령을 수행할 수 있겠습니까?

　우리는 지난 2년 반 동안 팬데믹 시대 코로나의 골짜기를 지나면서 교회 모임이 급속도로 약화된 것을 인정하지 않을 수 없습니다. 물론 이런 시대에 온라인 예배라는 방법으로나마 성도의 교제가 지속되어 온 것은 감사한 일입니다. 그러나 과거 교회 회중 전체의 모임으로 모여 예배하고 성찬을 나누며 말씀과 기도, 찬양으로 뜨거운 은혜를 나누던 그 시절의 감격을 적지 않게 상실하고 있었던 것도 사실이 아닙니까? 이제야말로 오늘 이 시대의 우리가 들어야 할 말씀이 있다면 히10:24-25의 말씀일 것입니다. "서로 돌아보아 사랑과 선행을 격려하며 모이기를 폐하는 어떤 사람들의 습관과 같이 하지 말고 오직 권하여 그 날이 가까움을 볼수록 더욱 그리하자." 예수 그리스도의 교회는 역사를 통해 적지 않게 자주 공적 모임의 폐지의 위기를 겪어 왔습니다. 그러나 그럴 때마다 다시 하늘이 내리시는 영적 부흥을 경험하고 우리는 모임을 회복하고 교회의 사명을 감당해 왔습니다. 그렇다면 이제야말로 우리 시대의 광야에 하나님의 나팔이 불어져야 할 때가 아닙니까? 그리고 우리 모두 다시 예배의 자리로 모여야 할 시간입니다.

2. 지금은 주의 백성들이 행진할 때입니다.

우리는 9장을 통해 구름이 머물러 회중들의 행진을 멈추게 하시는 하나님의 사역을 살펴보았습니다. 그러나 어느 정도의 멈춤의 목적을 실현하게 하시면 다시 구름이 떠오르고 행진이 시작되어야 했습니다. 그리고 이때 울리는 나팔소리는 행진을 명하시는 신호입니다. 본문 5-6절을 봅시다. "너희가 그것을 크게 불 때에는 동쪽 진영들이 행진할 것이며 두 번째로 크게 불 때에는 남쪽 진영들이 행진할 것이라 떠나려 할 때에는 나팔 소리를 크게 불 것이며." 여기 반복해서 강조되는 단어가 '행진'입니다. 이때의 나팔은 행진을 명하시는 신호였습니다. 그래서 우리가 부르는 찬송가 360장에도 "행군 나팔소리에 주의 호령 났으니 십자가의 군기를 높이 들고 나가세"하지 않았습니까? 우리가 마땅히 행진해야 할 때 행진하지 못한다면 우리는 사실상 퇴진하는 것입니다.

기독교 신앙의 한 특성을 가리켜 우리는 '종말론적 신앙'이라고 말합니다. 그 말은 항상 말세만 생각하고 살라는 뜻이 아닙니다. 성경적으로 종말은 완성의 순간입니다. 그러므로 종말론적으로 산다는 것은 그 완성의 순간, 오메가 포인트를 바라보며 하나님의 뜻의 실현에 우리의 삶과 시간을 드릴 수 있어야 한다는 말입니다. 제가 좋아하는 설교자 조지 트루엣(George

Truett)은 이렇게 말합니다. "가장 위대한 지식은 하나님의 뜻을 아는 것이고, 가장 위대한 성취는 하나님의 뜻을 행하는 것입니다." 그러므로 우리가 인생을 전진한다는 것은 무슨 의미입니까? 나를 향하신 우리를 향하신 하나님의 뜻을 이루고자 한 걸음 한 걸음 더 앞으로 나아가는 것입니다. 그리고 어느 날 인생의 마지막을 앞두고 예수님처럼 이렇게 말할 수 있어야 합니다. "아버지께서 내게 하라고 주신 일을 내가 이루어 아버지를 이 세상에서 영화롭게 하였사오니."(요17:4) 예수님이니까 가능했던 고백이라고요? 그러면 우리와 꼭 같은 인생이었던 바울의 마지막 고백을 들어 보십시오. 딤후4:6-8의 말씀입니다. "전제와 같이 내가 벌써 부어지고 나의 떠날 시각이 가까웠도다 나는 선한 싸움을 싸우고 나의 달려갈 길을 마치고 믿음을 지켰으니 이제 후로는 나를 위하여 의의 면류관이 예비되었으므로."

그 고백의 날을 향하여 이제 앞으로 행진하라는 것입니다. 지금까지 이스라엘 백성은 시내 산에서 1년 가까운 시간을 머물러 있었습니다. 이제 다시 행진의 나팔소리가 울려 퍼집니다. 약속의 땅을 향한 행진의 명령입니다. 소명의 실현을 위해 우리를 소집하신 그분이 이제 그 목표를 향해 행진하라고 명하십니다. 저는 인생의 목표를 완벽하게 100% 실현한 사람은 아주 극소수일 것이라고 생각합니다. 그러나 그 목표에 가까이 근접하고 남은 과제를 다음 세대의 주자에게 바톤 터치를 하는 것이 인생들의 보편적 소명이라고 믿습니다. 그렇다면 우리 인생의 남은 날의 소명을 바라보고 이제 일어나 전진하지 않으시겠습니까? 코로나 기간 동안 충분히 쉬었다면 이제 일어나 행진할 채비를 하셔야 합니다. 나팔소리가 들려오지 않습니까? 지금은 행진할 때라고!

3. 지금은 주의 백성들이 전쟁을 준비할 때입니다.

본문에 보면 광야로 나아가는 이스라엘 백성들이 나팔을 불어야 할 또 하나의 때가 적시되고 있습니다. 그것은 바로 아군을 위협하는 적들과의 대결의 징조가 있을 때입니다. 본문 9절을 읽겠습니다. "또 너희 땅에서 너희가 자기를 압박하는 대적을 치러 나갈 때에는 나팔을 크게 불지니 그리하면 너희 하나님 여호와가 너희를 기억하고 너희를 너희의 대적에게서 구원하시리라." 광야에는 도처에 전쟁의 위협이 있었고 따라서 이 전쟁을 대비하는 것은 광야의 행진에 꼭 필요했던 것입니다. 그러면 지금 이 시대에도 그런 전쟁의 위협이 기다리고 있을까요? 설명할 필요 없이 우리는 얼마 전에 있었던 아프간의 전쟁, 미얀마의 내전, 그리고 현재 진행형인 우크라이나와 러시아의 전쟁의 뉴스를 일상으로 접하고 있습니다. 그러나 저는 이런 전쟁들 이상으로 하나님의 백성들이 깨어 준비해야 할 또 하나의 거대한 전쟁의 위험을 상기시켜 드리고 싶습니다. 그것은 바로 종말론적 영적 전쟁입니다.

계12:7을 보겠습니다. "하늘에 전쟁이 있으니 미가엘과 그의 사자들이 용과 더불어 싸울새 용과 그의 사자들도 싸우나." 이어지는 9절입니다. "큰 용이 내쫓기니 옛 뱀 곧 마귀라고도 하고 사탄이라고도 하며 온 천하를 꾀는 자라 그가 땅으로 내쫓기니 그의 사자들도 그와 함께 내쫓기니라." 그리고 다시 이어지는 12절을 보겠습니다. "땅과 바다는 화 있을진저 이는 마귀가 자기의 때가 얼마 남지 않은 줄을 알므로 크게 분내어 너희에게 내려갔음이라." 이것이 바로 종말론적 영적 전쟁의 실체입니다. 자기의 때가 얼마 남지 않은 줄 아는 마귀의 최후 발악으로 초래된 거대한 영적 전쟁은 이미 시작되었습니다. 이제는 나팔을 불어 하나님의 백성들을 깨워 준비시켜야 할 때입니다. 저는 엡6:10-12의 말씀에서의 바울 사도의 경고가 바로 이 전쟁을 대비하라는 권면이라고 믿습니다. "끝으로 너희가 주 안에서와 그 힘의 능력으로 강건하여지고 마귀의 간계를 능히 대적하기 위하여 하나님의 전신 갑주를 입으라 우리의 씨름(싸움)은 혈과 육을 상대하는 것이 아니요 통치자들과 권세들과 이 어둠의 세상 주관자들과 하늘에 있는 악의 영들을 상대함이라."

그렇습니다. 우리가 이 세상에 대하여 기대하는 과학기술적, 문화적 기대와 상관없이 세상은 더욱 어두워지고 악은 더욱 기승을 부리고 사람들의 가치관은 더욱 혼란해지고 역사의 전망은 더욱 비관적이 될 수가 있다는 것이 성경의 경고입니다. 문제는 이것입니다. 이런 시대를 직면하면서 우리는 깨어 준비된 영적 무장을 하고 영적 전쟁을 대비하고 있느냐는 것입니다. 지나간 어떤 시대보다도 우리는 믿음의 방패를 더욱 굳게 붙잡아야 하고 말씀의 검을 예리하게 갈아야 하고 기도의 무릎을 꿇어야 할 때입니다. 우리의 자녀들을 위해서도 우리의 조국을 위해서도 우리의 교회를 위해서도 말입니다. 일제 강점기 신사참배를 거부하고 일제의 탄압의 손길이 다가올 때 주기철 목사님은 이런 고백을 남깁니다. "칼날이 내게 다가온다 해도 그 칼날을 향해 나아갈 것입니다. 내 앞에는 오직 일사각오의 길만이 있을 뿐입니다." 지금 바야흐로 영적 전쟁을 알리는 나팔소리가 들리지 않습니까? 전도자 무디의 음악 사역 동역자인 타우너 박사는 전도의 장으로 나아가는 이들을 위해 이 찬송을 만들어 바쳤다고 합니다. "행군 나팔소리에 주의 호령 났으니 십자가의 군기를 높이 들고 나가세/ (후렴)선한 싸움 다 싸우고 의의 면류관 의의 면류관 받아쓰리라"(찬360장) 지금은 바로 이 전쟁을 준비해야 할 때입니다. 행군을 재촉하는 나팔소리가 들려옵니다.

Chapter 12

우리 공동체...
어떻게 만들까?

- **민 10:29-32**

29 모세가 모세의 장인 미디안 사람 르우엘의 아들 호밥에게 이르되 여호와께서 주마 하신 곳으로 우리가 행진하나니 우리와 동행하자 그리하면 선대하리라 여호와께서 이스라엘에게 복을 내리리라 하셨느니라 **30** 호밥이 그에게 이르되 나는 가지 아니하고 내 고향 내 친족에게로 가리라 **31** 모세가 이르되 청하건대 우리를 떠나지 마소서 당신은 우리가 광야에서 어떻게 진 칠지를 아나니 우리의 눈이 되리이다 **32** 우리와 동행하면 여호와께서 우리에게 복을 내리시는 대로 우리도 당신에게 행하리이다

Chapter 12
우리 공동체... 어떻게 만들까?

우리 한국인들이 사용하는 언어 중에 가장 아름다운 말이 있다면 '우리'라고 생각합니다. 우리 집, 우리 동네, 우리 학교, 우리 교회, 우리 회사, 우리나라, 우리 고향, 우리 친구, 우리 선생님, 우리 아버지, 우리 어머니, 우리 아이, 우리 아들, 우리 딸, 우리 형, 우리 누나, 우리 마누라, 우리 남편. 우리라는 말의 어원은 일반적으로 울 또는 울타리라는 공동 소유의 범주를 뜻하는 것으로 인지됩니다만 분명한 것은 공동체를 의미한다는 것입니다. 그래서 한 회사가 어떤 기술을 개발했을 때에도 우리 기술이라고 하고 공동체의 자산을 가르쳐 우리 자본이라는 표현을 써서 공동체의 소유임을 암시하려고 합니다. 공동체가 함께 만들어 온 시간과 결과물을 우리는 우리 역사, 우리 문화라고 부르기도 합니다.

그런데 아주 뜻밖에 본문에서 성경의 지도자 모세가 이 단어를 반복하여 사용하고 있습니다. 지금 모세의 대화의 대상자는 호밥이라는 이름의 사람입니다. 읽기에 따라 모세의 장인 같기도 하고 장인의 아들 처남을 말하는 것 같기도 합니다. 성경학자들의 견해도 둘로 갈라집니다. 29절을 다시 읽어 보십시오. "모세가 모세의 장인 미디안 사람 르우엘의 아들 호밥에게 이르되..." 장인 다음에 쉼표(,)가 있는 것으로 읽으면 호밥은 모세의 장인의 또 다른 이름(이드로, 르우엘, 호밥) 중 하나로 읽힙니다. 그러나 쉼표 없이 통속적으로 읽어 내려가면 장인의 아들, 그러니까 모세의 처남이 됩니다. 여하간 그와의 대화에서 모세가 무엇을 강조합니까?

29절에 보면 "호밥에게 이르되 여호와께서 주마 하신 곳으로 우리가 행진하나니 우리가 동행하자." 다시 31절을 읽겠습니다. "모세가 이르되 청하건대 우리를 떠나지 마소서 당신은 우리가 광야에서 어떻게 진 칠지를 아나니 우리의 눈이 되리이다." 32절도 읽습니다. "우리와 동행하면 여호와께서 우리에게 복을 내리시는 대로 우리도 당신에게 행하리이다." 지금 모세를 지배하는 의식, 지배하는 언어가 우리가 아닙니까? 지금 그는 처남에게 "우리가 남이가?"라고 하는 것입니다. 아니 처남 가정과 진실로 이제는 함께 하나의 '우리 공동체'가 되자고 호소하는 것입니다. 그렇다면 이들을 진실로 하나의 공동체가 되기 위해 필요한 결단의 요소들은 무엇이겠습니까? 이것은 오늘 우리 가정도 하나 되지 못하고 우리 교회도 하나 되지 못하고 우리나라도 하나 되지 못하는 현실에서 얼마나 중요한 질문인지요?

우리가 하나의 공동체가 되기 위해 필요한 것, 세 가지를 묵상합니다.

1. 우리가 동일한 비전을 공유해야 합니다.

자, 본문이 시작되는 29절에서 모세는 호밥에게 이렇게 말합니다. "여호와께서 주마 하신 곳으로 우리가 행진하나니." 그곳이 어디입니까? 약속의 땅 가나안이 아닙니까? 지금 그 곳에 가서 같이 살자고 설득하는 것입니다. 그 목적지를 공유할 때 우리는 결국 궁극적인 운명의 공동체가 될 수 있다는 것입니다. 이런 비전의 공유야말로 우리를 하나 되게 하는 절대적 조건인 것입니다. 이스라엘 백성들이 무려 이천여 년이 지난 시점에서 새로운 국가를 탄생시키고 하나 될 수 있었던 비결이 무엇이냐고 이스라엘 관리에게 물었던 적이 있습니다. 그러면서 우리 한국인들은 하나 되지 못해 아직도 남북으로 분열되어 있다고 말을 한 적이 있습니다. 그때 그분이 웃으면서 우리 이스라엘 사람들 500명이 모이면 우리는 500개의 파벌이 생긴다고 하면서 그럴 때 우리는 500여 개의 다른 의견들이 충돌한다고 말을 하는 것이었습니다. 그런데 어떻게 오늘의 이스라엘 국가가 존재할 수 있었느냐고 하니까, 그래도 이스라엘 사람들은 이스라엘이 자신들의 국가를 갖고 생존해야 한다는 국가적 비전만은 공유하기 때문이라고 말을 합니다.

비전이란 보이지 않는 미래를 바라보는 시선입니다. 그 시선이 일치할 때 거기서 공동체가 숨 쉴 수 있는 것입니다. 사랑하는 두 사람의 연인에게 연애 중에 중요한 것은 서로를 바라보는 불꽃같은 시선입니다. 그것이 두 사람을 결합시켜 가정을 탄생시키는 것입니다. 그러나 그 가정이 하나 된 가정으로 유지되기 위해서는 부부가 함께 바라보는 공동의 비전이 있어야 합니다. 이제는 두 사람의 눈길의 만남 이상으로 목표의 만남이 필요한 것입니다. 그래서 한 가정을 유지시키는 것도 비전입니다. 한 교회가 한 교회로 머물고 기능하기 위해서도 온 교우들이 함께 바라 볼 공동의 비전이 필요합니다. 한 나라가 국민들이 연합된 마음으로 미래를 향해 가기 위해서도 함께 바라볼 미래의 공동의 비전이 필요합니다. 윤석열 대통령이 취임식에서 자유 민주주의 국가라는 비전을 제시한 것은 중요한 화두였다고 생각합니다. 그러나 문제는 온 국민이 그것을 우리 국가의 공통된 비전으로 수용할 수 있느냐는 것입니다. 다는 아니라도 절대 다수가 말입니다.

이스라엘 백성들의 광야의 행진이 결코 수월하지만은 않을 것을 백성들은 잘 알고 있었습니다. 그들은 광야의 거친 장애물과 시련을 잘 알고 있었기 때문이고 100만 이상 150만 인구들의 식량 조달 문제 등의 난제들을 알고 있었습니다. 그러나 지금 모세는 호밥에게 말합니다. "우리가 함께 여호와께서 주시기로 약속한 그 땅으로 함께 가자." 29절에 "여호와께서 이스라엘에게 복을 내리리라"고 말씀하신 것을 함께 신뢰하자고 말합니다. 그는 지금 비전의 공유를 설득하고 있는 것입니다. 잠29:18의 말씀을 기억합시다. "묵시가 없으면 백성이 방자히 행하거니와." 이 말씀의 영어 KJV은 이렇게 번역합니다. "Where there is no vision, the people perish." 비전이 없으면 백성은 멸망한다는 것입니다. 우리 민족이 자유 민주주의의 비전을 함께 수용하는 나라가 되기를 기도합시다.

2. 우리가 서로의 지혜로 섬겨야 합니다.

본문 31절을 함께 읽겠습니다. "모세가 이르되 청하건대 우리를 떠나지 마소서 당신은 우리가 광야에서 어떻게 진 칠지를 아나니 우리의 눈이 되리이다." 모세는 장인 혹은 처남 가족이 지닌 장점을 잘 알고 있었습니다. 그들은 대대로 광야에서 살아왔습니다. 광야의 속성을 누구보다 잘 알고 있었고 광야에 머물러 천막을 칠 때에도 익숙하게 적응해온 사람들이었습니다. 그들이 그들의 그런 은사 그런 장점을 가지고 기여한다면 그것은 이스라엘 공동체가 광야를 행진할 때에 큰 도움이 될 것을 파악하고 그런 기여를 해 달라고 요청하는 것입니다. 모세나 이스라엘 백성들은 하나님의 말씀은 잘 알고 있었지만 광야의 행진에 필요한 지혜나 경험이 부족했던 것입니다. 하나님은 주의 백성들이 이런 지혜, 이런 경험을 요구하는 것이 잘못

된 것이라고 하지 않으십니다. 신학에서는 이런 지혜를 일반은
총(Common Grace)이라고 부릅니다.

일반은총의 중요한 신학적 전제가 있습니다. "모든 진리는
하나님의 진리이다"(All truth is God's truth)라는 것입니다. 그것이 물
리학이 찾아낸 진리이든, 의학이 찾아낸 진리이든, 철학이 찾
아낸 진리이든 모든 진리는 결국 창조주 하나님의 진리라는 것
입니다. 그래서 우리들 그리스도인들이 세상 학문을 공부하는
것을 두려워할 필요가 없습니다. 우리가 하나님의 일을 할 때
에도 세상의 일반적 지혜를 갖고 일하는 것을 두려워할 필요가
없습니다. 우리의 자녀들이 세상 학문을 공부하는 것을 두려워
할 필요가 없습니다. 단지 그들이 배운 모든 것을 하나님을 위
하여 사용하도록 격려하고 응원해야 합니다. 호밥 가족이 광야
에서 광야의 삶을 위해 배운 모든 것이 이제 이스라엘 백성들
의 광야 행진에 필요한 지혜가 된 것입니다. 모세는 호밥에게
이제 그 지혜를 나누어 달라고 말합니다. 여기 31절 마지막에
모세는 호밥에게 당신들의 그 지혜가 '우리의 두 눈이 될 것'이
라고 말합니다.

하나님 나라의 섬김의 중요한 원리는 각자의 재능이나 은사
로 서로를 섬기는 것입니다. 벧전4:10을 보십시오. "각각 은사
를 받은 대로 하나님의 여러 가지 은혜를 맡은 선한 청지기 같

이 서로 봉사하라." 우리는 모두 청지기입니다. 청지기는 각자 자기의 은사, 자기의 재능을 가지고 서로를 섬기는 것입니다. 다음 구절은 이런 은사가 주께로 온 것이기에 주께 영광을 돌리도록 사용해야 한다고 말합니다. 벧전4:11입니다. "누가 봉사하려면 하나님이 공급하시는 힘으로 하는 것 같이 하라 이는 범사에 예수 그리스도로 말미암아 하나님이 영광을 받으시게 하려 함이니 그에게 영광과 권능이 세세에 무궁하도록 있느니라 아멘."

3. 우리가 축복을 나눌 줄 알아야 합니다.

우리가 속한 공동체가 진정으로 하나 된 지체가 되려면 공동의 비전을 소유하고 서로의 지혜로 섬겨야 한다고 말씀을 드렸습니다. 마지막으로 중요한 것은 그렇게 해서 서로가 서로에게 축복이 되어야 한다는 것입니다. 세상사는 모든 사람이 공통으로 추구하는 것은 행복입니다. 그런데 이 행복 추구에는 세 가지 유형이 있습니다. 1) 행복 탐구자. 평생 동안 행복의 파랑새를 찾아 이 산 저 산으로 헤매는 사람들입니다. 2) 행복의 이기적 소유자. 이들은 어느 정도 자기의 행복을 획득하면 그 행복을 자기와 자기 가족들이 누리는 데서 끝나는 사람들입니다. 3) 행복의 이타적 유통자. 자기에게 찾아온 행복, 혹은 자기가 획득한 행복을 곧바로 필요한 이웃들에게 나누며 사는 사람들입니다. 성경적 행복 추구자는 이런 삶을 갈망하고 실천해야 합니다. 하나님이 우리를 축복하시는 이유, 그 축복이 내게 아니 우리에게만 머물지 않고 이웃들에게 나누어지기 위해서 라고 성경은 가르칩니다.

본문의 모세가 그렇게 호밥에게 접근합니다. 본문 29절에서 "...우리와 동행하자 그리하면 선대하리라"고 하면서 "여호와께서 이스라엘에게 복을 내리리라 하셨느니라"고 말합니다. 그 여호와 하나님이 주신 복으로 우리가 당신들과 선하게 나누겠다는 것입니다. 이 말은 32절에서 다시 반복됩니다. "우리와 동행하면 여호와께서 우리에게 복을 내리시는 대로 우리도 당신에게 행하리이다"고 말합니다. 여기 32절의 말씀을 NIV 번역은 "...we will share with you"라고 옮기고 있습니다. 복을 sharing, 나누겠다는 것입니다. 이 세상에서 가장 '선한 일'(good things)은 복을 나누는 것입니다. 그것이 하나님이 인간을 창조하신 목적이었고 기대였습니다. 하나님이 인간을 하나님의 형상을 닮은 존재로 남자와 여자를 지어 만드시고 제일 먼저 하신 일을 기억하십니까? 창1:28에 보면 '그들을 축복하셨다는 것'(God blessed them)입니다. 그리고 '땅에 가득하라'고 '생육하고 번성하라'고 말씀하십니다. 이 땅을 축복으로 채우고 오고 오는 세대에 축복을 계승해야 한다는 것입니다.

여기서 나온 세상에서 가장 아름다운 인사가 "(May) God

bless you"입니다. 부부와 부모가 서로를 축복할 때 가정이 축복의 공동체가 되는 것입니다. 하나님의 백성들의 공동체인 교회가 서로를 축복할 때 교회는 영적인 축복의 공동체가 되어 그 축복을 세상으로 흘려보내는 것입니다. 우리가 이미 민수기 6장에서 본 제사장의 축도도 첫째가 "여호와는 네게 복을 주시고 너를 지키시기를 원하며"(민6:24), 영어로 "The Lord will bless you and keep you"입니다. 창12:3에 아브라함에게 '너를 축복하는 자를 내가 복주리라'(I will bless those who bless you)고 약속하십니다. 렘17:7에 보면 "무릇 여호와를 의지하며 여호와를 의뢰하는 그 사람은 복을 받을 것이라"고 말씀하십니다. 야곱의 마지막 유언도 축복이었습니다. 히11:21에 "믿음으로 야곱은 죽을 때에 요셉의 각 아들에게 축복하고 그 지팡이 머리에 의지하여 경배하였으며." 살아생전 축복하다가 마지막에 축복을 남기는 사람들...그것이 바로 하나님의 백성 된 모습입니다. 그리하여 후대에게 우리를 축복하고 축복을 남긴 사람으로 기억되는 인생이 되어야 합니다. 평생 정죄하고 고발하고 비난하다가 떠나는 불쌍한 인생이 되지 마시기를! 나는 우리 가정에서, 우리 교회에서 축복이었고, 우리 공동체를 복되게 한 사람으로 기억되기를!

Chapter 13

원망을 넘어서는
비전 공동체

- 민 11:1-9

¹ 여호와께서 들으시기에 백성이 악한 말로 원망하매 여호와께서 들으시고 진노하사 여호와의 불을 그들 중에 붙여서 진영 끝을 사르게 하시매 ² 백성이 모세에게 부르짖으므로 모세가 여호와께 기도하니 불이 꺼졌더라 ³ 그 곳 이름을 다베라라 불렀으니 이는 여호와의 불이 그들 중에 붙은 까닭이었더라 ⁴ 그들 중에 섞여 사는 다른 인종들이 탐욕을 품으매 이스라엘 자손도 다시 울며 이르되 누가 우리에게 고기를 주어 먹게 하랴 ⁵ 우리가 애굽에 있을 때에는 값없이 생선과 오이와 참외와 부추와 파와 마늘들을 먹은 것이 생각나거늘 ⁶ 이제는 우리의 기력이 다하여 이 만나 외에는 보이는 것이 아무 것도 없도다 하니 ⁷ 만나는 깟씨와 같고 모양은 진주와 같은 것이라 ⁸ 백성이 두루 다니며 그것을 거두어 맷돌에 갈기도 하며 절구에 찧기도 하고 가마에 삶기도 하여 과자를 만들었으니 그 맛이 기름 섞은 과자 맛 같았더라 ⁹ 밤에 이슬이 진영에 내릴 때에 만나도 함께 내렸더라

- 민 11:34-35

³⁴ 그 곳 이름을 기브롯 핫다아와라 불렀으니 욕심을 낸 백성을 거기 장사함이었더라 ³⁵ 백성이 기브롯 핫다아와에서 행진하여 하세롯에 이르러 거기 거하니라

Chapter 13
원망을 넘어서는 비전 공동체

어느 초등학교 선생님이 아이들에게 누군가가 무슨 결심을 해도 사흘을 가지 못하는 경우를 고사성어 네 글자로 완성하라는 시험문제를 냈다고 합니다. [작( )삼( )] 정답은 물론 '작심삼일'이었겠지요. 그런데 한 학생이 써낸 답이 '작은삼촌'이었다고 합니다. 그래서 선생님이 왜 이런 답을 써 냈느냐고 물었더니 "선생님, 우리 작은 삼촌은 담배 끊는다고 늘 결심하지만 그 결심이 사흘을 가지 못하거든요"라고 대답하더랍니다. 틀린 대답이라고 할 수 없지요. 그런데 이번 본문에서 우리는 이스라엘 백성들의 작심삼일의 실패를 목격합니다. 시내 산에서 이스라엘 백성은 모세를 통해 시내 산 언약을 맺고 계명과 토라를 선물로 받고 감사와 찬양을 드리고 다시 광야로 출발합니다. 신 1:6에 보면 "우리 하나님 여호와께서 호렙 산(시내 산)에서 우리에게 말씀하여 이르시기를 너희가 이 산에 거주한지 오래니." 아마도 이 산 부근에 거주한지 일 년이 가까워오고 있었던지라 떠날 때가 된 것입니다. 그래서 그동안 민수기에서 보아 온 것처럼 이스라엘 열두 지파는 진영을 정비하고 리더들의 지휘 아래 광야로 출발한 것입니다. 이제 민10:33을 보겠습니다. "그들이 여호와의 산에서 떠나 삼일 길을 갈 때에 여호와의 언약궤가 그 삼일 길에 앞서 가며 그들의 쉴 곳을 찾았고." 그리고 사흘 만에 민수기 11장 본문의 원망 사건이 발생합니다.

　본문 1절을 읽습니다. "여호와께서 들으시기에 백성이 악한 말로 원망하매 여호와께서 들으시고 진노하사 여호와의 불을 그들 중에 붙여서 진영 끝을 사르게 하시매." 이 원망하는 백성들의 징계로 진영 끝의 일부가 불에 타는 사고로 정신을 차리도록 경계하신 것입니다. 3절에 보면 그 원망하다가 징계 받은 장소를 다베라(불사름)라고 불렀습니다. 그러나 이런 정도의 징계로 경성하지 못한 이스라엘은 다음 4절에서 또 다른 불평을 시작합니다. "그들 중에 섞여 사는 다른 인종들이 탐욕을 품으매 이스라엘 자손도 다시 울며 이르되 누가 우리에게 고기를 주어 먹게 하랴." 여기 4절에 명기된 '섞여 사는 다른 인종'은 이스라엘이 애굽을 떠날 때 이스라엘을 도우시는 하나님의 권능에 놀라 이스라엘에 합류하여 애굽을 떠난 이방인들이었습니다.(출12:38, 수많은 잡족) 그 이방인들이 먼저 불평을 시작하자 이스라엘 백성도 불평을 하게 됩니다. 지금의 표현으로 말하면 세상 사람들이 불평을 하자 신앙의 사람들도 그들에게 불평을 배운 것입니다. 감사하고 찬양해야 할 우리가 원망하고 불평하고 있는 것입니다. 이제 우리가 신앙의 공동체로 전진하기 위해서는 원망과 불평을 극복해야 하는 숙제가 생긴 것입니다. 그렇다면 우리들 믿음의 사람들이 원망과 불평에 사로잡힌 원인을 알아야 합니다. 왜 우리는 지금 원망하고 불평하고 있을까요?

1. 과거의 은혜를 망각하기 때문입니다.

출애굽의 과정에서 지금까지 이스라엘 공동체가 경험한 모든 은혜를 헤아려 보십시오. 그들이 노예 된 상태에서 자유를 얻고 해방된 것, 은혜가 아니었습니까? 바로의 군대의 추격을 뿌리치고 홍해를 육지처럼 건넌 것, 은혜가 아니었습니까? 목마름의 고통에 시달릴 때 마라의 쓴물을 치유하시고 단물을 마시게 한 것, 은혜가 아니었습니까? 시내 산에서 쉼을 얻고 장막에 거하게 하시고 토라와 십계명을 선물로 받게 하신 것, 은혜가 아니었습니까? 그런데 이런 모든 과거의 은혜를 망각하고 시내 산을 떠난 지 사흘 만에 광야의 행진이 좀 불편하다고 혹은 우리 몇 사람들이 리더의 위치에서 소외되고 있다고 다시 원망과 불평이 시작된 것입니다. 시선을 오늘의 교회가 지나는 행진의 여정으로 돌려 봅시다. 지구촌 공동체가 순전한 원색적 그리스도의 복음을 선포하며 창립 15주년 만에 333비전(3만 성도, 3천 셀 리더, 3백 선교사 파송과 지원)을 성취하게 하신 것, 은혜가 아니었습니까? 수도권 변두리 수지와 분당에서 시작된 이 작은 공동체가 불과 창립 28년에 한국교회와 세계 교회에서 주목을 받고 결코 적지 않은 영향을 끼치는 지구촌교회(Global Church)가 된 것, 은혜가 아니었겠습니까?

그런데 과거 이스라엘 백성들처럼 오늘의 우리 중에도 어떤 원망이나 불평이 있다면 우리가 과거의 은혜를 망각한 때문입니다. 그리고 잊지 말 것은 여호와 우리 하나님이 우리의 원망과 불평을 듣고 계시다는 사실입니다. 다시 본문 1절 말씀을 주목하셔야 합니다. "여호와께서 들으시기에 백성이 악한 말로 원망하매 여호와께서 들으시고 진노하사." 어떤 경우에도 원망과 불평은 하나님의 백성들의 언어가 아닙니다. 이런 원망이 다시 감사로 바뀌고 불평이 찬양의 언어로 바뀔 때 우리는 광야에서의 비전의 행진을 다시 시작하게 될 것입니다. 본문에 보면 하나님은 이스라엘 진영 끝을 불사르는 정도로 가볍고 약하게 징계하십니다. 아마도 진영 끝에 위치한 사람들은 일꾼이 아닌 구경꾼의 마음을 가진 사람들이었을 것입니다. 그들에게서 원망과 불평이 시작된 것입니다. 사실 일꾼은 원망할 시간도 불평할 시간도 없습니다. "어디 당신들 얼마나 잘하나 보자" 이런 구경꾼 의식을 가진 이들에 의해 공동체의 힘이 분산되고 있었던 것입니다. 나는 우리 지구촌 공동체가 다시 과거의 은혜를 기억하고 감사와 찬양으로 모두가 다 일꾼의 자리에 서게 되시기를 기도하고 축복합니다.

2. 현재의 축복을 망각하기 때문입니다.

본문 4-9절까지는 엄밀하게 말하면 다베라에서 좀 떨어진 기브롯 핫다아와에서 연이어 일어난 사건으로 보여집니다. 먹을 것을 인하여 이스라엘 백성들이 불평하고 원망하는 장면입니다. 정확하게 말하면 먹을 것이 없어서가 아니라 메뉴가 바뀌지 않는다고 이제는 '만나만 만날' 먹는 것이 지겨워졌다는 불평이었습니다. 9절은 분명하게 "밤에 이슬이 진영에 내릴 때에 만나도 함께 내렸더라"고 증거합니다. 광야의 만나는 분명 하나님의 축복이었고 그 축복은 지금 현재도 계속되고 있었습니다. 그러나 이스라엘 백성들은 그 축복을 더 이상 축복으로 느끼지 못한 것입니다. 아니 현존의 축복을 축복으로 느끼는 깨달음이 실종된 것입니다. 5-6절에서의 그들의 불평을 들어보십시오. "우리가 애굽에 있을 때에는 값없이 생선과 오이와 참외와 부추와 파와 마늘들을 먹은 것이 생각나거늘 이제는 우리의 기력이 다하여 이 만나 외에는 보이는 것이 아무 것도 없도다 하니(라)."

그러나 이스라엘 백성들이 처음부터 만나를 그렇게 생각한 것은 아니었습니다. 만나는 하늘의 선물, 기적의 양식이었습니다. 처음에 그들은 출16:31에 보면 "깟씨 같이 희고 맛은 꿀 섞은 과자 같았더라" 했습니다. 그런데 본문 8절에서는 "기름 섞은 과자 맛 같았더라" 했습니다. 그런데 민21:5에 보면 이 만나를 가리켜 "이 하찮은 음식을 싫어하노라"고 말합니다. 우리는 무엇인가에 익숙하다보면 더 이상의 감사와 감동을 상실하고 오히려 불평의 대상으로 삼게 되는 것입니다. 결혼 생활도 마찬

가지 아닙니까? 한때 경이로움의 대상이었던 배우자가 익숙해지면 오히려 권태로운 대상으로 여기고 있지는 않은지요? 처음에 이 만나를 보고 그들은 '만후'하며 "이것이 무엇이냐?"(What is it?)고 하다가 그 이름을 만나로 지은 것입니다. 그런데 이제는 하찮은 음식이라고 말합니다. 아니 만나뿐 아니라 고기가 필요하다고 하니까 본문 31절 이하에 보면 메추라기를 선물로 보내어 포식하게 하십니다. 시내 광야는 봄에는 아프리카에서 유럽으로 가을에는 유럽에서 아프리카로 이동하는 철새들의 쉼터이기도 했습니다. 아마도 이때는 봄철로 유럽에서 아프리카로 이동하던 철새들을 무더기로 보내어 이스라엘 백성들의 양식이 되게 하신 것입니다. 그런데 너무 포식하다가 많은 백성들이 오히려 죽임을 당한지라 그들은 그 장소를 '기브롯 핫다아와' 곧 '탐욕의 무덤'이라 부르게 된 것입니다. 감사를 망각하고 탐욕의 삶을 구하던 백성들을 다시 징계하신 것입니다.

그래서 우리는 옛날 청교도들의 기도를 상기할 필요가 있습니다. "하나님, 우리에게 많은 축복을 주신 것을 감사합니다. 그러나 한 가지만 더 구하는 것을 용서하소서. 우리에게 축복을 축복으로 깨닫고 감사하는 마음을 주소서." 저는 우리 지구촌 공동체를 향한 하나님의 축복은 지금도 계속되고 있다고 믿습니다. 복음적 설교가 선포되는 강단을 주신 좋은 영적 지도자의 복, 좋은 평신도 지도자들의 복, 많은 청소년들과 젊은이들이 모이는 복, 그리고 시설과 재물의 복도 주셨습니다. 이런 축복에 눈을 뜰 수 있다면 우리가 무엇을 원망하고 무엇을 불평하겠습니까?

3. 미래의 비전을 상실하기 때문입니다.

지금 이스라엘은 시내 광야를 떠나 바란 광야로 들어섰습니다. 신1:19은 이 바란 광야를 '크고 두려운 광야'라고 부르고 있습니다. 신8:15에도 보면 "그 광대하고 위험한 광야 곧 불뱀과 전갈이 있고 물이 없는 간조한 땅"이라고 부르고 있습니다. 거기다가 탐욕으로 메추라기 포식을 하다가 많은 이들이 죽어버린 '탐욕의 무덤'이 된 그 광야를 두려워하지 않을 수가 없었을 것입니다. 그러나 그 곳은 지나가는 광야에 불과합니다. 본문 마지막 11:34절은 욕심을 낸 백성들이 거기에서 장사되었다고 기록합니다. 그리고 11장의 마지막 35절입니다. "백성이 기브롯 핫다아와에서 행진하여 하세롯에 이르러 거기 거하니라"고 기록합니다. 하세롯은 '울타리'라는 뜻으로 안전한 오아시스, 대추야자나무가 무성하고 신선한 샘들이 있는 곳이었습니다. 이제 하나님은 징계의 장소를 지나 열린 미래를 준비하는 곳으로 인도하십니다. 이 하세롯을 지나 그들은 다시 약속의 땅으로 가야 했습니다. 궁극적으로 그들이 보아야 하는 곳, 가야만 하는 곳, 젖과 꿀이 흐르는 가나안 땅이었습니다. 그런데 그 '가나안'을 '안나가'로 읽고 불평하고 원망하고 있었던 것입니다. 이 가나안의 비전, 약속의 미래에 대한 비전을 다시 회복하는 것이 무엇보다 중요했던 것입니다.

우리는 출애굽 사건을 중심으로 이스라엘의 세대를 3세대로 나눌 수가 있습니다. 1) 애굽을 떠나기로 결정한 개척의 세대, 2) 광야를 여행하며 순례하던 모험의 세대, 3) 가나안 땅에 입성하여 선민의 꿈을 실현하던 약속의 세대. 우리는 대한민국 건국을 중심으로 우리의 근세사를 또한 3세대로 나눌 수가 있습니다. 1) 일제 강점기를 넘어 해방되었으나 6.25 전쟁의 대가를 치른 개척의 세대, 2) 6.25 이후 가난을 이기고 산업화와 민주화를 성취한 모험의 세대, 3) 통일 한국의 비전을 만들어 가야 할 약속의 세대입니다. 저 같은 사람은 모험의 세대에 속한 사람으로 조국의 산업화와 민주화의 증인이 된 사람입니다. 이런 세대의 바람 속에서 광야 같은 이곳에 지구촌교회를 개척하고 그 기초를 쌓을 수 있었던 것은 제 평생의 보람이요 기쁨입니다. 그러나 이제 지구촌 공동체에 정말 중요한 것은 약속의 미래를 준비하는 일입니다. 저는 그 준비를 위해서 담임목사님과 같은 지도자를 보내주셨다고 굳게 믿습니다. 담임목사님은 약속의 미래를 실현하기 위해 다음 세대를 일으키는 일에 우선 순위를 두고 느헤미야 프로젝트를 선언하셨다고 믿습니다.

오늘 많은 한국교회들이 유초등부의 빈곤, 중고등부의 실종,

청년 대학부가 부재하는 어려움을 겪고 있습니다. 그런데 우리 지구촌교회는 교육 부서들이 넘쳐나 모일 장소가 부족한 고통을 겪고 있습니다. 이것은 약속의 미래를 준비하기 위한 지구촌교회의 특별한 사명을 부여 받고 있는 것으로 생각합니다. 이제 우리 장년 세대 모두가 느헤미야의 심정으로 무너진 성을 쌓고 미래 세대를 준비하는 일에 우리의 정성을 모을 수만 있다면 우리 교회는 다시 존재해야 할 이유를 갖는 교회가 될 것입니다. 일찍 청교도 시대에 고난 속에서 탄생한 유명한 그리스도인들의 인사가 있었습니다. 그것이 영어에 "The best is yet to come"(가장 좋은 것은 아직 오지 않았다)는 말이었습니다. 우리가 이런 약속의 세대를 준비하는 일에 다시 헌신할 수 있다면 우리 교회는 아직도 위대한 미래를 지닌 교회가 될 것입니다. 제 청년 시절을 깨운 책 리처드 바크의 《갈매기의 꿈》에서 주인공은 "높이 나는 자가 멀리 본다"고 말합니다. 나는 우리 공동체가 높은 곳에 올라 멀리 보고 다음 세대의 꿈을 실현하도록 후회 없이 준비하고 후회 없이 헌신하는 약속의 교회가 되기를 기도합니다.

Chapter **14**
온유한 사람의 복

• 민 12:1-7

¹ 모세가 구스 여자를 취하였더니 그 구스 여자를 취하였으므로 미리암과 아론이 모세를 비방하니라 ² 그들이 이르되 여호와께서 모세와만 말씀하셨느냐 우리와도 말씀하지 아니하셨느냐 하매 여호와께서 이 말을 들으셨더라 ³ 이 사람 모세는 온유함이 지면의 모든 사람보다 더하더라 ⁴ 여호와께서 갑자기 모세와 아론과 미리암에게 이르시되 너희 세 사람은 회막으로 나아오라 하시니 그 세 사람이 나아가매 ⁵ 여호와께서 구름 기둥 가운데로부터 강림하사 장막 문에 서시고 아론과 미리암을 부르시는지라 그 두 사람이 나아가매 ⁶ 이르시되 내 말을 들으라 너희 중에 선지자가 있으면 나 여호와가 환상으로 나를 그에게 알리기도 하고 꿈으로 그와 말하기도 하거니와 ⁷ 내 종 모세와는 그렇지 아니하니 그는 내 온 집에 충성함이라

• 민 12:13-16

¹³ 모세가 여호와께 부르짖어 이르되 하나님이여 원하건대 그를 고쳐 주옵소서 ¹⁴ 여호와께서 모세에게 이르시되 그의 아버지가 그의 얼굴에 침을 뱉었을지라도 그가 이레 동안 부끄러워하지 않겠느냐 그런즉 그를 진영 밖에 이레 동안 가두고 그 후에 들어오게 할지니라 하시니 ¹⁵ 이에 미리암이 진영 밖에 이레 동안 갇혀 있었고 백성은 그를 다시 들어오게 하기까지 행진하지 아니하다가 ¹⁶ 그 후에 백성이 하세롯을 떠나 바란 광야에 진을 치니라

Chapter 14
온유한 사람의 복

　세속적 리더십의 한 보편성은 카리스마라고 할 수 있습니다. 그런데 뜻밖의 사실은 성경적 리더십은 카리스마를 추구하지 않는다는 것입니다. 세상에서는 온유한 사람을 리더라고 생각하지 않습니다. 그런데 성경의 가르침은 견해를 달리합니다. 성경의 중심에는 언제나 예수 그리스도가 계십니다. 그는 성경이 증거 하는 핵심적 인격이십니다. 그런데 마11:29에서 예수님은 "나는 마음이 온유하고 겸손하니 나의 멍에를 메고 나를 배우라"고 말씀하십니다. 그리고 유명한 팔복의 교훈을 가르치시면서 마5:5에서 "온유한 자는 복이 있나니 그들이 땅을 기업으로 받을 것임이요"라고 가르치십니다. 그리고 오늘 구약의 가장 중요한 인물이요 지도자인 모세에게 우리는 이 온유의 리더십을 발견하게 됩니다. 본문 3절은 "이 사람 모세는 온유함이 지면의 모든 사람보다 더하더라"고 증언합니다.

　본문의 배경은 모세가 그의 형제들에게 비방을 받는데서 출발합니다. 본문 1절입니다. "모세가 구스 여자를 취하였더니 그 구스 여자를 취하였으므로 미리암과 아론이 모세를 비방하니라." 미리암은 모세의 누이로 여선지자였고, 아론은 모세의 형으로 대제사장이었습니다. 그런데 지금 광야의 행군 중에 뜻밖에 그들에게서 공격이 온 것입니다. 장소는 하세롯에서였습니다. 아마 긴장을 풀고 이 오아시스에서 쉼을 갖고자 한 시간에 다시 시험이 발생한 것입니다. 이것이 사단 마귀가 하는 일입니다. 사단은 우리가 방심할 시간에 가장 가까운 가족들을 통해 우리를 시험하고 우리의 행군을 방해하는 것입니다. 시험의 제목은 모세의 아내 문제였습니다. 본문은 모세가 구스 여자를 취하였다고 말합니다. 이 여인이 누구인가를 둘러싸고 성경학자들의 견해는 다시 둘로 나누어집니다. 모세의 본래의 아내 십보라의 죽음으로 구스 사람 곧 에티오피아 여인과 재혼한 것 때문에 형제들 사이에 불화가 발생한 것으로 보는 견해와 구스라는 지명이 미디안의 지역을 의미할 수도 있고 십보라의 죽음에 대한 기록이 없기에 출애굽 당시 모세 홀로 백성을 인도하다가 이 지점에서 그녀가 합류한 것이 문제가 되었다는 견해입니다. 저는 1절의 뉘앙스(모세가 구스 여자를 취하였더니...)가 모세가 바로 아내를 취한 것으로 기록한 것으로 보아 재혼 사건으로 보는 것이 더 타당하다고 생각하고 있습니다.

아마 모세는 하나님이 나에게 인도해 주신 것으로 대답하지 않았을까 생각됩니다. 그러자 미리암과 아론의 말을 2절에서 들어 보십시오. "그들이 이르되 여호와께서 모세와만 말씀하셨느냐 우리와도 말씀하지 아니하셨느냐 하매 여호와께서 이 말을 들으셨더라." 여기 형제들의 시기심이 느껴지지 않습니까? "하나님이 그렇게 인도하신다면 형제들인 우리에게도 말씀하지 아니하셨겠느냐? 너만 하나님과 소통하느냐?"라는 말입니다. 이제 최고 리더십 진에 균열이 생긴 것입니다. 자, 이런 위기를 모세는 어떻게 극복했을까요? 온유의 리더십으로 극복한 것입니다. 그리고 하나님의 축복을 경험합니다. 구체적으로 모세는 그 온유함을 어떻게 표현했고 결과적으로 어떻게 하나님의 복을 누리고 있는가를 성찰해 보고자 합니다.

1. 하나님에게 억울함을 의탁함과 하나님이 개입하시는 복을 누림입니다.

아론과 미리암이 모세를 비방하는 동안 성경은 모세가 반응한 어떤 말이나 행동도 기록하지 않습니다. 그는 침묵으로 이 모든 억울함을 하나님께 의탁하고 있었던 것입니다. 이것이 바로 모세의 온유함인 것입니다. 그러자 4절에서 하나님의 개입이 시작됩니다. "여호와께서 갑자기 모세와 아론과 미리암에게 이르시되 너희 세 사람은 회막으로 나아오라 하시니 그 세 사람이 나아가매." 여기 중요한 말이 '갑자기'라는 단어입니다. 이 상황을 그대로 방관할 수 없다고 판단하신 하나님이 갑자기 (suddenly, at once) 개입을 시작하신 것입니다. 6-7절의 말씀을 보겠습니다. "이르시되 내 말을 들으라 너희 중에 선지자가 있으면 나 여호와가 환상으로 나를 그에게 알리기도 하고 꿈으로 그와 말하기도 하거니와 내 종 모세와는 그렇지 아니하니 그는 내 온 집에 충성함이라." 무슨 말입니까? 아론과 미리암도 선지자였기에 하나님이 그들에게 자신의 뜻을 알리는 방편은 환상이나 꿈을 통하고 있었지만 모세는 직접 대면하여 말씀하시는 특별한 선지자요 특별한 종으로 선택된 자임을 말씀하시는 것입니다. 그런데 이런 나의 종을 인간적으로 너희가 비방하고 있다는 것입니다. 8절을 보겠습니다. "그와는(모세) 내가 대면하여 명백히 말하고 은밀한 말로 하지 아니하며 그는 또 여호와의 형상을 보거늘 너희가 어찌하여 내 종 모세 비방하기를 두려워하지 아니하느냐."

그렇습니다. 우리가 억울한 일을 당할 때 우리가 원수 갚지 아니하고 하나님에게 의탁하면 하나님이 처리하신다는 것이 일관성 있는 성경의 가르침입니다. 사람이 재판관이 될 필요가 없다는 것입니다. 롬12:19 말씀을 기억합시다. "내 사랑하는 자들아 너희가 친히 원수를 갚지 말고 하나님의 진노하심에 맡기라 기록되었으되 원수 갚는 것이 내게 있으니 내가 갚으리라고 주께서 말씀하시니라." 요셉이 그렇게 살지 않았습니까? 애굽 땅의 국무총리가 되어 그 앞에 자신을 해쳐 죽이려고 시도한 형제들을 보면서 했던 말씀을 기억하시나요? 창45:5의 말씀입니다. "당신들이 나를 이 곳에 팔았다고 해서 근심하지 마소서 한

탄하지 마소서 하나님이 생명을 구원하시려고 나를 당신들보다 먼저 보내셨나이다." 요셉이 또한 온유의 사람임을 증명하는 순간이 아닙니까? 이런 요셉을 하나님이 또한 복주시지 않았습니까? 그렇다면 우리 모두 온유함의 복을 사모하게 되시기를 기도합니다.

2. 자신을 변호하지 않음과 하나님이 변호하시는 복을 누림입니다.

본문을 읽으면서 놀라운 것은 모세가 스스로를 변명하거나 변호하려고 시도하지 않았다는 사실입니다. 사실 변명하려면 얼마든지 변명거리가 있었을 것입니다. 그러나 모세는 침묵으로 일관합니다. 모든 것을 하나님이 아신다고 믿었던 것입니다. 미션 스쿨에 다니던 학생이 시험을 치르는데 전혀 답이 생각이 안 나더랍니다. 그는 답안지에 이렇게 썼다고 합니다. "God knows all!(하나님이 다 아신다)" 그랬더니 얼마 후 채점지를 받았는데 거기에 이렇게 쓰여 있었다고 합니다. "하나님: 100점, 학생: O점(PS. 다시 시험 치를 은혜의 기회를 주겠음)." 하나님은 다 아시는데 우리는 모른다는 것, 그것이 인생의 딜레마가 아닙니까? 그럴 때 우리가 할 일은 무엇입니까? 하나님을 신뢰하고 하나님이 일하심을 지켜보는 일이 아니겠습니까? 그때 우리가 경험하는 보편적 은혜는 하나님이 오히려 우리를 변호해 주신다는 것입니다.

자, 그러면 본문에서 하나님은 어떻게 모세를 변호해 주고 계십니까? 우선 3절 말씀을 읽습니다. "이 사람 모세는 온유함이 지면의 모든 사람보다 더하더라." 우리가 성경이 성령의 감동으로 기록된 말씀인 것을 믿는다면 이 증언은 바로 성령 하나님의 증언이 아니겠습니까? 그리고 7절 말씀을 읽겠습니다. "내 종 모세와는 그렇지 아니하니 그는 내 온 집에 충성함이라." 여기 모세를 가르쳐 하나님은 '내 종'(my servant)이라고 하십니다. 그리고 "그는 내 온 집에 충성함이라" 곧 '내 온 집에 모든 일을 신임하고 맡긴 종이라'는 뜻입니다. 이보다 더한 변호가 있을 수 있겠습니까? 모세는 결코 유약한 사람이 아니었고 내적으로 강한 사람이지만 동시에 온유한 사람이었습니다. 사람들이 온유를 구하지 않는 이유가 무엇일까요? 온유함을 유약함과 혼동하기 때문입니다. 예수님이 온유한 자는 복이 있다고 말씀하셨을 때 온유(Praos)의 뜻은 힘을 다스릴 줄 아는 내적 통제력을 뜻하는 말이었습니다.

젊은 나이에 온 세상의 정복자가 된 알렉산더를 기억하십니까? 그에게는 어렸을 때부터의 친구 클레이토스(Cleitus)가 있었고 후일 알렉산더의 휘하 장군이 되었습니다. 그는 한때 알렉산더를 죽음에서 구해 주기도 했습니다. 그런데 알렉산더가 한번은 술좌석에서 그와 언쟁을 하다가 분을 이기지 못해 창을 던져 그를 죽이는 실수를 범했습니다. 그는 이 사건이 너무나 후회가 되어 자살을 시도하기까지 했습니다. 그는 천하를 정복했지만 자기의 술 취함과 분노를 다스리지 못한 것입니다. 다시 말하면 그는 온유하지 못했던 것입니다. 성경적 의미에서 그는 진정한 정복자가 되지 못한 것입니다. 그러나 모세는 달랐습니다. 그는 온유함으로 자신을 다스릴 줄 안 사람이었고 그래서 하나님이 그의 변호자가 되어 준 복을 누린 사람이었습니다.

3. 자신을 비방한 사람을 위하여 중보함과 그 중보가 응답되는 복을 누림입니다.

우리는 민수기 12장에서 하나님이 결국 모세의 리더십에 도전한 아론과 미리암, 특히 미리암을 징계하신 것을 보게 됩니다. 아마 이 도전에서 주체적 역할을 한 것이 미리암이었던 것으로 보여집니다. 그래서 하나님이 그녀를 나병(한센병)으로 징계하십니다. 그렇다고 모든 나병은 하나님의 징계라고 말해서는 안 됩니다. 그러나 미리암의 나병은 당시에 하나님의 징계였습니다. 민12:10을 보십시오. "구름이 장막 위에서 떠나갔고 미리암은 나병에 걸려 눈과 같더라 아론이 미리암을 본즉 나병에 걸렸는지라." 다음 절은 아론의 회개를 보여줍니다. 11절입니다. "아론이 이에 모세에게 이르되 슬프도다 내 주여 우리가 어리석은 일을 하여 죄를 지었으나 청하건대 그 벌을 우리에게 돌리지 마소서." 보통 사람들은 이런 경우 어떤 반응을 보일까요? 옛날 우리가 많이 쓰던 말로 '그거 쌤통이다!' 하지 않았겠습니까? 영어로는 'She deserves it!'라는 표현이 되겠지요. 그래 마땅하다고. 그런데 모세는 그녀를 위해 중보기도를 합니다. 그녀의 회복을 위해서 말입니다. 13절 말씀을 봅시다. "모세가 여호와께 부르짖어 이르되 하나님이여 원하건대 그를 고쳐 주옵소서."

이제 모세는 자신을 비방하던 사람을 위한 중보자가 됩니다. 14절에 보면 일주간은 그녀가 고통을 받게 해야 한다고 말씀하십니다. "여호와께서 모세에게 이르시되 그의 아버지가 그의 얼굴에 침을 뱉었을지라도 그가 이레 동안 부끄러워하지 않겠느냐 그런즉 그를 진영 밖에 이레 동안 가두고 그 후에 들어오게 할지니라 하시니." 그렇게 해서 일주일 동안의 영문 밖 격리 징계로 이 사건은 매듭을 짓게 됩니다. 하나님은 결국 모세의 중보기도를 들으시고 그녀를 회복시켜 주십니다. 그리고 이스라엘 백성은 다시 하세롯을 떠나 바란 광야로 진군을 지속하게 됩니다. 이웃들의 허물과 도전을 온유함으로 인내하고 기도하던 모세는 마침내 자신을 비방하던 이웃들을 돕고 회복시키는 중보자가 된 것입니다. 할렐루야! 그런데 신약의 히브리서 3장에 보면 이런 모세와 비슷한 자 곧 하나님의 온 집에 신실했던 그를 닮았지만 그를 능가하는 이가 우리의 모범이 되셨다고 말합니다. 히3:2-3입니다. "그는 자기를 세우신 이에게 신실하시기를 모세가 하나님의 온 집에서 한 것과 같이 하셨으니 그는 모세보다 더욱 영광을 받을 만한 것이 마치 집 지은 자가 그 집보다 더욱 존귀함 같으니라." 누구를 말하는 것입니까? 네, 우리 주님 예수 그리스도이십니다.

그는 죄인 된 인류에 의해 십자가에 못 박힘을 당하셨습니다. 그러나 스스로 우리의 죄를 담당하시고 기꺼이 그렇게 못 박힘을 자원하신 것입니다. 그리고 그는 십자가에서 우리를 위해 중보기도를 하지 않으셨습니까? 눅23:34의 십자가상의 기도를 기억하십니까? "이에 예수께서 이르시되 아버지 저들을 사하여 주옵소서 자기들이 하는 것을 알지 못함이니이다." 이 기도로 우리도 용서받고 나병보다 더한 허물과 죄에서 구원받아 하나님의 자녀가 된 것이 아닙니까? 그래서 그분은 지금도 우리를 초대하십니다. "수고하고 무거운 짐 진 자들아 다 내게로 오라 내가 너희를 쉬게 하리라 나는 마음이 온유하고 겸손하니 나의 멍에를 메고 내게 배우라 그리하면 너희 마음이 쉼을 얻으리니 이는 내 멍에는 쉽고 내 짐은 가벼움이라 하시니라."(마11:28-30) 억울한 일을 당하셨습니까? 일찍이 당신보다 더 억울하게 십자가에서 억울한 일을 당하신 예수님이 당신의 죄와 상처를 치유하시고 회복시켜 주시겠다는 초대입니다. 이 온유한 주님의 온유하신 초대를 수락하신다면 오늘이 회복의 날, 자유의 새 날이 될 것입니다. 그리고 새 출발의 날이 될 것입니다.

믿음의 눈으로
바라보기

• 민 13:25-33

²⁵ 사십 일 동안 땅을 정탐하기를 마치고 돌아와 ²⁶ 바란 광야 가데스에 이르러 모세와 아론과 이스라엘 자손의 온 회중에게 나아와 그들에게 보고하고 그 땅의 과일을 보이고 ²⁷ 모세에게 말하여 이르되 당신이 우리를 보낸 땅에 간즉 과연 그 땅에 젖과 꿀이 흐르는데 이것은 그 땅의 과일이니이다 ²⁸ 그러나 그 땅 거주민은 강하고 성읍은 견고하고 심히 클 뿐 아니라 거기서 아낙 자손을 보았으며 ²⁹ 아말 렉인은 남방 땅에 거주하고 헷인과 여부스인과 아모리인은 산지에 거주하고 가 나안인은 해변과 요단 가에 거주하더이다 ³⁰ 갈렙이 모세 앞에서 백성을 조용하 게 하고 이르되 우리가 곧 올라가서 그 땅을 취하자 능히 이기리라 하나 ³¹ 그와 함께 올라갔던 사람들은 이르되 우리는 능히 올라가서 그 백성을 치지 못하리라 그들은 우리보다 강하니라 하고 ³² 이스라엘 자손 앞에서 그 정탐한 땅을 악평하 여 이르되 우리가 두루 다니며 정탐한 땅은 그 거주민을 삼키는 땅이요 거기서 본 모든 백성은 신장이 장대한 자들이며 ³³ 거기서 네피림 후손인 아낙 자손의 거인 들을 보았나니 우리는 스스로 보기에도 메뚜기 같으니 그들이 보기에도 그와 같 았을 것이니라

믿음의 눈으로 바라보기

우리가 살아가며 직면하는 '삶의 정황, 삶의 현실'(Sitz im Leben)
은 언제나 어느 때나 녹록하지 않습니다. 그것은 지금보다 문화
적으로 뒤떨어진 과거의 삶도 그러했고 눈부신 문화적 발전을
이룬 오늘의 상황에서도 마찬가지입니다. 다만 이런 상황을 직
면하는 사람들의 태도에서 소위 믿음을 가진 사람들의 시각과
행동을 주목하는 것은 중요한 일입니다. 그것은 오늘의 불편한
상황에서 선택의 결정을 내려야 할 때 우리가 과연 믿음의 사람
답게 행동하는가를 판단하는 기준이 되기 때문에 그렇습니다.
본문은 지금 이스라엘 백성들이 광야를 통해 들어가고자 하는
약속의 땅의 실체를 알아보기 위해 모세가 각 지파를 대표하는
리더 한 사람씩 12정탐자를 먼저 보내어 그 땅의 현실을 알아
보기로 한 것입니다. 민13:1-2 말씀을 보겠습니다. "여호와께
서 모세에게 말씀하여 이르시되 사람을 보내어 내가 이스라엘
자손에게 주는 가나안 땅을 정탐하게 하되 그들의 조상의 가문
각 지파 중에서 지휘관 된 자 한 사람씩 보내라."

이제 여호와 하나님의 명하심에 순종하여 모세가 다시 보냄

받는 정탐자들에게 명을 내립니다. 민13:17이하의 말씀입니다. "모세가 가나안 땅을 정탐하러 그들을 보내며 이르되 너희는 네겝 길로 행하여 산지로 올라가서 그 땅이 어떠한지 정탐하라 곧 그 땅 거민이 강한지 약한지 많은지 적은지와 그들이 사는 땅이 좋은지 나쁜지와 사는 성읍이 진영인지 산성인지와 토지가 비옥한지 메마른지 나무가 있는지 없는지를 탐지하라 담대하라 또 그 땅의 실과를 가져오라 하니 그 때는 포도가 처음 익을 즈음이었더라." 그리고 본문은 이 12정탐자가 정탐한 결과를 보고하는 장면입니다. 그런데 보고는 소위 긍정적인 것과 부정적인 것이 혼재된(mixed) 리포트였습니다. 같이 가서 같은 현장을 탐지하고 돌아온 사람들인데 보고가 달랐던 것입니다. 10대 2로 갈라섰습니다. 2명 여호수아와 갈렙만이 긍정적인 보고를 가져왔고 10명은 악평하는 보고를 한 것입니다. 32절을 보겠습니다. "이스라엘 자손 앞에서 그 정탐한 땅을 악평하여 이르되 우리가 두루 다니며 정탐한 땅은 그 거주민을 삼키는 땅이요 거기서 본 모든 백성은 신장이 장대한 자들이며." 다음 33절에 거기 있는 사람들은 거인들이고 우리는 메뚜기 같은 존재라고 말합니다. 여기서 유명한 '거인 콤플렉스' 혹은 '메뚜기 콤플렉스'라는 말도 생겨나게 되었습니다. 이 두 그룹의 보고의 차이를 만든 것은 무엇입니까? 결론부터 말씀드리면 믿음의 차이라고 할 수 있습니다. 한 그룹은 믿음으로 바라보고 또 한 그룹은 믿음 없이 그 땅을 바라본 것입니다. 그렇다면 믿음으로 바라본다는 것은 무엇을 의미하는 것입니다. 무엇을 믿음으로 바라본다는 말입니까? 믿음으로 바라보기의 의미는 무엇입니까?

1. 약속의 실현을 근거로 바라보기

지금 12지파를 대표하는 12명의 정탐자들이 정탐하려는 땅은 어떤 땅입니까? 다시 민수기 13장이 시작되는 1-2절을 보시기 바랍니다. "여호와께서 모세에게 말씀하여 이르시되 사람을 보내어 내가 이스라엘 자손에게 주는 가나안 땅을 정탐하게 하되." 자, 어떤 땅이라고 했습니까? "내가 이스라엘 자손에게 주는 땅" 정확하게 말하면 주기로 약속한 땅이 아닙니까? 문제는 그것을 믿어야 했던 것입니다. 약속의 실현을 믿음으로 바라볼 수 있어야 한다는 말입니다. 성경에서 하나님의 백성들의 믿음은 맹목적인 것이 아니라 약속의 말씀을 믿는 것이었습니다. 우리는 흔히 히브리서 11장을 믿음의 장이라고 부릅니다. "믿음으로 아브라함은...믿음으로 사라는...믿음으로 이삭은...믿음으로 야곱은..." 아브라함은 무엇을 믿었습니까? 부르심을 받고 유업의 땅으로 나아갈 때 하나님의 약속의 말씀을 믿은 것입니다. 사라는 무엇을 믿었습니까? 유업의 자식에 대한 약속의 말씀을 믿은 것입니다. 이삭은 무엇을 믿고 야곱과 에서를 축복한 것입니까? 야곱은 무엇을 믿고 자녀들을 축복한 것입니까? 이삭과 야곱은 모두 자손들을 통해 이루어질 12지파에 대한 하나님의 약속의 말씀을 믿고 축복한 것이 아닙니까?

히6:15에 보면 성경은 믿음의 조상 아브라함의 생애를 한마디로 "그가 이같이 오래 참아 약속을 받았느니라"고 말합니다. 그리고 히6:17에서 "하나님은 약속을 기업으로 받는 자들에게 그 뜻이 변하지 아니함을 충분히 나타내시려고 그 일을 맹세로 보증하셨나니"라고 기록합니다. 그래서 유대-기독교 신앙을 우리는 약속의 신앙이라고 칭합니다. 우리는 약속의 하나님을 믿고 약속의 말씀을 믿습니다. 본문에서 여호수아와 갈렙은 바로 이 약속의 말씀의 실현을 근거로 희망의 리포트를 보고하고 있었던 것입니다. 오늘을 사는 그리스도인들도 여전히 구약과 신약, 두 약속의 책의 말씀을 근거로 그들의 삶과 희망을 세워갑니다. 오늘 우리가 믿음으로 산다는 것, 그것은 약속의 말씀을 믿음으로 수용하고 사는 것을 의미하는 것입니다.

그러므로 믿음의 눈으로 인생을 바라보고 살기를 원하십니까? 무엇보다 성경, 하나님의 약속의 말씀을 가까이 하십시오. 그리고 읽고 듣고 묵상한 말씀을 내 인생을 향한 하나님의 약속으로 믿고 행동하십시오. 계1:3의 말씀을 기억하십시오. "이 예언의 말씀(약속의 말씀)을 읽는 자와 듣는 자와 그 가운데에 기록한 것을 지키는 자는 복이 있나니 때가 가까움이라."

2. 승리의 가능성을 근거로 바라보기

우리가 믿음의 눈으로 인생을 바라보고 산다는 둘째 의미는 승리의 가능성을 믿고 산다는 것을 뜻합니다. 인생은 늘 승리할 수도 늘 패배할 수도 없는 승리와 패배가 뒤섞인 삶을 사는 것입니다. 그러나 우리가 하나님의 백성이요 그리스도인이라면 궁극적인 승리를 믿는 자가 되어야 합니다. 우리가 하나님을 믿고 예수님을 영접했다고 해서 성경은 우리의 삶이 언제나 번영하고 언제나 승리하는 것이라고 가르치지는 않습니다. 그러나 성경은 하나님의 백성들의 궁극적 승리를 약속합니다. 요 16:33에서의 제자들을 향한 예수님의 약속의 말씀을 기억하십니까? "이것을 너희에게 이르는 것은 너희로 내 안에서 평안을 누리게 하려 함이라 세상에서는 너희가 환난을 당하나 담대하라 내가 세상을 이기었노라." 주님은 결코 우리가 살아가는 세상이 장미꽃 꽃길의 여정이 아니라고, 그것은 수많은 환난을 통과하는 광야의 인생이라고 가르치십니다. 그러나 그는 세상을 이기셨다고 선포하시고 따라서 내 제자들도 승리할 수 있다고 담대하라고 말씀하십니다. 요한계시록 2-3장에서 세상 모든 교회들을 대표하는 소아시아 일곱 교회를 향한 편지에서 예수님은 각각의 교회를 향한 서신의 마지막 대목을 "이기는 그에게는"라는 승리의 반복적 격려로 마무리하고 있습니다. 하나님의 백성들은 결코 패배주의나 패배 의식에 사로잡혀 살 필요가 없다는 것입니다. 우리가 믿고 따르는 주 예수님이 궁극적 승리자시라면 우리도 예수 안에서 이미 승리한 자임을 믿고 살아가야 합니다.

본문도 그것을 가르치고 있지 않습니까? 본문 30절에서의 갈렙의 선언을 들어보십시오. "갈렙이 모세 앞에서 백성을 조용하게 하고 이르되 우리가 곧 올라가서 그 땅을 취하자 능히 이기리라." 그는 하나님의 약속의 말씀에 근거하여 궁극적인 승리를 믿었던 것입니다. 그러나 여호수아와 갈렙을 제외한 나머지 10명의 리더들은 패배주의에 사로잡혔습니다. 그들의 보고를 먼저 28절에서 보십시오. "'그러나(But)' 그 땅 거주민은 강하고 성읍은 견고하고 심히 클 뿐 아니라." 이어지는 31-32절을 보십시오. "그와 함께 올라갔던 사람들은 이르되 우리는 능히 올라가서 그 백성을 치지 못하리라 그들은 우리보다 강하니라 하고 이스라엘 자손 앞에서 그 정탐한 땅을 악평하여 이르되 우리가 두루 다니며 정탐한 땅은 그 거주민을 삼키는 땅이요 거기서 본 모든 백성은 신장이 장대한 자들이며." 그들은 눈에 보이는 현실에 압도당한 채 불신앙으로 본 현실을 과장하고 있었던 것입니다. 그리고 33절에서의 고백처럼 적들은 우리가 대적할 수 없는 거인들이고 반면에 우리는 그들의 보기에 메뚜기 같은 존재라고 자학하고 있었던 것입니다. 싸우기도 전에 패배를 수용해버린 패배의식의 수렁 속에 빠진 모습을 보십시오.

그러나 우리의 위대한 믿음의 선배 바울 사도의 고백을 고후 5:7에서 다시 성찰해 보십시오. "이는 우리가 믿음으로 행하고 보는 것으로 행하지 아니함이로라." 그렇습니다. 눈에 보이는 현실은 우리를 계속 좌절시킬 수 있습니다. 그런 때일수록 우리는 눈에 보이지 않는 약속의 미래를 믿음의 눈으로 바라볼 수 있어야 합니다. 그리고 주의 약속에 근거한 궁극적 승리를 믿고 믿음으로 승리를 선포할 수 있어야 합니다. 갈렙처럼 "우리는 이기리라"(NIV...we can do it)고 선언할 수 있어야 합니다. 사도 요한이 요한계시록 2-3장에서 표현한 "이기는 자"라는 말이 영어 성경으로는 "He who overcomes", 다시 번역하면 모든 난관을 마침내 극복하고 승리의 자리에 서는 자라는 말로 되어 있습니다. 그렇습니다. 주 안에서 이 승리의 궁극적 가능성을 믿고 광야의 행진을 지속하는 우리가 되어야 할 줄로 믿습니다.

3. 하나님의 인도를 근거로 바라보기

우리들 하나님의 백성들이 이런 승리의 가능성을 믿고 사는 이유는 본질적으로 하나님이 살아계시고 그 하나님이 우리를 인도하심을 신뢰하기 때문입니다. 이런 하나님의 인도의 고백은 이제 민수기 14장에서 분명하게 드러납니다. 미리 한 구절을 당겨서 묵상해 보겠습니다. 민14:8을 보겠습니다. "여호와께서 우리를 기뻐하시면 우리를 그 땅으로 인도하여 들이시고 그 땅을 우리에게 주시리라 이는 과연 젖과 꿀이 흐르는 땅이니라." 여기 우리가 승리를 기대할 수 있는 근거가 있습니다. 전능하시고 전지하신 여호와 하나님의 인도입니다. 그가 기뻐하시고 그가 우리를 인도하시면 안 될 일이 어디 있겠습니까?

그래서 하나님의 백성들에게 무엇보다 중요한 것은 우리가 하나님의 인도 안에 삶의 여정을 걷고 있다는 확신이 아니겠습니까?

　제가 처음 미국 유학을 떠나 한 이년을 성숙한 성도들의 공동체 안에 머물 수가 있었습니다. 그때 그분들이 사용하는 언어 가운데 인상적인 것은 "하나님의 뜻이라면…"(God willing, Lord willing, Deo volente)라는 표현을 일상처럼 사용하고 있었습니다. 가령 제가 다음 주말에 잠깐 뵈올 수가 있습니까? 라고 물었을 때 Yes나 No로 대답하지 않고 "하나님의 뜻이라면…"하고 기도하고 답을 주겠다는 식이었습니다. 저는 그것이 그분들의 형식적인 대답의 습관이 아닌가도 생각했는데 나중에 알고 보니 정말 기도해 보고 대답을 주시더라고요. 그래서 '아! 정말 이분들이 하나님의 뜻을 묻고 대답을 주시는구나'라고 믿을 수가 있게 되었습니다. 물론 이슬람 교인들도 '인샬라'라는 표현을 일상적으로 사용합니다만 그런 습관적인 자기 방어용이 아니라 진지한 그리스도인들의 경우에는 진지한 하나님의 뜻을 찾고 하나님의 인도를 갈망하며 사용되어 온 표현이었던 것입니다. 약 4:15이 그런 삶의 추구를 우리에게 가르치지 않습니까? "너희가 도리어 말하기를 주의 뜻이면 우리가 살기도 하고 이것이나 저것을 하리라 할 것이거늘."

이런 삶을 추구한 대표적인 분이 누구이십니까? 주 예수 그리스도이시지요. 그는 마지막 십자가를 앞에 두고 겟세마네 동산에서 "아버지여 만일 아버지의 뜻이거든 이 잔을 내게서 옮기시옵소서 그러나 내 원대로 마시옵고 아버지의 원대로 되기를 원하나이다"(눅 22:42)라고 기도하시지 않았습니까? 그분의 인간으로서의 성정은 십자가의 고난을 피하고 싶어 하셨을 것입니다. 그러나 그렇게 하면 이룰 수 없는 인류 구원의 계획을 인하여 아버지의 뜻대로 하옵소서 라고 기도하신 것이 아니겠습니까? 우리가 하나님의 뜻과 하나님의 인도를 제거한다면 그 자리에는 우리의 판단, 인간의 주관적 소원만이 존재할 뿐이겠지요. 그래서 그분은 십자가의 고난을 받아들이며 기도하십니다. "내 뜻대로 마옵시고 당신의 뜻대로 하옵소서!" 그러나 오늘 우리는 인간적 의지를 관철하고자 하나님의 명백한 계시의 말씀을 거스르며 사는 것이 아닌지요? 진짜 믿음으로 사는 사람들, 오직 하나님의 인도만을 믿고 따르는 주의 백성들이 그립습니다! 그런 삶을 구하는 우리가 되도록 기도합시다!

Chapter 16

애굽으로 돌아갈 것인가?

● 민 14:1-10

1 온 회중이 소리를 높여 부르짖으며 백성이 밤새도록 통곡하였더라 **2** 이스라엘 자손이 다 모세와 아론을 원망하며 온 회중이 그들에게 이르되 우리가 애굽 땅에서 죽었거나 이 광야에서 죽었으면 좋았을 것을 **3** 어찌하여 여호와가 우리를 그 땅으로 인도하여 칼에 쓰러지게 하려 하는가 우리 처자가 사로잡히리니 애굽으로 돌아가는 것이 낫지 아니하랴 **4** 이에 서로 말하되 우리가 한 지휘관을 세우고 애굽으로 돌아가자 하매 **5** 모세와 아론이 이스라엘 자손의 온 회중 앞에서 엎드린지라 **6** 그 땅을 정탐한 자 중 눈의 아들 여호수아와 여분네의 아들 갈렙이 자기들의 옷을 찢고 **7** 이스라엘 자손의 온 회중에게 말하여 이르되 우리가 두루 다니며 정탐한 땅은 심히 아름다운 땅이라 **8** 여호와께서 우리를 기뻐하시면 우리를 그 땅으로 인도하여 들이시고 그 땅을 우리에게 주시리라 이는 과연 젖과 꿀이 흐르는 땅이니라 **9** 다만 여호와를 거역하지는 말라 또 그 땅 백성을 두려워하지 말라 그들은 우리의 먹이라 그들의 보호자는 그들에게서 떠났고 여호와는 우리와 함께 하시느니라 그들을 두려워하지 말라 하나 **10** 온 회중이 그들을 돌로 치려 하는데 그 때에 여호와의 영광이 회막에서 이스라엘 모든 자손에게 나타나시니라

애굽으로 돌아갈 것인가?

　누구나 어떤 결정을 내리고 난 후 후회할 수 있습니다. 신앙의 결정도 마찬가지입니다. 그래서 신앙의 여정을 걷다가 그 길에서 이탈하는 탈락자들이 있습니다. 대부분 신앙의 길이 그들이 기대한 삶의 번영을 가져다주지 못하고 오히려 신앙이 삶의 역경과 박해를 초래할 때 그들은 신앙 이전의 과거의 삶으로 돌아가고자 하는 미혹에 직면하게 됩니다. 우리는 그들을 배도자라고 부릅니다. 아마 우리가 인류의 역사 속에서 가장 큰 배도자 집단을 지적할 수 있다면 유대인들이라고 할 수 있을 것입니다. 우리는 흔히 유대인하면 대부분 하나님을 믿는 자들로 오해할 수가 있습니다. 그런데 최근 이스라엘 국가 안에 사는 유대인들 중에 소위 유대교의 신을 믿는 사람들이 얼마나 되는가를 조사한 통계가 있는데 절반을 미치지 못하고 있었습니다. 그들은 유대인이라는 분명한 정체성을 가지고 있었음에도 불구하고 소위 무신론자나 세속주의자가 절반 이상을 달하고 있었던 것입니다. 유대인이나 유대교를 연구하는 학자들에 의하면 이런 현상이 초래된 역사적 전기가 바로 독일의 히틀러에 의한 600만 유대인 학살 사건이었다고 합니다. 이렇게 억울하게 소위 하나님의 백성들이 죽어 가는데 하나님은 어디에 계셨고 무엇을 하고 있었는가라는 거대한 신앙의 회의 때문이었던 것입니다.

본문에서도 이제 약속의 땅 가나안에 대한 기대를 가지고 출애굽하여 광야로 나온 이스라엘 백성들은 불과 1년 반을 지나지 못하여 여러 환난과 고통을 경험하게 되자 출애굽 이전의 과거로 돌아가고자 하는 미혹에 직면하게 됩니다. 그들은 애굽에서 종살이를 했을망정 먹을 것은 걱정하지 않고 살았다고 탄식합니다. 그러나 애굽으로 돌아감은 분명 하나님이 주신 자유를 포기하는 역사의 후퇴였습니다. 우리가 대한민국 근세사를 돌아볼 때 결코 돌아가지 말아야 할 두 가지 과거사가 있습니다. 하나는 일제 강점기의 식민지배의 역사입니다. 그것은 돌아가서는 안 될 치욕의 과거사이기 때문입니다. 또 하나는 한반도를 초토화시킨 6.25 전쟁의 참화입니다. 다시는 되풀이 되지 말아야 할 과거사입니다. 다시 성경 본문으로 돌아가 보겠습니다. 애굽의 노예 된 자리에서 자유를 얻고 광야로 나온 이스라엘이 애굽에서의 과거를 미화하기 시작합니다. 그리고 현실에 절망하기 시작합니다. 본문 1-3절을 읽습니다. "온 회중이 소리를 높여 부르짖으며 백성이 밤새도록 통곡하였더라 이스라엘 자손이 다 모세와 아론을 원망하며 온 회중이 그들에게 이르되 우리가 애굽 땅에서 죽었거나 이 광야에서 죽었으면 좋았을 것을 어찌하여 여호와가 우리를 그 땅으로 인도하여 칼에 쓰러지게 하려 하는가 우리 처자가 사로잡히리니 애굽으로 돌아가는 것이 낫지 아니하랴."

이제 4절에서의 이스라엘 백성들의 합의를 보십시오. "이에 서로 말하되 우리가 한 지휘관을 세우고 애굽으로 돌아가자 하매." 명백한 모반의 궐기였습니다. 이렇게 애굽으로 돌아가고픈 미혹이 다가올 때 우리가 할 일은 무엇일까요?

1. 엎드려 옷을 찢어야 합니다.

불행한 과거로 돌아가고픈 미혹이 우리를 덮칠 때 우리가 할 일은 무엇이겠습니까? 모세와 아론처럼 엎드리는 것입니다. 5절에 "모세와 아론이 이스라엘 자손의 온 회중 앞에서 엎드린지라" 우리가 더 이상 할 일이 없다고 느낄 때 하나님의 하실 일을 기대하며 하나님 앞에 엎드려야 합니다. 이제는 다만 기도할 일 밖에 없다고 판단했기 때문입니다. 모세와 아론은 엎드릴 줄 아는 지도자였습니다. 땅에 엎드림은 우리가 흙으로 돌아갈 연약한 피조물임을 인정하고 하나님의 은혜를 구하는 행위입니다. 모세와 아론은 민16:22에서 또 한 번 하나님 앞에 엎드려 구합니다. "그 두 사람이(모세와 아론) 엎드려 이르되 하나님이여 모든 육체의 생명의 하나님이여 한 사람이 범죄하였거늘 온 회중에게 진노하시나이까." 그렇습니다. 하늘이 어둡고 앞이 보이지 않아도 하나님의 백성들에게 주어진 특권은 우리가 창조자요 섭리자이신 하나님 앞에 엎드릴 수 있다는 사실입니다.

뿐만 아니라, 소수의견을 낸 여호수아와 갈렙은 옷을 찢습니다. 본문 6절입니다. "그 땅을 정탐한 자 중 눈의 아들 여호수아와 여분네의 아들 갈렙이 자기들의 옷을 찢고." 아마 그들은 옷을 찢기 전에 마음을 찢었을 것입니다. 옷을 찢는 것은 성경에서 하나님 앞에 송구함을 나타내는 '대신 회개함'의 의미가 있습니다. 요엘 선지자가 이스라엘 백성에게 회개를 촉구할 때 욜 2:13에서 이렇게 호소합니다. "너희는 옷을 찢지 말고 마음을 찢고 너희 하나님 여호와께로 돌아올지어다." 사도행전 14장에 보면 이고니온이란 도시에서 기적을 행하는 바울과 바나바를 보고 그들을 신으로 경배하려 하자 두 사도가 놀라면서 옷을 찢고 만류하는 장면이 나옵니다.(행14:14) 옷을 찢음은 하나님 앞에서의 송구함과 참회를 표현하는 상징적 행위였던 것입니다. 지금 여호수아와 갈렙은 하나님을 신뢰하지 못하고 다시 애굽으로 돌아가자고 절규하는 이 참람한 백성들을 바라보고 하나님 앞에서 옷을 찢고 있는 것입니다.

오늘 불신앙으로 가득한 이 세대를 바라보며 우리가 할 일이 무엇이겠습니까? 지금이야말로 엎드려 옷을 찢고 마음을 찢어야 할 때가 아니겠습니까? 욥의 인생의 장에 갑자기 폭풍이 몰아치고 재앙이 쏟아질 때 우리 같으면 어떤 반응을 보일까요? 그것은 억울한 고통이었습니다. 사탄의 참소로 야기된 고통이

기도 했습니다. 그러나 이 때 욥의 반응을 기억하십니까? 욥 1:20절을 보십시오. "욥이 일어나 겉옷을 찢고 머리털을 밀고 땅에 엎드려 예배하며." 그것이 욥의 선택이었습니다. 엎드려 옷을 찢고 마음을 찢고 하나님을 경배하기로 한 것입니다. 욥을 찾아온 그의 세 친구들도 처음에는 진지한 공감으로 그의 곁에 서 있기로 합니다. 욥2:12-13입니다. "일제히 소리 질러 울며 각각 자기의 겉옷을 찢고...밤낮 칠 일 동안 그와 함께 땅에 앉았으나." 코로나의 극한 고통을 마무리하는 이 시점에 우리가 할 일, 동일하게 우리 모두 옷을 찢고 엎드려 다시 하나님을 예배할 때입니다.

2. 하나님의 인도를 신뢰하셔야 합니다.

애굽으로 돌아가자는 이스라엘 대부분의 백성들의 반역의 함성에 맞선 여호수아와 갈렙은 8절에서 여호와의 인도를 믿어야 한다고 9절에서는 여호와를 거역하지 말라고 외칩니다. 광야의 여정이 다소간 힘들고 어려워도 하나님은 우리를 인도하고 계심을 믿어야 한다고 말합니다. 8절 말씀을 보겠습니다. "여호와께서 우리를 기뻐하시면 우리를 그 땅으로 인도하여 들이시고 그 땅을 우리에게 주시리라 이는 과연 젖과 꿀이 흐르는 땅이니라." 그리고 9절에서 그들은 "다만 여호와를 거역하지는 말라"고 외칩니다. 사실 광야를 여행하는 백성 중 얼마의 사람들에게서 시작된 불평과 원망은 이제 다수의 여론이 된 것입니다. 언제나 악화는 양화를 구축한다는 말은 보편적 사실입니다. 민14:1에는 "온 회중이", 2절에도 "이스라엘 자손이 다"라고 말씀하십니다. 4절에서 그들의 반역은 구체적 계획으로 드러납니다. "이에 서로 말하되 우리가 한 지휘관을 세우고 애굽으로 돌아가자 하매." 그러나 그들에게 하나님의 인도에 대한 갈망이나 소원을 찾아 볼 길이 없습니다. 오직 여호수아와 갈렙만이 하나님의 인도를 믿고 구해야 한다고 외친 것입니다.

2022년은 6.25 남침 전쟁 72주년을 기념하는 해입니다. 1950. 6.25 주일 새벽, 평화로웠던 남한 땅을 기습 침략한 북한군은 불과 3일 만에 서울을 점령하고 8월 말에 낙동강까지 남한 전체의 10%을 제외하고 적의 수중에 떨어져야 했습니다. 우리는 이런 전세를 역전시킨 것이 소위 맥아더 장군의 인천 상륙 작전인 것을 잘 알고 있습니다. 그런데 9월 15일 인천 상륙작전이 있기 2주 전에 피난민의 수도 부산(8.18 임시 수도)에서 열린 구국 기도회를 알고 있는 사람들은 많지 않습니다. 부산의 교회들은 피난민으로 가득 찼고 교회 마당마다 천막이 세워지고 임시 거주지로 변했다고 합니다. 초량교회, 중앙교회, 경남도 청사 등지에서 자발적으로 기도회가 모이기 시작했다고 합니다. 그런데 특별히 부산 초량교회에 약 250여명의 지도자들(목사와 장로들)이 모여 있었는데 담임 한상동 목사와 고신 교장 박윤선 목사의 제안으로 구국 기도회가 열렸다고 합니다. 기도의 주제는 회개와 하나님의 인도였다고 합니다. 일제 강점기의 신사참배의 죄, 교회 교권싸움의 죄, 민족의 죄에 대한 깊은 통회가 있었고 성령의 위로가 있었다고 합니다. 이 기도회가 끝나자마자 사흘 만에 소식이 들려옵니다. 5000대 1의 가능성이었던 인천 상륙 작전이 성공했다고 그리고 9.28 서울 수복의 소식을 듣습니다. 하나님의 개입하심과 이 민족을 향한 하나님의 인도가 다시 시작된 것입니다. 정답은 언제나 동일합니다. 우리가 회개하고 하나님의 인도를 구하면 새로운 역사가 다시 열리는 것입니다. 이 은혜가 지금의 우리에게도 필요한 것이 아닙니까? 이 한반도에 도 이 땅의 교회들에게 필요한 것, 우리의 회개와 우리를 향한 주님의 선한 인도가 아니겠습니까?

3. 두려워 말고 하나님의 임재를 믿어야 합니다.

역사의 후퇴, 그리고 우리 개인의 영적 생활이 침체하는 가장 중요한 원인이 있다면 두려움에 사로잡히는 것입니다. 두려운 상황보다 더 큰 문제는 언제나 두려움이라는 심리적 공포입니다. 그래서 미국에 경제 대공황이 찾아왔을 때 유명한 프랭클린 루즈벨트 대통령은 "우리가 두려워해야 할 유일한 것은 두려움뿐이다"(Only thing we have to fear is fear itself)라는 말을 남겼습니다. 본문의 9절 말씀을 다시 보십시오. "다만 여호와를 거역하지는 말라 또 그 땅 백성을 두려워하지 말라 그들은 우리의 먹이라 그들의 보호자는 그들에게서 떠났고 여호와는 우리와 함께 하시느니라 그들을 두려워하지 말라." 여기 두 번씩이나 반복되는 말이 "두려워하지 말라"는 것입니다. 그리고 두려워하지 말아야 할 이유를 말씀하십니다. '여호와가 함께 하시기 때문'이라는 것입니다. 전능자, 절대자이신 여호와 하나님이 함께 하신다면 무엇을 두려워하고 무엇을 걱정하시겠습니까?

그래도 설득당하지 않은 이스라엘 회중은 돌을 들어 여호수아와 갈렙을 돌로 치려고 합니다. 그런데 바로 그때 하나님의 개입이 다시 시작됩니다. 마지막 10절을 봅시다. "온 회중이 그들을 돌로 치려 하는데 그 때에 여호와의 영광이 회막에서 이스라엘 모든 자손에게 나타나시니라." 아마도 이때 하나님의 영광(카보트 야훼)은 시내 산에서처럼 거룩한 불로 임하지 않았을까 여겨집니다. 그래서 당신의 신실한 종들을 지켜 보호하신 것입니다. 그래서 두려움의 상황이 올 때 우리가 할 일은 두려워 말고 믿기만 하면 됩니다. 회당장 야이로의 딸의 죽음을 알렸을 때 예수께서 회당장에게 하신 말씀, 기억하십니까? 막5:36의 말씀입니다. "...두려워하지 말고 믿기만 하라" 두려움을 극복하는 열쇠, 하나님의 임재의 믿음입니다. 시23:4의 고백처럼 "내가 사망의 음침한 골짜기로 다닐지라도 해를 두려워하지 않을 것은 주께서 나와 함께 하심이라." 중요한 것은 이것을 믿어야 한다는 것입니다.

미국에 1900년대 초에 찬양 사역을 하던 마틴 목사 부부가 있었습니다. 그때 아내 씨빌라(Civilla)가 몸이 아픈 채로 뉴욕에서 성경학교 사역을 감당하고 있었는데 주일 저녁 예배를 부탁받습니다. 아내가 아파 누웠는지라 허락을 주저 하고 있었는데 9살 먹은 아들이 아빠에게 "아빠 오늘 밤 설교가 하나님이 기뻐하실 일이라면 그 일을 하는 동안 하나님이 엄마를 지키고 돌볼 것을 믿지 못하시나요?"라고 말하더랍니다. 이 말에 감동을 받은 그는 아내를 하나님에게 위탁하고 설교를 하러 갔고 그 날 밤 하나님의 영광이 임하는 것을 체험하게 됩니다. 그리고 많은 영혼들이 주께 돌아옴을 목격하게 됩니다. 한편 아내 씨빌라는 남편 마틴이 집회로 떠나는 순간부터 아들의 말을 상기하며 찬송 시를 써내려 갑니다. 그리고 남편이 집에 오자마자 그 시를 전달합니다. 그리고 집에 있던 작은 오르간 앞에서 즉각적으로 곡을 붙이기 시작했고 그래서 탄생한 유명한 찬송이 찬송가 382장 〈너 근심 걱정 말아라〉입니다. "...주 너를 지키리 아무 때나 어디서나 주 너를 지키리 늘 지켜 주시리" 그렇습니다. 두려워말고 함께 하시는 주의 임재를 믿고 이제 우리 모두 할 일을 합시다! 우리 가는 길에 주의 영광이 나타나고 애굽으로 돌아갈 필요가 없어질 것입니다!

Chapter 17

내 종 갈렙처럼

- 민 14:20-25

20 여호와께서 이르시되 내가 네 말대로 사하노라 **21** 그러나 진실로 내가 살아 있는 것과 여호와의 영광이 온 세계에 충만할 것을 두고 맹세하노니 **22** 내 영광과 애굽과 광야에서 행한 내 이적을 보고서도 이같이 열 번이나 나를 시험하고 내 목소리를 청종하지 아니한 그 사람들은 **23** 내가 그들의 조상들에게 맹세한 땅을 결단코 보지 못할 것이요 또 나를 멸시하는 사람은 한 사람도 그것을 보지 못하리라 **24** 그러나 내 종 갈렙은 그 마음이 그들과 달라서 나를 온전히 따랐은즉 그가 갔던 땅으로 내가 그를 인도하여 들이리니 그의 자손이 그 땅을 차지하리라 **25** 아말렉인과 가나안인이 골짜기에 거주하나니 너희는 내일 돌이켜 홍해 길을 따라 광야로 들어갈지니라

Chapter 17
내 종 갈렙처럼

《역사의 연구》를 집필한 영국의 유명한 역사학자 아놀드 토인비 교수는 인류의 문명의 역사를 관찰하며 하나의 문명이 쇠퇴하고 소멸하는 과정을 주목했습니다. 그럼에도 불구하고 역사가 진보할 수 있었던 것은 역사의 위기 앞에 도전하고 응답하는 창조적 소수(creative minority)들의 존재 때문이었음을 지적합니다. 이스라엘 역사의 흐름에도 이런 창조적 소수가 등장합니다. 그 대표적 인물이 여호수아와 갈렙이었습니다. 가나안 땅을 정탐하고 돌아온 사람들의 다수는 분명히 그 땅은 희생을 치르고 들어가 살 만한 땅이 아니라고 보고했습니다. 10명의 다수의 주장에도 불구하고 그렇지 않다고 그 땅은 도전할 만한 가치가 있는 땅이라고 말한 단 두 명의 소수자, 그들에 의해 새로운 역사가 만들어진 것입니다.

얼마 전에 타계하신 이어령 선생의 말씀 중에 잃어버린 양한 마리를 찾으시는 이야기의 해석이 흥미로웠습니다. 99마리에 비해 1마리는 아무것도 아닌 것 같지만 다수의 길을 거부하고 방황한 그 한 마리는 오히려 창조성을 가진 창조적인 존재일

수 있다고, 그래서 예수님도 그 잃어버린 양 한 마리, 그 존재의 가치를 아시고 찾아 나선 것이라는 말씀이었습니다. 여호수아와 갈렙이 바로 그런 유형의 창조적 지도자들이었다고 할 수 있을 것입니다. 특히 갈렙이 그런 사람이었다고 생각됩니다. 여호수아는 오래 전부터 모세의 후계자로 선택된 사람이었지만 갈렙은 문자 그대로 무명의 사람으로 숨어 있었습니다. 그런데 이스라엘 광야 행진의 위기의 순간 그가 역사의 무대에 주도적으로 등장합니다. 그리고 하나님은 그의 존재와 소명을 공개적으로 인정하십니다.

민14:6에 보면 처음에 성경은 여호수아를 앞세워 기록합니다. "그 땅을 정탐한 자 중 눈의 아들 여호수아와 여분네의 아들 갈렙이 자기들의 옷을 찢고." 그리고 두 사람이 적극적으로 여호와를 거역하지 말자고 그 땅의 사람들을 두려워하지도 말자고 호소합니다. 여기까지는 성경이 그래도 여호수아를 먼저 언급합니다. 그런데 민14:30에 보면 성경은 여호수아와 갈렙의 이름의 순서를 바꾸고 있습니다. "여분네의 아들 갈렙과 눈의 아들 여호수아 외에는 내가 맹세하여 너희에게 살게 하리라 한 땅에 결단코 들어가지 못하리라." 갈렙이 먼저 등장하지 않습니까? 시간이 흐르면서 이제는 이인자로 뒤에 숨어 있던 그가 전면에 주도적으로 등장하는 모습입니다. 그리고 이제 본문 24절에서는 하나님이 여호수아는 제외하고 갈렙만을 언급하며 말씀합니다. "그러나 내 종 갈렙은 그 마음이 그들과 달라서 나를 온전히 따랐은즉." 이 사람, 갈렙은 도대체 어떤 사람이었을까요?

1. 믿음의 사람입니다.

우리가 보통 그를 언급할 때 그는 여호수아와 더불어 긍정의 사람이었음을 지적합니다. 맞는 말씀입니다. 그러나 그들이 긍정적일 수 있었던 더 중요한 이유는 그들이 믿음의 사람이었다는 것입니다. 하나님을 향한 믿음, 신뢰가 그들을 긍정의 사람이 되게 한 것입니다. 단순하게 모든 것을 긍정적으로 보자고 한 것이 아니라, 하나님에 대한 신실한 믿음이 있었던 것입니다. 수14:8에 보면 갈렙이 85세가 되어 여호수아에게 과거를 회고하며 이렇게 말합니다. "나와 함께 올라갔던 내 형제들은 백성의 간담을 녹게 하였으나(부정적인 보고로) 나는 내 하나님 여호와께 충성하였으므로" 즉 여호와에 대한 믿음이 그로 하여금 긍정의 시각과 보고를 가능하게 했다는 것입니다. 그러나 당시 대부분의 사람들은 어떤 입장에 있었는지를 민14:11에서 볼 수가 있습니다. "여호와께서 모세에게 이르시되 이 백성이 어느 때까지 나를 멸시하겠느냐 내가 그들 중에 많은 이적을 행하였으나 어느 때까지 나를 믿지 않겠느냐" 여기 하나님의 지속적인 기적의 사역에도 믿지 못하던 백성들과 갈렙의 믿음이 대조적으로 등장하지 않습니까?

그래서 본문 22-23절에서 하나님을 신뢰하지 못한 백성들에게 하나님이 말씀하십니다. "내 영광과 애굽과 광야에서 행한 내 이적을 보고서도 이같이 열 번이나 나를 시험하고 내 목소리를 청종하지 아니한 그 사람들은 내가 그들의 조상들에게 맹세한 땅을 결단코 보지 못할 것이요 또 나를 멸시하는 사람은 한 사람도 그것을 보지 못하리라." 믿음이 결국 그 땅을 소유한 사람들과 그렇지 못한 사람들의 운명의 차이를 만든 것입니다. 히11:1의 말씀에서 믿음의 본질을 다시 확인합시다. "믿음은 바라는 것들의 실상이요 보이지 않는 것들의 증거니." 여호수아와 갈렙은 믿음으로 약속의 땅을 보았고 믿음으로 그 땅의 주인이 될 수 있었습니다. 수14:13-14의 말씀의 증언을 보시겠습니다. "여호수아가 여분네의 아들 갈렙을 위하여 축복하고 헤브론을 그에게 주어 기업을 삼게 하매 헤브론이 그니스 사람 여분네의 아들 갈렙의 기업이 되어 오늘까지 이르렀으니 이는 그가 이스라엘의 하나님 여호와를 온전히 좇았음이라."

여기서 하나 더 주목할 사실은 성경이 갈렙이 그니스 사람임을 강조하고 있다는 것입니다. 그니스는 본래 에돔의 족장 그나스의 후손(에서의 후손, 창36:42)으로 엄격한 유대인(야곱의 후손)의 입장에서 볼 때 이방인이었다는 사실입니다. 창15:19에는 그니스 족속을 가나안 족속의 하나로 기록합니다. 그런데 그런 이방인 갈렙은 약속의 땅의 주인이 되고 유대인 정통을 자랑하던 이스라엘 대부분은 그 땅에 들어가지도 못한 것을 주목하십시오. 중요한 것은 출생도 지위도 아니고 믿음입니다. 믿음이 갈렙을 갈렙되게 한 것입니다. 본문은 오늘도 우리에게 묻습니다. "너희도 내 종 갈렙처럼 나를 믿고 따르겠느냐? 나의 약속의 말씀을 믿고 살겠느냐?"

2. 용기의 사람입니다.

우리는 용기 있는 사람을 말할 때 언제나 앞장서는 최일선의 지도자를 연상합니다. 그런데 갈렙의 경우, 그는 언제나 이인자의 자리에서 조용히 여호수아의 리더십을 존중하고 그를 따르고 있었던 사람입니다. 그리고 성경은 여호수아와 갈렙의 갈등을 일체 기록하지 않습니다. 그리고 마지막 기업을 분배하여 여호수아는 그런 갈렙을 축복했다고 기록합니다. 그럼에도 불구하고 결정적인 순간 그는 몸을 아끼지 않고 선두에 나섭니다. 리더십 전문가 존 맥스웰은 이런 말을 합니다. "염세주의자는 바람에 대하여 불평하고 낙관주의자는 바람의 방향이 바뀌기만을 기대한다. 그러나 용기 있는 지도자는 배의 닻을 조절한다." 리더십에서는 그런 사람을 주도적 인간(Pro-active Person) 이라고 말합니다. 갈렙은 그런 사람이었습니다.

갈렙은 평소에는 조용히 숨어서 여호수아를 도왔습니다. 그러나 이스라엘 백성 다수가 모세와 아론의 리더십을 거부하고 새 지도자를 세워 애굽으로 돌아가자고 반역의 목소리를 높이자 갈렙은 여호수아와 더불어 전면에 나서서 옷을 찢으며 여호와를 거역하지 말자고 외칩니다. 민14:10에 보면 "온 회중이 그들을 돌로 치려 하는데..."라고 기록합니다. 그들은 목숨을 걸었던 것입니다. 정말 용기 있는 사람이 아닙니까? 이런 갈렙의 용기는 그의 인생의 말년에 더욱 빛나고 있습니다. 이제 가나안 약속의 땅 정복 전쟁을 앞두고 갈렙이 다시 나섭니다. 이때 그의 나이 85세였습니다. 수14:11-12의 말씀입니다. "모세가 나를 보내던 날과 같이 오늘도 내가 여전히 강건하니 내 힘이 그때나 지금이나 같아서 싸움에나 출입에 감당할 수 있으니 그 날에 여호와께서 말씀하신 이 산지를 지금 내게 주소서 당신도 그 날에 들으셨거니와 그 곳에는 아낙 사람이 있고 그 성읍들은 크고 견고할지라도 여호와께서 나와 함께 하시면 내가 여호와께서 말씀하신 대로 그들을 쫓아내리이다." 이것이 진정한 용기가 아닙니까?

용기를 영어로 courage라고 합니다. 그런데 이 단어에 앞에 en-을 더하면 encourage, 격려한다는 뜻이 되고 dis-를 붙이면 discourage, 낙심하게 한다는 뜻이 됩니다. 우리 주변에는 항상 용기를 불어넣는(en) 격려자들이 있는가 하면 용기를 빼앗아가는(dis) 낙심자들이 있습니다. 갈렙은 한 시대의 백성들의 격려자로 서서 백성들의 광야의 전진을 도왔습니다. 저도 지난 목회를 회상해 보면 목회의 힘을 빼앗아가는 낙심자들이 있었는가 하면 격려자들도 있었습니다. 당신은 격려자로 기억되기를 원하십니까? 아니면 낙심자로 기억되기를 원하십니까? 하나님은 본문에서 말씀하십니다. 내 종 갈렙처럼 우리가 용기의 사람, 격려의 사람이 되기를 원하신다고 말씀하십니다.

3. 충성의 사람입니다.

본문 24절을 다시 읽습니다. "그러나 내 종 갈렙은 그 마음이 그들과 달라서 나를 온전히 따랐은즉 그가 갔던 땅으로 내가 그를 인도하여 들이리니 그의 자손이 그 땅을 차지하리라" 여기 갈렙의 마음이 그들과 달랐다는 말이 원문에는 그들과는 다른 영이 그와 있었다는 말로 되어 있습니다. 당시 백성들의 마음에는 반역의 영이 있었습니다. 그러나 갈렙에게는 충성의 영이 그를 가득 채우고 있었다는 말입니다. 그래서 그는 온전한 마음, 충만한 마음으로 하나님을 따를 수 있었다는 말입니다. 어떤 영어번역에는 'whole heart'라는 말로 번역하고 있습니다. 나누어지지 않은 온전하고 충성된 마음으로 갈렙은 하나님을 따른 사람이었습니다. 그래서 하나님은 기쁜 마음으로 갈렙을 '내 종, my servant'이라고 부르실 수 있었습니다. 갈렙이야말로 신약적인 언어로 착하고 충성된 종이었던 것입니다. 오늘 여러분과 저는 하나님 보시기에 얼마나 충성된 종으로 살고 있는 것일까요? 우리의 몸은 교회당에 나와 앉아 있지만 다른 영,

사탄의 영으로 가득 차 있는 것은 아닙니까? 정말 우리는 하나님의 영으로 충만하여 하나님을 온전한 마음으로 따르고 섬기고 있는 것일까요? 우리가 이런 갈렙 같은 사람으로 살기 위해 세 가지 레슨을 마음에 새길 필요가 있습니다.

1) 화려한 주연보다 성실한 조연이 되기를 사모해야 합니다.
갈렙의 시대에 주연은 여호수아였습니다. 그러나 갈렙은 그것을 질투하지 않았고 자기의 역할에만 충성되이 살았습니다. 유명한 지휘자 레너드 번스타인에게 가장 연주하기 어려운 악기가 무엇이냐는 질문을 했을 때 그는 '제2바이올린(The Second Violin)'이라고 대답했다고 합니다. 제1바이올린(The First Violin) 주자는 얼마든지 찾을 수 있는데 제2바이올린 주자를 찾기가 정말 어렵다는 것입니다. 그런데 제2바이올린 없이는 결코 음의 조화를 이룰 수는 없다고 말했다고 합니다. 갈렙은 위대한 제2바이올린 주자였던 것입니다.

2) 사람의 인정보다 하나님의 상급만 기대하고 살 줄 알아야 합니다.
우리는 갈렙이 믿음의 사람인 것을 강조했습니다. 그러나 그의 믿음은 사람 앞에 받는 인정이 아닌 오직 하나님을 기쁘시게 하고자 한 것입니다. 히11:6을 기억하십니까? "믿음이 없이는 하나님을 기쁘시게 하지 못하나니 하나님께 나아가는 자는 반드시 그가 계신 것과 또한 그가 자기를 찾는 자들에게 상 주시는 이심을 믿어야 할지니라." 그래서 갈렙은 오랜 세월 그의 충성이 사람들의 박수로 나타나지 않아도 불평 없이 그의 길을 묵묵히 걸어간 사람이었습니다.

3) 내 노력의 보상이 당장 주어지지 않아도 불평하지 않고 기다릴 줄 알아야 합니다.

본문에 등장하는 갈렙은 40대의 사람이었습니다. 그러나 그의 믿음과 노력이 보상받고 기업의 땅을 상급으로 누리게 되는 것은 45년 후의 일이었습니다. 그는 거의 45년간 제2인자로 묵묵하게 자기의 과업에 충성하며 때를 기다렸습니다. 이것이 바로 갈렙의 충성된 삶이었습니다. 갈6:9의 말씀을 기억하십니까? "우리가 선을 행하되 낙심하지 말지니 포기하지 아니하면 때가 이르매 거두리라." 갈렙은 믿었고 믿음으로 낙심하지 않고 때를 기다려 마침내 상급을 누리게 되었습니다. 오늘처럼 충성의 미덕이 실종된 때에 주님은 묻습니다. "누가 내 종 갈렙처럼 살겠느냐?"

Chapter **18**
광야 위기의 처방

● 민 15:32-41

32 이스라엘 자손이 광야에 거류할 때에 안식일에 어떤 사람이 나무하는 것을 발견한지라 33 그 나무하는 자를 발견한 자들이 그를 모세와 아론과 온 회중 앞으로 끌어왔으나 34 어떻게 처치할는지 지시하심을 받지 못한 고로 가두었더니 35 여호와께서 모세에게 이르시되 그 사람을 반드시 죽일지니 온 회중이 진영 밖에서 돌로 그를 칠지니라 36 온 회중이 곧 그를 진영 밖으로 끌어내고 돌로 그를 쳐죽여서 여호와께서 모세에게 명령하신 대로 하니라 37 여호와께서 모세에게 말씀하여 이르시되 38 이스라엘 자손에게 명령하여 대대로 그들의 옷단 귀에 술을 만들고 청색 끈을 그 귀의 술에 더하라 39 이 술은 너희가 보고 여호와의 모든 계명을 기억하여 준행하고 너희를 방종하게 하는 자신의 마음과 눈의 욕심을 따라 음행하지 않게 하기 위함이라 40 그리하여 너희가 내 모든 계명을 기억하고 행하면 너희의 하나님 앞에 거룩하리라 41 나는 여호와 너희 하나님이라 나는 너희의 하나님이 되려고 너희를 애굽 땅에서 인도해 내었느니라 나는 여호와 너희의 하나님이니라

Chapter 18
광야 위기의 처방

광야는 숱한 위기가 다가오고 사라지는 곳입니다. 광야는 바로 인생의 훈련의 마당입니다. 그러나 궁극적으로 광야는 약속의 땅의 삶을 준비하는 곳이어야 했습니다. 그래서 이스라엘 백성이 광야의 삶을 이어가는 동안에 약속의 땅에서의 삶을 훈련하시고자 민수기 15장에서는 약속의 땅에서의 제사 제도를 익히게 하십니다. 민15:2-3의 말씀을 보십시오. "이스라엘 자손에게 말하여 그들에게 이르라 너희는 내가 주어 살게 할 땅에 들어가서 여호와께 화제나 번제나 서원을 갚는 제사나 낙헌제나 정한 절기제에 소나 양을 여호와께 향기롭게 드릴 때에." 모든 구약의 제사의 목적은 하나님과 바른 관계를 맺고 하나님을 기쁘시게 함에 있었습니다. 그리고 하나님과 바른 관계를 맺기 위해서는 하나님과 우리 사이에 벽이 될 수 있는 죄 문제를 처리해야 했습니다. 그래서 민15:22이하에는 특별히 부지중에 범하는 죄와 고의로 범하는 죄 문제의 처방을 다루고 있습니다.

예컨대 24절에 "회중이 부지중에 범죄하였거든 온 회중은 수송아지 한 마리를 여호와께 향기로운 화제로 드리고." 이것은 주로 공동체가 부지중에 범하는 죄를 다루고 있는 말씀입니다. 이어서 개인적으로 부지중에 범하는 죄 문제에 대하여는 27절에 "만일 한 사람이 부지중에 범죄하면 일 년 된 암염소로 속죄제를 드릴 것이요"라고 기록합니다. 다음 28절에서 이런 속죄의 제사가 드려진 후, 제사장에 의한 속죄가 선포되게 하십니다. 그러나 부지중에 범한 죄가 아닌 고의로 범한 죄에 대하여는 좀 더 엄격한 처벌이 선포되었습니다. 30절의 말씀을 보겠습니다. "본토인이든지 타국인이든지 고의로 무엇을 범하면 누구나 여호와를 비방하는 자니 그의 백성 중에서 끊어질 것이라." 랍비들은 이런 고의적 범죄는 그것이 현저하게 하나님의 권위를 훼손하고 공동체에 악한 영향을 끼치는 특별한 범죄를 의미하였다고 해석합니다. 그런 죄를 범한 사람은 부득이 공동체에서 제거할 수밖에 없었다는 것입니다. 신약에 와서 그와 흡사한 것이 '성령 훼방 죄'라고 할 수 있습니다. 마12:31을 보십시오. "그러므로 내가 너희에게 이르노니 사람에 대한 모든 죄와 모독은 사하심을 얻되 성령을 모독하는 것은 사하심을 얻지 못하겠고." 그것은 성령의 권면과 감동을 고의적으로 끝까지 거절하고 그리스도를 받아들이지 않는 죄와 같은 것입니다. 그런데 본문 민15:32 이하에는 안식일에 나무를 하다가 죽임을 당한 사람의 사건이 고의적 범죄의 케이스로 언급됩니다. 그리고 이어서 옷단 귀에 술을 달고 청색 끈을 매달도록 명령하십니다. 왜 이 두 사건이 광야의 행진에서 그렇게 중요했을까요?

이 두 사건은 역설적으로 광야의 위기에 대처하는 두 가지 처방을 가르친다는 것을 주목해야 합니다. 광야의 위기에 대처하는 두 가지 처방은 무엇인가요?

1. 안식일 지킴입니다.

본문이 시작되는 32절에 보면 "이스라엘 자손이 광야에 거류할 때에 안식일에 어떤 사람이 나무하는 것을 발견한지라"라고 기록합니다. 이스라엘 백성이 시내 산에서 일 년 가까이 거하는 동안 그들은 모세를 통해 이미 십계명을 받았고 안식일의 계명을 숙지하고 있었습니다. 그럼에도 불구하고 시내 산을 떠난 지 오래되지 않아 광야에서 안식일 계명을 파기하는 사건이 일어난 것입니다. 인구 200백만의 거대한 집단이 광야를 이동하면서 약속의 땅으로 가기 위해서는 무엇보다 그들이 하나님의 율법을 철저히 지키는 훈련이 요청되고 있었던 것입니다. 그렇지 않고 마음대로 일하고 마음대로 쉬면서 이들의 광야 이동을 통제하는 것이 가능했겠습니까? 그래서 오늘의 우리의 판단으로는 이해하기 어려운 처벌이 시행되고 있었던 것입니다. 지금 신약시대를 살아가는 우리는 더 이상 구약의 율법에 속박될 필요가 없는 사람들입니다. 롬6:14을 보십시오. "죄가 너희를 주장하지 못하리니 이는 너희가 법 아래에 있지 아니하고 은혜 아래에 있음이라." 따라서 토요 안식일 지킴이라든지 안식일의 시행세칙과 처벌에 얽매일 필요가 없습니다. 그러나 안식일의 정신만은 지금의 우리에게도 여전히 소중한 것입니다.

지금의 우리도 안식 없이 인생의 광야를 여행할 수는 없습니다. 기독교 명문 대학 휘튼대에서 가르치시던 라이켄(Ryken)박사는 성경의 안식일 정신을 현대의 우리가 이해하기 좋은 3R이란 단어로 설명해 주었습니다.

1) 과거를 돌아봄(Reflection)입니다.

6일 동안 만물을 창조하신 하나님이 제7일에 안식하시면서 우리에게도 안식을 명하신 이유...지금까지 살아온 시간을 잘 돌아보고 평가하라는 것입니다. 창세기 1장에 보면 하루하루의 창조가 끝날 때마다 하나님은 '보시기에 좋았더라'고 하십니다. 지나간 시간의 성취를 돌아보며 감사와 기쁨을 표현하는 것입니다. 사실 우리는 너무 분주하게 살아가는 나머지 우리가 이룩한 성취조차 되돌아보고 기뻐하고 즐거워할 여유도 없이 인생을 살고 있는 것이 아닙니까?

지구촌교회가 블레싱 전도 주일이 되면 부르는 복음성가 중에 이율구 작사/작곡인 〈세상을 사는 지혜〉란 찬양이 있습니다. 가사가 우리의 생각을 자극합니다. "하늘을 볼 겨를도 없이 정신없이 세상을 살다가 마음의 먹먹함이 내 삶을 짓누를 때 그제서야 주님을 찾습니다/ 행복을 느낄 겨를도 없이 분주하게 세상을 살다가 인생의 허무함이 내 삶을 짓누를 때 그제서야 주님을 찾습니다...” 그래서 안식의 시간이 우리에게 필요한 것입니다. 우리가 살아온 인생을 돌아보기 위해서 말입니다.

2) 현재를 새롭게 하기(Refreshment) 위함입니다.

안식이 제공하는 또 하나의 유익은 우리의 현재를 행복하게 한다는 것입니다. 창2:3에 보면 “하나님이 그 일곱째 날을 복되게 하사 거룩하게 하셨으니 이는 하나님이 그 창조하시며 만드시던 모든 일을 마치시고 그 날에 안식하셨음이니라.” 여기 일곱째 날 곧 안식일의 특별한 목적이 계시되어 있습니다. 그것은 거룩을 추구하는 날이어야 한다는 것입니다. 유대인들은 안식일에 요리를 포함한 일체의 노동을 그치고 쉽니다. 유일하게 허락되는 것이 회당에 걸어가서(안식일 도보 허용거리=2000규빗, 약1km) 예배를 드리는 일입니다. 예배는 바로 영혼의 거룩을 도모하는 일이기 때문입니다. 그렇게 함으로써 그들의 영혼의 행복을 누리고자 함입니다. 참되고 진정한 예배는 우리 영혼 깊은 곳에 하나님의 임재를 경험함으로 은혜와 평안을 누리게 하는 것입니다.

출31:17에 보면 “나 여호와가 엿새 동안에 천지를 창조하고 일곱째 날에 일을 마치고 쉬었음이니라”고 기록되어 있습니다. 그런데 이 대목을 영어 KJV은 “He rested and was refreshed"(쉼으로 새로워지셨다)고 번역하고 있습니다. 하나님도 쉬심으로 새로워지셨다는 것입니다. 여기 영어로 refreshed라는 단어가 등장합니다. 우리가 세미나를 하게 되면 강의와 강의 중간에 잠깐의 휴식 시간을 갖게 되고 그때 간단한 다과 테이블이 준비되는데 서구에서는 이런 테이블을 Refreshment Table이라고 부르기도 합니다. 휴식은 육체와 영혼을 새롭게 하는 것입니다. 만일 이런 휴식 혹은 안식 없이 지속되는 광야의 행군은 결국 이스라엘 백성의 가나안 여정을 실패로 만들 수 밖에 없었을 것입니다. 그래서 안식은 행군의 여정에서도 절대적으로 필요한 과정이었습니다.

3) 미래를 새롭게 창조하기 위함(Recreation)입니다.

만일 안식일의 목적이 단순한 안식만이었다면 창세기 2장에서 하나님이 모든 일을 쉬시고 안식하셨다는 선언으로 끝났어야 했을 것입니다(창2:1-3) 그런데 안식일 이후 성경은 다시 하나님이 첫 사람 아담과 하와를 에덴동산에 두셨다고 기록합니다. 그리고 창2:15에 "여호와 하나님이 그 사람을 이끌어 에덴동산에 두어 그것을 경작하며 지키게 하시고"라고 기록합니다. 경작을 영어로 cultivation이라고 합니다. 거기서 culture(문화)라는 단어도 나옵니다. 즉 안식일 이후 첫 사람은 다시 문화 활동을 시작합니다. 안식은 그에게 문화 활동에 대한 생각과 비전을 얻게 한 것입니다. 곧 새로운 다시 창조(re+creation)의 비전을 얻게 한 것입니다. 그래서 한 주간의 구조는 월요일에서 금요일 또는 토요일까지 일하고 일요일에 쉼의 날을 맞는 것이 아니라, 성경적으로 말하면 먼저 안식하고 다음 일을 시작하는 것입니다. 아담의 첫날은 안식일이었습니다. 그 안식의 힘으로 그는 인생의 삶을 시작한 것입니다.

그러므로 오늘 우리의 문화의 빈곤은 충분히 잘 쉬지 못한 데서 기인하는 것입니다. 우리는 쉬는 것도 배워야 합니다. 예수님은 "수고하고 무거운 짐 진 자들아 다 내게로 오라 내가 너희를 쉬게 하리라...나의 멍에를 메고 내게 배우라 그리하면 너희 마음이 쉼을 얻으리니"(마11:28-29)라고 말씀하십니다. 이 안식을 배우지 못하면 이스라엘 민족의 미래가 없다고 판단하신 하나님이 시내 산 이후 안식일에 나무 노동을 함으로 안식의 법을 어긴 것을 엄격하게 징계하신 것으로 보아야 합니다,

2. 말씀 묵상과 준행입니다.

본문 민15:37-41까지의 말씀에서 하나님은 모세를 통하여 이스라엘 옷단 귀에 술을 다는 규례에 대하여 명하십니다. 유대인들은 옷을 우리 몸의 연장선상에서 이해합니다. 그런데 우리가 입는 옷 네 모퉁이에 실로 짠 술(tassel)을 만들고 다시 거기에 청색 끈을 매달아 두라는 것입니다. 청색은 유대인들에게 언제나 예외 없이 하늘을 가르치는 것입니다. 옷의 사방에 태슬을

달고 청색 끈으로 장식하라는 것은 우리의 존재가 하늘의 은혜에 의존하고 있다는 것을 의미합니다. 그리고 그 은혜의 통로가 바로 하나님의 말씀이라는 것입니다. 광야를 여행하면서도 잊지 말 것은 이 말씀을 묵상하고 준행해야 한다는 것입니다. 본문 38-39절의 말씀을 보십시오. "이스라엘 자손에게 명령하여 대대로 그들의 옷단 귀에 술을 만들고 청색 끈을 그 귀의 술에 더하라 이 술은 너희가 보고 여호와의 모든 계명을 기억하여 준행하고 너희를 방종하게 하는 자신의 마음과 눈의 욕심을 따라 음행하지 않게 하기 위함이라."

그리고 이런 말씀에 대한 준행이야말로 우리가 하나님에게 속한 자임을 드러내는 표지가 될 것이라고 말씀하십니다. 본문의 마지막 41절을 보십시오. "나는 여호와 너희 하나님이라 나는 너희의 하나님이 되려고 너희를 애굽 땅에서 인도해 내었느니라 나는 여호와 너희의 하나님이니라." 이스라엘이 애굽에서 나온 목적이 단순히 가나안 약속의 땅에만 들어가는 것이 아니라, 그들의 광야의 행진을 통해 하나님의 말씀을 순종하는 것을 배워 그들의 하나님의 백성임을 증명해 내야 한다는 것입니다. 그러므로 광야의 한 걸음 한 걸음이 하나님의 백성으로 연단되고 훈련되는 시간이 되어야 한다는 것입니다. 그 과정에서 그들의 옷단에 매어 있는 술을 만질 때마다 그리고 청색 끈을 볼 때마다 그들은 하나님의 백성다운 백성으로 전진해 갈 수 있어야 한다는 것입니다. 그런 은혜의 방편이 바로 하나님의 토라, 말씀인 것입니다. 그러므로 말씀 묵상과 준행은 광야 길의 거룩한 과업이어야 했던 것입니다.

신약시대에도 이런 하나님의 기대는 변치 않습니다. 계1:3의 말씀을 다시 연상시켜 드립니다. "이 예언의 말씀을 읽는 자와 듣는 자와 그 가운데에 기록한 것을 지키는 자는 복이 있나니 때가 가까움이라." 여기 하나님의 백성의 복을 누리기 위한 필수적인 영적 습관이 있어야 한다는 것입니다. 첫째가 말씀을 규칙적으로 읽는 것(Lectio Divina, 거룩한 독서), 둘째가 말씀을 듣는 것입니다. 듣기 위해 묵상해야 합니다. 묵상을 통해 우리는 지금 우리에게 말씀하시는 음성을 듣습니다. 그리고 마지막으로 그 말씀을 지켜 순종함으로 하나님의 복을 드러내는 사람이어야 합니다. 이 거룩한 습관으로 광야의 위기를 극복하고 전진하는 우리가 되시기를 축복합니다.

하나님의 사람들의
중보기도

• 민 16:1-3

1 레위의 증손 고핫의 손자 이스할의 아들 고라와 르우벤 자손 엘리압의 아들 다단과 아비람과 벨렛의 아들 온이 당을 짓고 **2** 이스라엘 자손 총회에서 택함을 받은 자 곧 회중 가운데에서 이름 있는 지휘관 이백오십 명과 함께 일어나서 모세를 거스르니라 **3** 그들이 모여서 모세와 아론을 거슬러 그들에게 이르되 너희가 분수에 지나도다 회중이 다 각각 거룩하고 여호와께서도 그들 중에 계시거늘 너희가 어찌하여 여호와의 총회 위에 스스로 높이느냐

• 민 16:41-50

41 이튿날 이스라엘 자손의 온 회중이 모세와 아론을 원망하여 이르되 너희가 여호와의 백성을 죽였도다 하고 **42** 회중이 모여 모세와 아론을 칠 때에 회막을 바라본즉 구름이 회막을 덮었고 여호와의 영광이 나타났더라 **43** 모세와 아론이 회막 앞에 이르매 **44** 여호와께서 모세에게 말씀하여 이르시되 **45** 너희는 이 회중에게서 떠나라 내가 순식간에 그들을 멸하려 하노라 하시매 그 두 사람이 엎드리니라 **46** 이에 모세가 아론에게 이르되 너는 향로를 가져다가 제단의 불을 그것에 담고 그 위에 향을 피워 가지고 급히 회중에게로 가서 그들을 위하여 속죄하라 여호와께서 진노하셨으므로 염병이 시작되었음이니라 **47** 아론이 모세의 명령을 따라 향로를 가지고 회중에게로 달려간즉 백성 중에 염병이 시작되었는지라 이에 백성을 위하여 속죄하고 **48** 죽은 자와 산 자 사이에 섰을 때에 염병이 그치니라 **49** 고라의 일로 죽은 자 외에 염병에 죽은 자가 만 사천칠백 명이었더라 **50** 염병이 그치매 아론이 회막 문 모세에게로 돌아오니라

Chapter 19
하나님의 사람들의 중보기도

기독교의 역사는 중보기도의 역사라고 해도 지나친 말이 아닙니다. 중보기도자의 존재로 인해 역사적 과오들은 극복되고 하나님 나라의 역사는 하나님의 사람들을 통해 지속될 수 있었습니다. 아마도 기독교 역사의 페이지에 중보기도의 사람으로 가장 많이 알려진 인물이 있다면 영국의 웨일즈 성경대학장을 지낸 리즈 하월즈(Rees Howells)일 것입니다. 그의 생애를 소개하는 《성령의 사람 리즈 하월즈의 중보기도》라는 책이 있습니다. 19세기 중반이후 영국이 자유주의 신학과 진화론의 등장으로 많은 사람들이 교회를 떠나고 교회가 흔들리고 있었을 때 1904년 웨일즈 대부흥을 통해 영적 대각성을 주셨습니다. 이 부흥의 영향을 받은 지도자의 한 사람이 리즈 하월즈였습니다. 1924년 그는 미국 무디 신학교를 방문한 후 받은 영향으로 영적 부흥의 진원지가 될 웨일즈 성경대학을 시작합니다. 제2차 세계 대전이 발발하고(1939.9.1) 이어 1939년 9월 3일 영국과 독일 사이에 선전포고가 내려지기 직전에 하나님은 리즈에게 전쟁의 피해에서 영국을 보호해 주시도록 기도할 부담을 주셨습니다. 그는 전쟁의 흉흉한 소식에도 불구하고 학생들에게 만민에게 복음이 전파되게 하실 것과 독일의 히틀러의 야망을 막고 영국을 지켜 주시도록 기도하자고 호소하기 시작합니다.

리즈 하월즈는 그때부터 학교 차원에서 매일 저녁 7시부터 자정까지 중간에 잠깐 저녁식사 시간을 제외하고 하루도 거르지 않고 중보기도를 시작합니다. 또한 매일 아침 1시간씩 기도하였습니다. 나치 독일의 영국 본토 공습이 시작되자 낮에도 자주 기도 모임을 갖게 하였습니다. 나치의 진격소식을 들으며 기도회를 인도하는 리즈 하월즈의 기도 지침이 날짜에 따라 기록된 노트가 남겨졌습니다. 1940년 5월 16일부터 리즈의 메시지가 이렇게 기록되고 있습니다. "어제 네덜란드가 나치에 굴복했습니다. 이제 우리는 오직 하나님만을 바라보아야 합니다." 5월 17일 "적이 아무리 가까이 온다 해도 성령의 능력은 적보다 강하다는 것을 우리는 믿어야 합니다. 싸우는 것은 우리가 아니라 하나님이십니다."...5월 26일은 영국 전체의 기도의 날이었습니다. 처칠 경이 웨스트민스터 사원에서 국가적으로 중보기도를 갖자고 제안하는 연설을 합니다.

그 다음 날 5월 27일 리즈는 이렇게 말하고 기도를 다시 독려합니다. "우리의 중보기도와 믿음이 있기에 주님은 놀라운 역사를 행하실 수 있습니다. 우리 국민은 기도에 응답하시는 하나님을 경험하게 될 것입니다." 5월 28일 리즈는 하나님이 덩케르크(영국과 연합군의 철수작전, 대 반격의 기초를 제공)에 개입하시어 젊은이들의 생명을 지켜달라고 간절히 기도합니다. 그리고 5월 29일 덩케르크에서 철수작전이 성공적으로 이루어졌습니다. 이 날 리즈는 다시 이렇게 말합니다. "우리의 중보기도에 응답하시는 하나님을 믿어야 합니다. 전쟁은 성령님에게 속한 것입니다..." 그리고 일기는 다시 9월 7일 부터의 상황으로 이어집니다. "잦은 공습으로 마음이 흔들리십니까? 우리가 지옥에서 구원받은 것을 믿을 수 있다면 이 공습에서도 구원받을 것을 왜 믿지 못하십니까?" 9월 8일 다시 전국 기도의 날이 선포되었습니다. 리즈는 이렇게 말합니다. "여기 있는 우리부터 기도의 승리를 확신할 수 없다면 어떻게 전쟁에서 승리를 확신할 수 있겠습니까? 이제부터 성령께서 이 전쟁을 지휘해 주실 것을 믿읍시다. 이제 우리가 온전히 믿고 있는지를 살펴보고 기도해야 합니다."

오늘의 본문에는 광야를 행군하는 이스라엘 진영에 가장 큰 위기가 도래했습니다. 또다시 모세와 아론으로 대표되는 리더십에 대한 대규모의 반역사건이 일어난 것입니다. 무려 250명 이상이 연루된 반역이었습니다. 민수기 16장이 열리면서 이 반역의 주동자들이 기록되고 있습니다. 고라는 레위의 후손으로 모세와 아론과 동일한 지파에 속했지만 왜 모세와 아론만 대표가 되고 나는 열외가 되어야 하는가? 라는 마음에서 반역이 시작된 것으로 보입니다. 다음으로 다단, 온 등은 르우벤의 자손으로 야곱의 장자에 속했지만 "당을 짓고"(1절) 반역에 가담합니다. 그리고 회중 가운데 무려 이백오십 명의 인도자들이 이 반역의 영에 지배를 받게 된 것입니다.(2절) 본질적으로 그것은 더 큰 지위와 권력에 대한 욕망이었던 것입니다. 민16:3에 보면 이들이 모세와 아론에게 "너희가 어찌하여 여호와의 총회 위에 스스로 높이느냐"고 말합니다. 그들은 하나님이 모세와 아론을 높이시고 지도자로 세우신 것을 수용할 수 없었던 것입니다. 그리고 반역 사건을 일으켰고 결국 그들 모두는 하나님에 의해 심판을 받습니다. 그들 모두는 모세와 아론에 대해 반역한 것이 아니라 모세와 아론을 세우신 하나님에게 반역한 것입니다. 그러나 하나님의 심판이 이스라엘 온 회중을 향하는 것을 본 지도자 모세와 대제사장 아론이 중보자로 등장하여 하나님에게 중보하는 것입니다. 본문 44-45절을 보십시오. "여호와께서 모세에게 말씀하여 이르시되 너희는 이 회중에게서 떠나라 내가 순식간에 그들을 멸하려 하노라 하시매 그 두 사람이 엎드리니라." 이스라엘 민족의 파멸이란 절대절명의 위기가 도래한 것입니다.

이 때 하나님 앞에 나아와 중보기도하는 모세와 아론을 통해 하나님은 이스라엘 민족에게 또 한 번의 기회를 주십니다. 우리는 여기 민족을 살린 하나님의 사람의 중보기도를 통해 중보기도자는 정말 누구인가? 라는 질문을 던지고자 합니다.

1. 회중을 인해 엎드리는 사람입니다.

여기 45절에 본 것처럼 이런 역사적 위기 앞에서 두 사람 모세와 아론은 엎드립니다. "두 사람이 엎드리니라." 이 때 처음 엎드린 것은 아닙니다. 고라와 일당들의 반역이 시작되고 두 사람을 향한 고발의 목소리를 듣자 모세는 어떻게 했습니까? 4절을 보십시오. "모세가 듣고 엎드렸다가." 이들은 자신을 변호하지도 않았고 상대들을 공격하지도 않았습니다. 일단 엎드린 것입니다. 이 엎드림은 우선 하나님 앞에 그들의 리더십을 반성하는 엎드림이었을 것입니다. 그리고 하늘의 지혜를 구하는 엎드림이었습니다. 그리고 45절의 엎드림은 이제 하나님의 긍휼을 구하기 위한 엎드림이었습니다. 하늘의 자비를 구하기 위한 엎드림이었습니다. 중보기도자는 이렇게 하나님 앞에 사람 앞에 엎드리는 사람입니다. 엎드리는 기도만이 해결임을 믿기 때문입니다. 시시비비를 가리고자 하는 인간적 방편으로 신앙 공동체가 문제의 해결을 가져온 사례는 거의 존재하지 않습니다. 누가 옳은가를 따지기 위한 설전으로 신앙 공동체가 유익을 초래한 사례를 저는 알지 못합니다. 신앙 공동체의 문제 해결의 최선의 방법은 언제나 엎드려 중보하는 일입니다. 리즈 하월즈는 이런 말을 남겼습니다. "그리스도의 몸이 상처를 입는다는 것은 언제나 가장 가슴 아픈 일이다. 그러나 그 상처를 통하여 우

리는 낮아져 그분의 발 앞에 엎드리게 된다." 우리 공동체 안에
도 이런 중보기도자들이 더 많이 일어나기를 기도합니다. 지구
촌교회는 초창기부터 중보기도 사역을 중시한 공동체입니다.
그런 교회답게 중보기도로 오늘의 어려움을 극복하고 미래를
열어가기를 축복합니다.

2. 회중을 대신하여 속죄 받는 사람입니다.

중보기도자는 공동체의 죄와 악을 짊어지고 대신 속죄의 제
사를 드리는 사람입니다. 우리가 하나님 앞에 죄와 악을 범했을
때 해답은 언제나 심판 받거나 용서 받는 것 둘 중의 하나입니
다. 이미 고라 당의 반역에서 용서의 기회를 얻지 못한 수많은
사람들이 심판의 대상이 되어야 했습니다. 본문 49절을 보십시
오. "고라의 일로 죽은 자 외에 염병에 죽은 자가 만 사천칠백
명이었더라."고 했습니다. 민16:35에 있었던 심판을 보십시오.
"여호와께로부터 불이 나와서 분향하는 이백오십 명을 불살랐
더라." 회개 없이 제사하는 반역자들에게 향로의 불은 용서의
불이 아닌 심판의 불이었습니다. 그러나 이때 더 이상의 희생이
없도록 모세는 아론에게 청합니다. 본문 46절을 보시기 바랍니
다. "이에 모세가 아론에게 이르되 너는 향로를 가져다가 제단
의 불을 그것에 담고 그 위에 향을 피워 가지고 급히 회중에게
로 가서 그들을 위하여 속죄하라 여호와께서 진노하셨으므로
염병이 시작되었음이니라." 모든 염병(전염병)이 죄의 심판은 아

닙니다. 그러나 적지 않은 전염병은 인간들의 죄에 대한 심판일 수 있습니다. 그리고 이런 심판을 예방하는 해결책은 속죄입니다. 예수님이야말로 인류의 죄에 대한 속죄의 구세주로 오신 중보자이셨습니다. 그리고 오늘의 예수의 제자들도 우리가 속한 공동체를 대신하여 속죄 받고 중보하는 사람이 될 수 있다는 것은 놀라운 특권입니다. 중보기도자는 누구입니까? 공동체의 회중을 대신하여 속죄 받는 사람입니다. 이런 중보기도자가 얼마나 필요한지요?

3. 죽은 자와 산 자 사이에 서는 사람입니다.

아론의 향로는 대제사장 전용의 유일한 금향로로 속죄일에는 그가 이것을 가지고 지성소에 들어갔습니다. 염병으로 죽어야 할 사람들을 속죄하고 구원하기 위함이었습니다. 이미 죽은 자는 할 수 없지만 산 자들을 구원하여 죽은 자들의 자리에 있어야 할 사역을 지속하기 위해서였습니다. 그래서 대제사장 아론은 죽은 자와 산 자 사이에 서게 된 것입니다. 그의 중보기도가 시작되자 염병은 그칩니다.(48절, 죽은 자와 산 자 사이에 섰을 때에 염병이 그치니라) 여기 아론의 모습은 영원하시고 완전하신 큰 대제사장이신 예수님의 모습을 보여주지 않습니까? 십자가에 매달려 한 번으로 영원한 속죄의 제사를 드리시고 그를 믿어 구원받는 자와 믿지 않고 멸망할 사람 사이에 서 계신 자가 되신 것입니다. 중보자는 바로 죽은 자와 산 자 사이에 서 있는 자입니다. 오늘의 중보기도자들도 주님을 신뢰하지 못하고 죽은 수많은 사람들과 그것을 경고삼아 이제라도 그분 앞에 나아와야 할 산 자 사이에 서서 중보의 향을 피우는 사람이어야 합니다.

지금 우리에게 이런 중보기도는 얼마나 필요한 사역인지요? 지금 우리의 조국이 이런 중보기도자들을 필요로 하지 않습니까? 아프간을 바라보며 우크라이나를 바라보며 지금 여전히 강대국 러시아, 중국, 일본의 틈새에서 생존전략을 모색해야 하는 우리에게 중보기도 사역은 과연 얼마큼 필요한 것일까요? 우리가 부르는 복음성가의 가사는 바로 이때를 위함이 아닌가요? "우리 함께 기도해 주 앞에 나와 무릎 꿇고 긍휼 베푸시는 주 하늘을 향해 두 손 들고 하늘 문이 열리고 은혜의 빗줄기 이 땅 가득 내리도록"

이미 설교 화두에 소개한 리즈 하월스의 중보기도 사역이야기로 돌아가 보겠습니다. 영국의 수상 처칠 경은 그의 전쟁 회고록에서 1940년 9월 15일을 공중전 결정의 날이라고 말합니다. 거기서 그는 공군 작전 상황실을 찾아갔던 이야기를 하고 있습니다. 그는 아군 공군 중장에게 아군의 예비 부대는 얼마나 되느냐고 물었다고 합니다. 그러나 아군 중장은 "죄송합니다만 예비부대는 더 이상 없습니다"고 대답했다고 합니다. 그런데 5분간의 침묵이 흐른 후, 갑자기 적기들이 후퇴를 하기 시작했다고 합니다. 상황판에서 절대적으로 우세했던 독일군 폭격기와 전투기가 계속 동쪽으로 이동하고 있었다고 합니다. 그 후 10분이 지나자 전쟁 상황은 완전히 끝났다고 합니다. 독일군이 결정적 승리를 앞둔 상황에서 악천후 외에는 갑자기 후퇴한 이유를 설명할 사람은 아무도 없었다고 합니다. 전쟁이 끝난 후 아군 공군 대장 다우딩(Dowding)경은 다음과 같은 의미심장한 말을 남겼다고 합니다. "전쟁의 말미에 어디선가 엄청난 외적 지원이 들어오고 있었다고 느끼고 있었습니다. 그러나 객관적 지원은 전무 했습니다. 나는 특별한 하나님의 개입으로 이 전쟁의 방향을 바꾸는 특별한 사건이 일어났다고 밖에 말할 수 없습니다." 오늘 우리는 그 이유를 알고 있습니다. 그것은 바로 리즈 하월즈와 웨일즈 성경대학에서의 중보자들, 그리고 영국의 수많은 중보기도자들의 기도에 대한 하늘의 응답이었다는 것을 알고 있었다고 말입니다. 그렇다면 이제야말로 우리의 하늘문이 다시 열리도록 우리 모두 중보기도자가 되어 두 손 들고 무릎 꿇어 기도할 때가 아니겠습니까? 저 하늘에서 우리를 향한 의의 빗줄기, 긍휼의 빗줄기가 부어지도록 말입니다.

아론의 싹난
지팡이의 레슨

• 민 17:1-11

1 여호와께서 모세에게 말씀하여 이르시되 **2** 너는 이스라엘 자손에게 말하여 그들 중에서 각 조상의 가문을 따라 지팡이 하나씩을 취하되 곧 그들의 조상의 가문대로 그 모든 지휘관에게서 지팡이 열둘을 취하고 그 사람들의 이름을 각각 그 지팡이에 쓰되 **3** 레위의 지팡이에는 아론의 이름을 쓰라 이는 그들의 조상의 가문의 각 수령이 지팡이 하나씩 있어야 할 것임이니라 **4** 그 지팡이를 회막 안에서 내가 너희와 만나는 곳인 증거궤 앞에 두라 **5** 내가 택한 자의 지팡이에는 싹이 나리니 이것으로 이스라엘 자손이 너희에게 대하여 원망하는 말을 내 앞에서 그치게 하리라 **6** 모세가 이스라엘 자손에게 말하매 그들의 지휘관들이 각 지파대로 지팡이 하나씩을 그에게 주었으니 그 지팡이가 모두 열둘이라 그 중에 아론의 지팡이가 있었더라 **7** 모세가 그 지팡이들을 증거의 장막 안 여호와 앞에 두었더라 **8** 이튿날 모세가 증거의 장막에 들어가 본즉 레위 집을 위하여 낸 아론의 지팡이에 움이 돋고 순이 나고 꽃이 피어서 살구 열매가 열렸더라 **9** 모세가 그 지팡이 전부를 여호와 앞에서 이스라엘 모든 자손에게로 가져오매 그들이 보고 각각 자기 지팡이를 집어들었더라 **10** 여호와께서 또 모세에게 이르시되 아론의 지팡이는 증거궤 앞으로 도로 가져다가 거기 간직하여 반역한 자에 대한 표징이 되게 하여 그들로 내게 대한 원망을 그치고 죽지 않게 할지니라 **11** 모세가 곧 그 같이 하되 여호와께서 자기에게 명령하신 대로 하였더라

Chapter 20
아론의 싹난 지팡이의 레슨

모세와 아론의 리더십에 대한 고라의 반역 사건이 일어나고 1만 5천 명의 죽음의 사건을 경험한 후 생각이 있는 이스라엘 백성들의 마음에 자리 잡은 고민은 참된 리더십이었을 것입니다. 도대체 리더십은 누가 정하는 것인가? 리더십은 운명인가? 선택인가? 복수 리더십 중에 등위는 또 어떻게 정해지는 것이 마땅한 것일까? 한 번 정해진 리더십은 변할 수 없는 것인가? 그리고 하늘이 리더십을 정하는 것이라면 그 리더십은 어떻게 백성들을 위하여 행사되는 것이 정당한 것일까? 아직도 모세와 아론의 리더십에 온전하게 순복하지 못하는 일부 지도자들의 행태를 보시던 하나님은 모세에게 어느 날 각 지파를 대표하는 지팡이(12-13개, 요셉의 두 아들 에브라임과 므낫세를 두 개의 지파로 하면 13개)를 가져다가 성막 안 증거궤(언약궤, 법궤) 앞에 두라고 하십니다. 그 지팡이들은 지도자를 상징하고 있었습니다. 창49:10에 보면 "규가 유다를 떠나지 아니하며 통치자의 지팡이가 그 발 사이에서 떠나지 아니하기를 실로가 오시기까지 이르리니 그에게 모든 백성이 복종하리로다." 여기서 지팡이는 통치자의 통치권을 상징했던 것입니다. 각 지팡이에는 그 지파의 지도자의 이름이 새겨져 있었습니다.

그런데 그 이튿날 모세가 성막 안에 들어가 보니 레위 지파를 대표한 아론의 지팡이에는 싹이 나고 살구꽃(아몬드꽃)이 피고 열매가 있었던 것입니다. 위도 아래도 잘려 있던 죽은 막대기 같았던 아론의 지팡이에 싹이 나고 아몬드의 하얀 꽃이 피고 열매가 매달려 있었던 것입니다. 이것으로 하나님이 대제사장으로서의 아론의 리더십을 인정하시고 그가 하나님이 세우신 지도자임을 선언하신 것입니다. 그리고 다른 모든 지팡이들은 주인 지파에게 돌려주되 싹이 나고 꽃이 피고 열매가 맺힌 아론의 지팡이는 증거궤 앞에 두어 두고두고 하나님이 세우신 리더십의 표지가 되게 하신 것입니다. 이 에피소드는 하나님의 세우심에 대한 반역을 예방하려는 뜻이 있었는가 하면(5절, 원망하는 말을 그치게 하리라) 적극적으로는 열매 맺는 리더십의 본질을 가르치시려는 레슨의 의도가 있었던 것입니다. 그렇다면 오늘 우리 시대를 향한 아론의 리더십의 레슨은 무엇입니까?

1. 기름 부음을 받은 리더십의 존중입니다.

우리가 어떤 사람이 리더로서 하나님의 기름 부음을 받았다고 할 때에 우리는 그들이 평범하고 일반적인 대중과 다른 사람일 것이라는 추측을 하는 경우가 있습니다. 그러나 신약성경이 구약의 대제사장직을 설명하며 이렇게 증언하는 것을 놓치지 마십시오. 히5:2-3입니다. "그가(대제사장) 무식하고 미혹된 자를 능히 용납할 수 있는 것은 자기도 연약에 휩싸여 있음이라 그러므로 백성을 위하여 속죄제를 드림과 같이 또한 자신을 위하여도 드리는 것이 마땅함이라." 그리고 이어서 다음 4절에서 그럼에도 불구하고 그가 대제사장이 될 수 있었던 본질을 이렇게 설명합니다. "이 존귀는 아무도 스스로 취하지 못하고 오직 아론과 같이 하나님의 부르심을 받은 자라야 할 것이니라." 그렇습니다. 전적으로 대제사장들은 자신의 탁월성이나 강점과 상관없이 하나님의 부르심 때문이라는 것입니다. 그들의 아들들이 대제사장 되는 것도 마찬가지입니다. 민3:3 말씀을 다시 보겠습니다. "이는 아론의 아들들의 이름이며 그들은 기름 부음을 받고 거룩하게 구별되어 제사장 직분을 위임 받은 제사장들이라." 그렇습니다. 대제사장의 리더십은 하나님의 부르심, 그리고 하나님의 기름 부으심에 근거하고 있었던 것입니다.

본문에 레위의 지팡이에 아론이란 이름을 쓰게 하신 것, 하나님의 하신 일입니다. 본문 3절을 보겠습니다. "레위의 지팡이에는 아론의 이름을 쓰라 이는 그들의 조상의 가문의 각 수령이 지팡이 하나씩 있어야 할 것임이니라." 지팡이는 리더십을 상징하는 것입니다. 리더를 세우시는 이는 하나님이시고 그 하나님께서 레위 지파의 리더로 아론을 선택하여 그로 제사장의 직분을 감당하게 하셨다는 것입니다. 공동체에는 반드시 지도자가 필요하다는 것을 하나님 자신이 선포하십니다. '각 가문마다 지팡이가 하나씩 있어야 할 것이니라'고 말씀하십니다. 무정부주의나 반공동체주의는 하나님의 뜻이 아닌 것입니다. 고라의 반역 같은 사건이 일어난 광야에서 하나님은 이제는 리더를 더 이상 세우지 않겠다고 말씀하지 아니하시고 여전히 당신이 세우시고 기름 부으신 리더들을 통해 하시고자 하는 일을 지속하고자 하시는 것입니다.

이것이 신약시대를 사는 우리에게는 어떤 의미가 있을까요? 우리가 예수를 그리스도(기름 부음 받은 자, The Anointed One)로 믿는 순간, 우리는 그리스도에 속한 자가 되어 기름 부음을 받은 자가 됩니다. 그래서 우리 모두도 왕 같은 제사장이 되어 다른 연약한 이웃들을 위해 중보하고 그들에게 복음을 전하는 제사장이 된다는 것입니다. 벧전2:9의 말씀을 상기합시다. "그러나 너희는 택하신 족속이요 왕 같은 제사장들이요 거룩한 나라요 그의 소유가 된 백성이니 이는 너희를 어두운 데서 불러 내어 그의 기이한 빛에 들어가게 하신 이의 아름다운 덕을 선포하게 하려 하심이라." 그리하여 바울 사도의 표현을 빌리면 우리도 이제 이방인들에게 복음을 전하여 그들을 하나님에게 제물로 드리는 복음의 제사장 직분을 감당하게 하셨다는 것입니다. 롬15:16의 말씀입니다. "이 은혜는 곧 나로 이방인을 위하여 그리스도 예수의 일꾼이 되어 하나님의 복음의 제사장 직분을 하게 하사 이방인을 제물로 드리는 것이 성령 안에서 거룩하게 되어 받으실 만하게 하려 하심이라." 여기 이 구절에서 주목할 단어는 '은혜'란 말입니다. 우리가 은혜로 제사장이 되었다는 말입니다. 은혜란 받을 자격이 없는 자들에게 베풀어진 사랑이 아니겠습니까? 그래서 은혜 받은 우리가 은혜를 갚기 위해 다시 복음을 들고 이방인들에게 나아가 그들을 하나님 앞으로 인도하는 제사장이 되고자 하는 것입니다.

그러므로 신약시대의 리더십의 지평은 구약에 비교하여 훨씬 더 넓혀진 것입니다. 우리는 이스라엘 백성이 아니어도 좋고 레위 지파라는 가문 출신이 아니어도 상관이 없습니다. 복음의 은혜를 입은 자이면 되는 것입니다. 복음이 우리를 그리스도인이 되게 하고 복음이 우리를 복음의 제사장이 되게 하는 것입니다. 복음의 감격을 가지고 우리가 복음에 빚진 자임을 아는 것으로 족한 것입니다. 바울처럼 '나는 빚진 자'라고 고백할 수 있으면 족한 것입니다. 바울은 로마인들에게 보내는 편지 롬1:1에서 자신의 정체성을 어떻게 고백합니까? "예수 그리스도의 종 바울은 사도로 부르심을 받아 하나님의 복음을 위하여 택정함을 입었으니." 이제 롬1:14를 보십시오. "헬라인이나 야만인이나 지혜 있는 자나 어리석은 자에게 다 내가 빚진 자라." 후일 바울은 하나님이 복음 선포의 공동체인 교회 안에 은혜로 다양한 리더십을 세우신다고 말씀하십니다. 엡4:11에 보면 "그가 어떤 사람은 사도로, 어떤 사람은 선지자로, 어떤 사람은 복음 전하는 자로, 어떤 사람은 목사와 교사로 삼으셨으니"라고 말합니다. 이런 다양한 리더십이 기름 부음을 받고 세워져 당신의 백성들을 그리고 당신의 교회를 세워가는 것입니다. 중요한 것은 이런 리더십이 교회를 잘 세워가도록 주의 백성들이 리더십을 존중하고 따르고 있느냐는 것입니다. 히13:17의 가르침을 기억하십니까? "너희를 인도하는 자들에게 순종하고 복종하라 그들은 너희 영혼을 위하여 경성하기를 자신들이 청산할 자인 것 같이 하느니라 그들로 하여금 즐거움으로 이것을 하게 하고 근심으로 하게 하지 말라 그렇지 않으면 너희에게 유익이 없느니라." 이것이 변함없이 신약시대에도 지속되는 리더십의 레슨입니다.

2. 사람을 살리는 부활의 리더십의 재생산입니다.

본문 8절을 보겠습니다. "이튿날 모세가 증거의 장막에 들어가 본즉 레위 집을 위하여 낸 아론의 지팡이에 움이 돋고 순이 나고 꽃이 피어서 살구 열매가 열렸더라." 살구 열매는 원문대로 하면 아몬드 열매라고 말씀을 드렸습니다. 우리나라에는 봄을 알리는 봄의 전령사가 개나리꽃인 것처럼 이스라엘에서는 아몬드가 봄을 알리는 전령사입니다. 아몬드가 꽃을 피우는 것을 보고 긴 겨울이 지나가고 부활의 봄이 오는 것을 알게 됩니다. 죽어 있던 지팡이에 움이 돋고 순이 나고 꽃이 피고 열매를 맺는 것은 생명을 주시는 부활의 하나님만이 하실 수 있는 일입니다. 그것은 더 나아가 생명을 주시고 부활을 주시는 그리스도의 사역을 예표하는 그림입니다. 요10:10에서의 예수님 자신의 말씀을 상기합시다. "도둑이 오는 것은 도둑질하고 죽이고 멸망시키려는 것뿐이요 내가 온 것은 양으로 생명을 얻게 하고 더 풍성히 얻게 하려는 것이라."

예수 그리스도의 사역을 한마디로 말하면 생명의 리더십, 부활의 리더십인 것입니다. 그는 사람을 살리려고 오셨습니다. 그가 이 땅에 계실 때 그는 대표적으로 죽어 있던 세 사람을 살리십니다. 회당장 야이로의 딸을 살리십니다. 야이로의 딸은 소년 소녀를 대표합니다. 그는 또한 나인성 과부의 아들을 살리십니다. 그는 이 땅의 모든 청년들을 대표합니다. 그리고 그는 또한 나사로를 살리십니다. 그는 모든 이 땅의 장년 세대를 대표합니다. 그가 오시면, 그가 만지시면, 그가 말씀하시면 사람들이 살아납니다. 소년 소녀도 살고 청년도 살아나고 장년도 살아납니다. 노년도 살아납니다. 그를 만나는 모든 사람들이 죽음을 이기고 부활의 새 생명을 경험하게 됩니다. 그것이 바로 예수 그리스도의 부활의 리더십입니다.

우리는 이미 아론의 중보기도로 수많은 죽어야 할 사람들이 죽음 대신에 생명을 얻고 산 것을 보았습니다. 그것이 바로 아론이 할 일입니다. 그것이 바로 아론의 후예 모든 복음의 제사장들이 할 일입니다. 사람들을 살려내는 일입니다. 그것이 바로 오늘의 예수 그리스도의 교회가 할 일입니다. 오늘의 그리스도의 지체들인 우리가 할 일입니다. 요5:25의 말씀을 기억하십니까? "진실로 진실로 너희에게 이르노니 죽은 자들이 하나님의 아들의 음성을 들을 때가 오나니 곧 이 때라 듣는 자는 살아나리라." 지구촌교회가 이번에 제주로 가는 이유, 예수 그리스도의 음성을 들려주려 하는 것입니다. 그의 음성을 듣고 살아나는 사람들을 보기 위해서입니다. 죽은 아몬드 나무에 움이 돋고 순이 나고 꽃이 피고 열매를 맺는 것을 보고자 함인 것입니다. 하나님의 영이 역사하는 부흥이 임하면 때로 한 도시가 주께 돌아오고 수많은 생명들이 함께 부활하는 모습을 보아왔습니다. 우리는 이런 역사가 제주에서 일어나기를 믿고 기도합시다.

아마 최근 세상에서 한 도시가 하나님의 능력으로 변화된 사건으로 가장 널리 알려진 것은 남미 과테말라의 알몰롱가(Almolonga)의 사례일 것입니다. 이 도시는 인구 13,000명의 작은 도시입니다. 하나님의 능력이 임하기 전 이 마을은 두려움과 귀신들과 가난, 우상숭배 그리고 알콜과 범죄가 지배하던 어둠의 도시였습니다. 막시몬이란 우상을 섬기면서 흡연, 음주, 부도덕으로 가득찬 마을이 되었던 곳입니다. 그런데 이런 도시를 변화시키고자 하나님은 1974년에 한 겸손한 목자 리스까하체

(Mariano Riscajache)를 부르셨습니다. 그의 순종, 그의 금식과 기도, 그의 전도로 13,000명의 마을 인구 중 90%가 주님 앞으로 돌아왔습니다. 이전에 4개의 감옥으로도 죄수들을 감당할 수 없던 이 마을에서 마지막 감옥이 1988년 폐쇄되고 이제 감옥들은 결혼식, 피로연 등 커뮤니티 축제의 장으로 바뀌었습니다. 매춘부와 술집들이 없어졌고, 이전의 술집들은 작은 예루살렘, 여호와 이레 같은 기독교 상점들로 리모델링 되었습니다. 이 마을의 농작물들조차 축복을 받아 엄청나게 큰 셀러리, 양배추, 감자, 당근과 무가 과테말라 전역으로 팔리는 부의 창출을 경험하게 되었습니다. 한 도시 전체가 살아나는 기적이 임한 것입니다.

사랑하는 여러분, 이것이야말로 부활의 리더십이 역사한 결과가 아닙니까? 이번 한주 동안 지구촌의 성도들이 제주에서 땀 흘려 섬기고 전도하고 기도하는 동안 이런 기적이 임하도록 함께 중보하지 않으시겠습니까? 위대한 블레싱이 임하도록!

Chapter 21

부정과 정결의 레슨

● 민 19:1-4

1 여호와께서 모세와 아론에게 말씀하여 이르시되 **2** 여호와께서 명령하시는 법의 율례를 이제 이르노니 이스라엘 자손에게 일러서 온전하여 흠이 없고 아직 멍에 메지 아니한 붉은 암송아지를 네게로 끌어오게 하고 **3** 너는 그것을 제사장 엘르아살에게 줄 것이요 그는 그것을 진영 밖으로 끌어내어서 자기 목전에서 잡게 할 것이며 **4** 제사장 엘르아살은 손가락에 그 피를 찍고 그 피를 회막 앞을 향하여 일곱 번 뿌리고

● 민 19:20-22

20 사람이 부정하고도 자신을 정결하게 하지 아니하면 여호와의 성소를 더럽힘이니 그러므로 회중 가운데에서 끊어질 것이니라 그는 정결하게 하는 물로 뿌림을 받지 아니하였은즉 부정하니라 **21** 이는 그들의 영구한 율례니라 정결하게 하는 물을 뿌린 자는 자기의 옷을 빨 것이며 정결하게 하는 물을 만지는 자는 저녁까지 부정할 것이며 **22** 부정한 자가 만진 것은 무엇이든지 부정할 것이며 그것을 만지는 자도 저녁까지 부정하리라

Chapter 21
부정과 정결의 레슨

우리는 지난 3년여에 걸쳐 팬데믹 코로나의 어둠의 시간을 지나왔습니다. 그러나 소위 전염병에 의한 고통은 인류의 역사에서 결코 낯선 것이 아니었음을 먼저 기억해야 합니다. 6세기 중엽 로마 제국에서 발생한 페스트로 도시 인구의 40%가 사망을 맞이했다고 역사는 증언하고 있고, 14세기 중엽에는 4-5년간 유럽 전역에 창궐한 페스트로 유럽인구의 거의 3분의 1이 사망했다고 기록합니다. 그리고 20세기 초 1918년부터 1920년에 소위 스페인 독감으로 무려 5천만 명이 떼죽음을 맞이한 것이 근세사의 증언입니다. 천연두, 페스트, 독감으로 시작된 바이러스는 우리 시대 사스, 메르스에 이어 코로나로 이제 전세계가 함께 고통을 당하는 소위 팬데믹 코로나 전염병 시대로 이어지고 있습니다. 그런데 흥미로운 것은 유럽에서 이런 전염병이 창궐할 때 가장 적게 피해를 입은 것이 유대인들이었다고 합니다. 그래서 역설적으로 유대인들이 이런 병을 퍼트린 민족으로 희생양이 되어 박해를 받았습니다. 그러면 상대적으로 유대인들이 이런 전염병이 창궐할 때 사망자가 적었던 원인은 유대교 혹은 구약성경이 요구한 철저한 정결예식 때문이었다는 것이 오늘날 밝혀지고 있습니다.

본문에 광야를 행진하던 이스라엘 백성들이 거대한 부정의 위협에 직면하면서도 그 위기를 극복할 수 있었던 것은 부정을 정화하는 정결의 신적 처방을 갖고 있었기 때문이었습니다. 본문 21절을 보십시오. "이는 그들의 영구한 율례니라 정결하게 하는 물을 뿌린 자는 자기의 옷을 빨 것이며…" 여기 정결에 대한 영구한 규례를 지닌 복된 백성은 비극 중에도 비극을 극복할 수 있는 신적 처방이 있었기 때문입니다. 그렇다면 오늘의 광야에서 또 다른 팬데믹의 비극과 직면한 오늘의 성도들은 어떻게 오늘의 부정을 극복하고 정결의 은혜를 입고 새 시대로 나아갈 수 있겠습니까? 본문이 가르치는 부정과 정결의 3가지 레슨을 바르게 기억할 필요가 있습니다.

1. 부정은 모든 삶의 영역을 마비시킵니다.

본문에 드러난 부정의 시작은 사체 곧 죽음과의 접촉에서 시작됩니다. 민19:11의 말씀을 보겠습니다. "사람의 시체를 만진 자는 이레 동안 부정하리니" 그런데 당시의 사체는 한둘이 아니었음을 기억해야 합니다. 민수기 16장으로 돌아가 고라의 반역이 초래한 하나님의 심판을 다시 기억합시다. 그리고 민16:49을 다시 읽어보십시오. "고라의 일로 죽은 자 외에 염병에 죽은 자가 만 사천칠백 명이었더라." 그러니까 당시는 죽음이 넘쳐나고 있었던 것입니다. 따라서 어디인들 죽음의 영향을 받지 않는 곳이 있었겠습니까? 마치 코로나 절정의 때에 중국에서 미국에서 사체들이 처치곤란으로 넘쳐나던 그 때를 연상해 보십시오. 한때 우리나라 의무실도 코로나 환자를 감당하지 못했던 그 때를 다시 상기해 봅시다. 그야말로 부정함의 두려움이 모든 삶의 영역을 삼키던 그 때를 기억해 보십시오.

그리고 민수기 본문의 상황에서의 염병 곧 전염병은 분명하게 이스라엘 백성들의 죄의 결과였음을 잊지 말아야 합니다. 그렇다면 이 넘쳐나는 사망은 성경의 경고처럼 "욕심이 잉태한즉 죄를 낳고 죄가 장성한즉 사망을 낳느니라"(약1:15)의 결과일 뿐입니다. 그러니까 그때의 부정은 단순한 위생의 문제가 아니라 죄의 문제였던 것입니다. 권력에 대한 탐욕으로 일어난 거대한 반역은 바로 권력의 욕망을 통제하지 못한 당시 이스라엘에 대한 하나님의 심판이었고 이런 심판은 마침내 광야의 행진을 마비시키고 죽음의 문화에 지배당하는 공동묘지 사회, 공동묘지 공동체를 만들고 있었던 것입니다. 혹시나 오늘의 우리 사회, 우리의 광야 행진이 그런 모습이 아닌가를 우리는 심각하게 돌아 볼 때가 아닌지요? 지금 우리 사회, 우리나라, 우리 공동체가 코로나의 징계를 받으면서도 더럽혀진 우리 자신을 망각하는 불감증에 걸린 것은 아닌지요? 잊지 마십시오. 부정은 마침내 우리의 모든 삶의 영역을 마비시킨다는 것을! 곧 우리의 죄가 우리가 직면한 부정의 본질이며 그 결과로 마비된 우리의 삶의 현장을 직시해야 한다는 사실입니다.

2. 정결 없이 하나님과 사람과의 바른 관계를 기대할 수 없습니다.

본문 20절을 보겠습니다. "사람이 부정하고도 자신을 정결하게 하지 아니하면 여호와의 성소를 더럽힘이니 그러므로 회중 가운데에서 끊어질 것이니라 그는 정결하게 하는 물로 뿌림을 받지 아니하였은즉 부정하니라." 우선 이 말씀은 정결함이 없이는 하나님과 바른 관계를 맺을 수 없다고 가르칩니다. 왜냐하면 우리 하나님이 정결하신 하나님, 거룩하신 하나님이시기 때문입니다. 벧전1:16의 말씀을 기억하십니까? "기록되었으되 내가 거룩하니 너희도 거룩할지어다 하셨느니라." 그런데 신약의 이 말씀은 본래 구약 레위기에서 반복적으로 가르쳐진 말씀을 인용한 것입니다. 레11:44, 19:2, 20:7에서 인용된 것입니다. 그리고 레위기는 바로 민수기와 같은 역사적 배경에서 광야로 나온 이스라엘 백성에게 가르쳐진 말씀입니다. 절대적으로 거룩하고 정결하신 하나님이 어떻게 더럽혀진 부정한 우리와 함께 하실 수 있겠습니까?

이사야 선지자의 경고를 기억하십니까? 사59:1-2의 말씀입니다. "여호와의 손이 짧아 구원하지 못하심도 아니요 귀가 둔

하여 듣지 못하심도 아니라 오직 너희 죄악이 너희와 너희 하나님 사이를 갈라 놓았고 너희 죄가 그의 얼굴을 가리어서 너희에게서 듣지 않으시게 함이니라." 어쩌면 이것이 아직 팬데믹 코로나를 극복하기 위한 우리의 기도가 응답되지 못하고 있는 이유일지도 모릅니다. 그가 우리의 문제를 해결해 주시기 전에 먼저 기대하시는 것, 그분과의 바른 관계입니다. 팔복 중 여섯 번째 복을 기억하십니까? "마음이 청결한 자는 복이 있나니 그들이 하나님을 볼 것임이요."(마5:8) 그러므로 먼저 해결될 문제의 우선순위, 우리 마음에 숨겨진 더러움, 부정함인 것입니다.

그러므로 본문 20절 말씀은 우리가 부정의 문제를 해결하지 아니하고 여호와 앞에 나아감은 결국 거룩한 성소를 더럽히는 것이라고 말씀합니다. 부정의 문제가 해결되지 아니한 우리의 예배, 우리의 기도, 우리의 찬양, 우리의 헌금, 하나님 보시기에 다 가증할 수 있습니다. 그래서 거룩한 성소를 더럽히지 말라고 하십니다. 이런 경고에서 끝나지 않고 더 나아가 이 부정의 문제가 해결되지 않은 사람은 결국 "회중 가운데에서 끊어질 것이니라"고 경고하십니다. 부정의 문제가 해결되지 않으면 하나님과의 바른 관계는 물론 사람과의 바른 관계도 맺을 수 없다는 말입니다. 인간과 인간 사이의 건강한 소통을 방해하는 것도 결국 죄 문제입니다. 두 사람 사이에 욕망이나 시기, 이기심이 작용하고 있다면 어떻게 바람직한 서로의 사랑과 섬김을 기대할 수 있겠습니까? 죄가 결국 공동체를 무너뜨리는 것입니다. 그래서 오늘 하나님은 우리에게 정결의 회복을 무엇보다 요구하십니다. 정결 없이 하나님과 사람과의 바른 관계를 기대할 수 없는 까닭입니다.

3. 정결하기 위해서는 특별한 제물이 필요합니다.

그렇다면 이제 우리가 정결하기 위해 필요한 것은 무엇입니까? 민19:1-10에서 그 해결책을 제시합니다. 한 마디로 그 해답은 '붉은 암송아지의 재'입니다. 붉은 암송아지의 재를 만들어 그 재를 흐르는 물에 타서 부정한 자에게 뿌려 정결하게 하라는 것입니다. 여기 이 암송아지에 대한 규례를 주목하십시오. 우선 2절에 보면 이 암송아지는 '온전하고 흠이 없고 아직 멍에를 메지 아니한 것'이어야 한다고 말씀하십니다. 그리고 다음 3절에 보면 진영 밖으로 끌어내어 잡아야 한다고 말씀하십니다. 여기 송아지가 수송아지가 아닌 암송아지를 제물로 한 것은 생명을 잉태하는 능력이 있기 때문입니다. 지금 이 붉은 암송아지는 죽음의 지배를 받는 인생들을 속죄하기 위한 생명력이 넘쳐나는 제물이어야 했습니다. 그리고 4절에 보면 그 피를 하나님의 임재가 있는 회막을 향하여 일곱 번 뿌립니다. 일곱은 완전수로 온전한 속죄를 선언하는 것입니다. 그리고 불살라 재를 거두게 합니다.

이제 민19:9을 보겠습니다. "이에 정결한 자가 암송아지의 재를 거두어 진영 밖 정한 곳에 둘지니 이것은 이스라엘 자손 회중을 위하여 간직하였다가 부정을 씻는 물을 위해 간직할지니 그것은 속죄제니라." 도대체 이 붉은 암송아지의 상징은 무엇입니까? 이미 짐작하셨겠지만 우리 죄를 짊어지고 성문 밖으로 나아가 십자가에서 흠도 티도 없는 자신의 거룩한 몸을 희생의 제물로 드리신 예수 그리스도가 보이십니까? 민19:17에 보면 '흐르는 물'과 함께 재를 가져다가 그릇에 담으라고 말합니다. 한 주경학자는 여기 흐르는 물을 '살아있는 물'로 번역합니다. 예수 그리스도의 생수가 생각나지 않으십니까? 십자가에서 보혈을 흘리시고 사흘 만에 부활하신 그리스도의 생명 안에서 우리는 이제 용서받고 의롭다 함을 얻고 새 삶을 시작함을 보여주고 있지 않습니까? 이제 히13:11-12의 놀라운 복음에 귀를 기울여 보십시오. "이는 죄를 위한 짐승의 피는 대제사장이 가지고 성소에 들어가고 그 육체는 영문 밖에서 불사름이라 그러므로 예수도 자기 피로써 백성을 거룩하게 하려고 성문 밖에서 고난을 받으셨느니라."

여기에 해답이 있습니다. 인류의 부정함에 대한 유일한 해답입니다. 사64:6의 증언을 상기하십시오. "무릇 우리는 다 부정한 자 같아서 우리의 의는 다 더러운 옷 같으며 우리는 다 잎사귀 같이 시들므로 우리의 죄악이 바람 같이 우리를 몰아가나이다." 그런데 이런 우리에게 어떤 일이 일어났습니까? 고전1:30의 복음을 들으십시오! "너희는 하나님으로부터 나서 그리스도 예수 안에 있고 예수는 하나님으로부터 나와서 우리에게 지혜와 의로움과 거룩함과 구원함이 되셨으니." 할렐루야, 이것이 해답입니다. 이제 우리의 부정은 그의 피로 그의 희생의 재로, 그의 생수로 씻음 받고 우리는 의롭다함과 거룩함을 얻은 자가 되었습니다. 십자가의 희생의 제물 되신 예수 때문입니다.

이제 다시 히브리서 기자의 초청을 받으십시오. 히13:13입니다. "그런즉 우리도 그의 치욕을 짊어지고 영문 밖으로 그에게 나아가자." 히13:15에 이어지는 초청입니다. "그러므로 우리는 예수로 말미암아 항상 찬송의 제사를 하나님께 드리자 이는 그 이름을 증언하는 입술의 열매니라." 정결함을 입은 성도들의 평생에 할 일, 찬송과 증거입니다.

영국에 성직자의 자녀로 태어나 자라면서 6세에 엄마를 먼저 천국에 보낸 사람이 있었습니다. 그는 우울증에 시달리며 법을 공부하지만 심약한 울렁증 때문에 법정에도 서지 못하고 여러차례 자살을 시도하고 자신은 더럽혀진 존재라는 자학증에 시달립니다. 그런데 어느날 〈어메이징 그레이스〉를 작사한 뉴턴 목사를 만나 말씀의 은혜를 받고 그의 격려로 시를 쓰기 시작합니다. 그리고 어느 아침 슥13:1의 말씀을 묵상하다가 "그

날에 죄와 더러움을 씻는 샘이 다윗의 족속과 예루살렘 주민을 위하여 열리리라"는 말씀에서 주님의 보혈의 샘이 자신을 깨끗하게 씻어 주시는 은혜를 확신하게 됩니다. 순간 그는 우울증과 자학증에서 해방되고 기쁨에 차 찬송 시를 써내려 갑니다. 이 찬송이 유명한 찬송가 258장 "(1절)샘물과 같은 보혈은 주님의 피로다 보혈에 죄를 씻으면 정하게 되겠네/ 정하게 되겠네 정하게 되겠네 보혈에 죄를 씻으면 정하게 되겠네 (2절)저 도적 회개하고서 보혈에 씻었네 저 도적 같은 이 몸도 죄 씻기 원하네/ 죄 씻기 원하네 죄 씻기 원하네 저 도적 같은 이 몸도 죄 씻기 원하네"라는 찬송입니다. 그리고 그는 영국이 인정하는 시인의 반열에 오르게 됩니다. 윌리엄 쿠퍼(William Cowper) 시인의 간증입니다. 자신은 부정하다는 눌림에서 예수님의 십자가의 보혈로 자유를 얻고 정결함의 은혜를 노래한 간증의 주인공입니다. 이런 은혜가 오늘 여러분과 저에게 필요하지 않습니까? 시대의 부정을 극복하고 정결한 새 아침을 맞이하는 역사의 사람, 십자가의 증인이 되지 않으시겠습니까?

Chapter 22

므리바 물의 레슨

● 민 20:2-13

2 회중이 물이 없으므로 모세와 아론에게로 모여드니라 **3** 백성이 모세와 다투어 말하여 이르되 우리 형제들이 여호와 앞에서 죽을 때에 우리도 죽었더라면 좋을 뻔하였도다 **4** 너희가 어찌하여 여호와의 회중을 이 광야로 인도하여 우리와 우리 짐승이 다 여기서 죽게 하느냐 **5** 너희가 어찌하여 우리를 애굽에서 나오게 하여 이 나쁜 곳으로 인도하였느냐 이 곳에는 파종할 곳이 없고 무화과도 없고 포도도 없고 석류도 없고 마실 물도 없도다 **6** 모세와 아론이 회중 앞을 떠나 회막 문에 이르러 엎드리매 여호와의 영광이 그들에게 나타나며 **7** 여호와께서 모세에게 말씀하여 이르시되 **8** 지팡이를 가지고 네 형 아론과 함께 회중을 모으고 그들의 목전에서 너희는 반석에게 명령하여 물을 내라 하라 네가 그 반석이 물을 내게 하여 회중과 그들의 짐승에게 마시게 할지니라 **9** 모세가 그 명령대로 여호와 앞에서 지팡이를 잡으니라 **10** 모세와 아론이 회중을 그 반석 앞에 모으고 모세가 그들에게 이르되 반역한 너희여 들으라 우리가 너희를 위하여 이 반석에서 물을 내랴 하고 **11** 모세가 그의 손을 들어 그의 지팡이로 반석을 두 번 치니 물이 많이 솟아나오므로 회중과 그들의 짐승이 마시니라 **12** 여호와께서 모세와 아론에게 이르시되 너희가 나를 믿지 아니하고 이스라엘 자손의 목전에서 내 거룩함을 나타내지 아니한 고로 너희는 이 회중을 내가 그들에게 준 땅으로 인도하여 들이지 못하리라 하시니라 **13** 이스라엘 자손이 여호와와 다투었으므로 이를 므리바 물이라 하니라 여호와께서 그들 중에서 그 거룩함을 나타내셨더라

Chapter 22
므리바 물의 레슨

므리바라는 뜻은 다툼이란 의미입니다. 본문에서 지도자 모세와 아론은 하나님과 다투고 이스라엘 회중과 다투면서 본의 아닌 실수를 범하게 됩니다. 고라의 반역사건에서는 하나님이 전적으로 모세와 아론의 편에 서서 백성들에 대한 심판을 행하십니다. 그러나 본문의 사건에서의 경우는 하나님이 백성들이 아닌 지도자 아론과 모세를 심판하는 케이스를 보여줍니다. 그 결과 어떤 일이 벌어집니까? 12절과 13절을 보겠습니다. "여호와께서 모세와 아론에게 이르시되 너희가 나를 믿지 아니하고 이스라엘 자손의 목전에서 내 거룩함을 나타내지 아니한 고로 너희는 이 회중을 내가 그들에게 준 땅으로 인도하여 들이지 못하리라 하시니라 이스라엘 자손이 여호와와 다투었으므로 이를 므리바 물이라 하니라 여호와께서 그들 중에서 그 거룩함을 나타내셨더라." 다시 말하면 약속의 땅으로 백성들을 인도하여 들이기 위한 소명의 지도자로 지금까지 리더십을 발휘했으면서도 모세와 아론은 그 약속의 땅을 밟지 못하게 되리라는 심판이었던 것입니다. 그들이 천국 가지 못한 것으로 결론을 비약시키지는 마십시오. 그들은 분명 하나님이 부르시고 기름 부으신 리더들이었습니다. 그들은 천국에 속한 사람들이었습니다. 그러나 본문의 사건으로 말미암아 리더로서 책임을 져야 할 자리에 서게 된 것이고 그 책임에 대한 심판으로 지상에서 누릴 수 있었던 어떤 특권을 박탈당한 것이고 그것이 바로 약속의 땅을 눈앞에 두고 바라만 보고 그 땅을 밟지 못하게 된 불행이었던 것입니다.

자, 그렇다면 정확하게 리더로서 므리바 물의 사건에서 그들의 잘못은 무엇이었을까요? 12절에서 성경은 분명하게 그들에게 "너희가 나를 믿지 아니하고..."라고 말씀하십니다. 모세와 아론은 분명히 하나님을 신뢰한 믿음의 사람들이었습니다. 그러나 본문 므리바 물의 사건에서는 이 믿음의 사람들이 믿지 아니하는 사람들처럼 행동하고 있었다는 것입니다. 이런 경우를 우리는 신앙인의 불신앙이라고 할 수 있습니다. 자 그렇다면 이제 다시 므리바 물의 레슨을 살펴보고자 합니다. 므리바 물 사건에서의 지도자들 실수의 레슨은 무엇입니까?

1. 진노의 감정을 다스리지 못한 데서 비롯된 실수입니다.

우선 10절에서 모세와 아론은 회중들을 향하여 "반역한 너희여"라고 소리치고 있습니다. 물론 고라 당의 반역을 통해 일부 회중들이 그 반역에 가담한 것도 사실이었습니다. 그러나 회중 전체를 반역자로 몰고 있는 것은 지금 모세와 아론이 과도한 분노의 감정에 지배받고 있다는 사실입니다. 그리고 흥미로운 것은 본문에서는 적어도 하나님의 진노나 분노가 기록되지 않고 있다는 사실입니다. 이스라엘 백성들은 물의 필요를 지도자 모세와 아론에게 말하고 있었고 하나님은 이런 백성들의 호소를 잠잠히 듣고 계셨다는 사실입니다. 아직 하나님은 진노하시지도 분노하시지도 않았습니다. 그런데 모세와 아론은 분노하고 있었던 것입니다.

지성과 감성과 의지를 지닌 인격으로 지음 받은 인생이 화를 내고 분노하는 것은 당연한 것이고 자연스러운 것입니다. 늘 제가 강조합니다만 화나 분을 내는 그 자체는 범죄가 아닙니다. 그러나 화나 분을 풀지 못하고 다스리지 못할 때 그것은 결과적인 범죄로 나타날 수가 있습니다. 엡4:26의 말씀을 다시 기억합시다. "분을 내어도 죄를 짓지 말며 해가 지도록 분을 품지 말고." 사실 우리가 이미 살펴 본 것처럼 모세는 온유한 지도자였습니다. 그러나 본문의 사건에서만은 그 온유함이 그를 지배하지 못하고 분노가 그를 지배하도록 버려두었던 것입니다. 아마도 백성들이 어떤 불평을 하고 원망을 하고 심지어 반역을 해도 참고 또 참아왔던 모세였습니다. 어쩌면 이런 그의 인내가 한계점에 달한 것인지 모르겠습니다.

우리는 종종 '임계점'이란 단어를 사용합니다. 경계선에 도달했다는 뜻입니다. 그 임계점에 도달할 때까지는 어떤 증상이 나타나지 않을 수 있습니다. 그러나 임계점에 달하는 순간 폭발하는 것입니다. 참사가 일어나는 것입니다. 지금 지도자 모세가 이런 임계점에서 자신의 강점인 온유의 품성을 드러내지 못한 것입니다. 그래서 지도자의 시간에는 방학이 없습니다. 끝까지 긴장할 수밖에 없습니다. 그것이 지도자의 숙명인 것입니다. 모세는 위대한 지도자였습니다. 그러나 한순간 그의 지도력의 임계점이 돌파되고 누수현상이 발생한 것입니다. 그리고 돌이킬 수 없는 오점을 남기고 말았습니다. 그리고 이 다스려지지 못한 분노로 하나님의 거룩하심을 훼손했던 것입니다. 12절의 선언을 다시 상기합시다. "여호와께서 모세와 아론에게 이르시되 너희가 나를 믿지 아니하고 이스라엘 자손의 목전에서 내 거룩함을 나타내지 아니한 고로 너희는 이 회중을 내가 그들에게 준 땅으로 인도하여 들이지 못하리라 하시니라."

2. 자신들이 해결자 하나님을 자처한 데서 비롯된 실수입니다.

본문 10절 말씀을 한 번 더 읽습니다. "모세와 아론이 회중을 그 반석 앞에 모으고 모세가 그들에게 이르되 반역한 너희여 들으라 우리가 너희를 위하여 이 반석에서 물을 내랴." 여기 반석에서 물을 내는 주체가 누구라고 말하고 있습니까? '우리가'라고 말하고 있습니다. 사실 반석에서 물을 내게 하는 기적은 이번이 처음은 아니었습니다. 출애굽기 17장의 르비딤에서 비슷한 사건이 있었습니다. 애굽을 떠나 광야로 나온지 비교적 초기에 일어난 일이었습니다. 그러나 이번에는 광야 40년의 방황의 시간 끝머리에 일어난 사건이었습니다. 그러나 과거에 반석을 지팡이로 쳐서 광야에 물이 쏟아져 나온 기적을 경험했던 모세는 그것이 하나님의 기적, 하나님의 사역임을 벌써 망각하고 자신들을 도구로 쓰신 하나님 대신 자신들이 지금도 이 기적의 주체인 것으로 착각하고 있었던 것입니다. 그래서 "우리가 또 한 번 기적을 행하여야 하겠느냐?"고 말하고 있는 것입니다. 진정한 문제의 해결자, 궁극적인 해결의 원천은 하나님이신 것을 망각해 버린 것입니다. 그때 르비딤에서는 모세가 "너희가 어찌하여 여호와를 시험하느냐?"(출17:2)고 외쳤습니다. 그런 모세가 지금 다시 유사한 시험 앞에서는 백성들이 아닌 자신이 시험을 받고 있었던 것입니다. 과거의 성공이 모세로 하여금 잠시라도 그가 하나님의 도구임을 망각하게 한 것입니다.

그렇습니다. 하나님은 어느 시대에서나 하나님의 사람들을 불러 쓰십니다. 그들은 하나님의 사역자들입니다. 그러나 그들이 결코 잊지 말 것은 하나님이 아니라는 것입니다. 그러므로 진정한 하나님의 사역자의 자질 중의 하나는 주제 파악입니다. 우리가 해결자가 아니라 하나님만이 해결자라는 주권의식입니다. 하나님은 문제의 해결을 위해 사역자들에게 재능과 은사를 주십니다. 그러나 한순간도 지도자들은 그 재능과 은사의 원천이 하나님이신 것을 잊지 말아야 합니다. 바울과 바나바가 루스드라에서 전도하다가 걷지 못하는 사람을 일어나 걷게 하는 기적을 행하자 거기 시민들이 그들을 가르쳐 제우스 신과 헤르메스 신이 내려와 이 일을 행하였다고 하자 바울과 바나바가 한 말을 기억하십니까? "...우리도 여러분과 같은 성정을 가진 사람이라 여러분에게 복음을 전하는 것은 이런 헛된 일(사람을 신으로 섬기는 일)을 버리고 천지와 바다와 그 가운데 만물을 지으시고 살아 계신 하나님께로 돌아오게 함이라"(행14:15)고 말씀합니다. 사역자들이 하나님의 도움을 힘입어 기적을 행할지라도 그들은 하나님의 도구일 뿐입니다. 문제의 해결자는 유일하시고 살아 계신 하나님 한 분 뿐이심을 기억합시다.

3. 하나님의 말씀 그대로 순종하지 못한 데서 비롯된 실수입니다.

자, 본문에서 모세와 아론을 향한 하나님의 명령은 무엇입니까? 본문 7-8절을 보겠습니다. "여호와께서 모세에게 말씀하여 이르시되 지팡이를 가지고 네 형 아론과 함께 회중을 모으고 그들의 목전에서 너희는 반석에게 명령하여 물을 내라 하라 네가 그 반석이 물을 내게 하여 회중과 그들의 짐승에게 마시게 할지니라." 여기서 중요한 명령은 지팡이를 가지고 가되 그 지팡이로 반석을 내리치는 것이 아니라 반석을 향하여 명령만 하라는 것이었습니다. 그런데 모세가 어떻게 했습니까? 11절을 보십시오. "모세가 그의 손을 들어 그의 지팡이로 반석을 두 번 치니 물이 많이 솟아나오므로 회중과 그들의 짐승이 마시니라" 하나님은 물론 당시 이스라엘 백성들의 절실한 물의 필요를 아시고 옛날 르비딤에서처럼 다시 물이 솟게 하셨고 심지어 그들이 데리고 나온 가축들 짐승들이 마실 것까지 해갈하게 하셨습니다.

그러나 하나님은 백성들의 문제를 해결하는 은혜를 베푸시면서도 지도자의 책임을 엄중하게 물으셨습니다. 그것은 하나님의 명령을 혹은 하나님의 말씀을 액면 그대로 순종함을 배우지 못한 책임을 물으신 것입니다. 반석을 향하여 말로 명령만 해도 될 것을 두 번씩이나 지팡이로 반석을 내리친 것입니다. 거기에는 자신의 감정을 컨트롤하지 못한 분노나 혈기의 문제가 있었던 것입니다. 무엇보다 백성들 앞에서 하나님의 하나님 되심, 하나님의 거룩하심을 상처내고 있었던 것입니다. 하나님보다 마치 자신이 더 권위를 가진 것처럼 행세하려 했던 범죄였던 것입니다. 한 번도 아니고 두 번이나 지팡이를 들어 반석을 내리칠 때 모세는 자기 과시의 욕구라는 지배를 받고 있었던 것입니다. 사실상 모세는 반석을 치고 있었던 것이 아니라 백성들을 내리치고 싶은 분풀이를 하고 있었던 것입니다. 이것은 본질적으로 모세가 백성들의 심판자가 될 것을 자처하고 있었던 것입니다. 그러나 이런 우리 자신을 심판자의 자리에 두고 싶은 유혹이 있을 때마다 하나님은 "너희가 친히 원수를 갚지 말고 하나님의 진노하심에 맡기라 기록되었으되 원수 갚는 것이 내게 있으니 내가 갚으리라"(롬12:19)고 말씀하십니다.

성녀 테레사가 남긴 말 중에 이런 말이 있습니다. "예수님은 우리에게 위대한 행동(not great action)을 요구하시는 것이 아니라, 그는 우리에게 단순한 순종과 감사(but simple surrender and gratitude)를 원하신다."고 말합니다. 여러분 구약 열왕기하 5장에서 시리아의 나아만 장군의 에피소드를 기억하십니까? 그는 위대한 전장의 영웅이었지만 나병(한센병)환자였습니다. 그가 이스라엘 선지자 엘리사가 기적을 행한다는 소문을 듣고 그의 병을 고치고자 은 십 달란트와 금 육천 개, 그리고 명품 옷 열 벌을 준비하고 말들과 병거들을 거느리고 엘리사의 집까지 찾아갑니다. 그때 선지자는 집 밖에 나오지도 않고 병의 처방만 전달합니다. 요단강에 들어가 일곱 번 씻으라고 그러면 깨끗함을 얻을 것이라는 메시지를 주었습니다. 그러자 나아만이 분노했다고 성경은 기록합니다. 아마 "밖으로 나와 보지도 않고 그리고 요단강에 들어가라고?"했을 것입니다. 그는 선지자가 친히 문밖에 달려 나와 자기를 집안에 영접하고 자기 환부에 손을 얹어 정성껏 기도해 주는 처방을 기대한 듯 합니다. 이때 그에게 필요한 태도는 단순한 순종이었던 것입니다. 그러나 단순하게 순종하는 대신 그는 분노로 일을 그르칠 뻔 했습니다. 다행스러웠던 것은 그에게 지혜로운 참모 스탭들이 있었다는 것입니다. "장군님, 이보다 더 큰 일을 하라고 해도 나으실 수 있다면 그대로 하시는 것이 여기 오신 목적이 아니신가요?" 이제 왕하5:14의 말씀을 보겠습니다. "나아만이 이에 내려가서 하나님의 사람의 말대로 요단 강에 일곱 번 몸을 잠그니 그의 살이 어린 아이의 살 같이 회복되어 깨끗하게 되었더라."

이것이 바로 단순한 순종입니다. 이런 단순한 순종이 본문의 모세에게 필요했던 것이었습니다. 그냥 반석을 향하여 명령만 하면 되었습니다. "반석이여 물을 낼지어다!"하면 되었습니다. 그것을 못한 것입니다. 하나님의 말씀 그대로 하는 단순한 순종 말입니다. 우리가 자주 부르는 복음성가의 가사가 그것을 말하고 있지 않습니까? "주님 말씀하시면 내가 나아가리다 주님 뜻이 아니면 내가 멈춰서리다 나의 가고 서는 것 주님 뜻에 있으니 오, 주님 나를 이끄소서" 지나간 날 지도자의 실수에서 오늘의 지도력의 레슨을 배우는 우리가 되기를 소망합니다. 우리가 지금까지 수고한 결실을 헛되이 하지 않게 위해서 말입니다. 십자가의 주님처럼 끝까지 견디고 순종하는 우리가 됩시다!

Chapter **23**

바톤 터치

• 민 20:1

¹ 첫째 달에 이스라엘 자손 곧 온 회중이 신 광야에 이르러 백성이 가데스에 머물더니 미리암이 거기서 죽으매 거기에 장사되니라

• 민 20:22-29

²² 이스라엘 자손 곧 온 회중이 가데스를 떠나 호르 산에 이르렀더니 ²³ 여호와께서 에돔 땅 변경 호르 산에서 모세와 아론에게 말씀하시니라 이르시되 ²⁴ 아론은 그 조상들에게로 돌아가고 내가 이스라엘 자손에게 준 땅에는 들어가지 못하리니 이는 너희가 므리바 물에서 내 말을 거역한 까닭이니라 ²⁵ 너는 아론과 그의 아들 엘르아살을 데리고 호르 산에 올라 ²⁶ 아론의 옷을 벗겨 그의 아들 엘르아살에게 입히라 아론은 거기서 죽어 그 조상에게로 돌아가리라 ²⁷ 모세가 여호와의 명령을 따라 그들과 함께 회중의 목전에서 호르 산에 오르니라 ²⁸ 모세가 아론의 옷을 벗겨 그의 아들 엘르아살에게 입히매 아론이 그 산 꼭대기에서 죽으니라 모세와 엘르아살이 산에서 내려오니 ²⁹ 온 회중 곧 이스라엘 온 족속이 아론이 죽은 것을 보고 그를 위하여 삼십 일 동안 애곡하였더라

바톤 터치

바톤 터치는 이어 달리기 경주에서 한 주자가 다른 주자에게 바톤을 패스하는 것을 의미합니다. 사실 바톤 터치(Baton Touch)는 콩글리쉬이고 영어로 엄격하게 말하면 바톤 패스(Baton Pass)입니다. 그런데 이런 바톤 터치 혹은 바톤 패스는 경기장에서만 일어나는 현상이 아니라 우리네 삶의 모든 현장에서 지속적으로 일어나는 현상입니다. 인간의 유한성 때문에 우리는 어느 정도 살고 일한 다음 그가 살던 삶의 마당에서 그가 하던 일을 누군가가 계승하도록 패스해야하기 때문입니다. 그래서 바톤 터치는 가정에서도 직장에서도 교회에서도 나라에서도 계속되고 있습니다. 본문은 이스라엘 민족의 광야 여정에서 일어나고 있는 바톤 터치의 현장을 보여주고 있습니다. 이스라엘 민족이 애굽을 떠나 광야로 나올 때 그들의 대표적인 리더 세 사람이 있었다면 모세와 아론과 미리암이었습니다. "내가 너를 애굽 땅에서 인도해 내어 종 노릇 하는 집에서 속량하였고 모세와 아론과 미리암을 네 앞에 보냈느니라."(미6:4) 물론 그들은 한 가족이기도 했습니다. 아론은 모세의 형이었고 미리암은 모세의 큰 누이였습니다. 그런데 본문에 보면 그중에 둘, 즉 미리암과 아론이 세상을 떠나 그들의 리더십의 바톤 터치가 이루어집니다.

특히 본문 민20:22-29에 보면 아론의 죽음을 앞두고 아론의 옷을 벗겨 그 아들 엘르아살에게 입히는 장면이 나옵니다. 본문 25-26절의 말씀을 보겠습니다. "너는 아론과 그의 아들 엘르아살을 데리고 호르 산에 올라 아론의 옷을 벗겨 그의 아들 엘르아살에게 입히라 아론은 거기서 죽어 그 조상에게로 돌아가리라." 그때 아론의 나이는 123세였던 것으로 민33:36-39사이에 증언됩니다. "에시온게벨을 떠나 신 광야 곧 가데스에 진을 치고 가데스를 떠나 에돔 땅 변경의 호르 산에 진을 쳤더라 이스라엘 자손이 애굽 땅에서 나온 지 사십 년째 오월 초하루에 제사장 아론이 여호와의 명령으로 호르 산에 올라가 거기서 죽었으니 아론이 호르 산에서 죽던 때의 나이는 백이십삼 세였더라" 그런데 민20:1에 의하면 미리암은 아론이 죽기 한 네 달 전(첫째 달, 아론은 다섯째 달)에 하늘의 부름을 받은 것으로 보여집니다. "첫째 달에 이스라엘 자손 곧 온 회중이 신 광야에 이르러 백성이 가데스에 머물더니 미리암이 거기서 죽으매 거기에(가데스) 장사 되니라." 그리고 잠시 후 오래지 않아 모세도 부름을 받게 됩니다. 자, 이 바톤 터치의 현장, 세대교체의 현장에서 배우는 바톤 터치의 레슨은 무엇입니까?

1. 선배의 강점을 습득해야 합니다.

저는 우리 민족이 극복해야 할 리더십의 레슨의 하나가 지나친 흑백논리의 전망이라고 생각합니다. 어떤 지도자도 완벽하게 흑에 잡혀 있거나 혹은 완벽하게 백을 갖고 있을 수 없습니다. 우리 모두는 어느 정도의 흑과 백이 공존된 불완전한 인생일 따름입니다. 지상의 어떤 리더도 완벽한 사람은 없습니다. 하나님이 우리를 사용하실 때 우리의 약점을 알고도 우리를 부르시고 우리를 사용하신다는 것입니다. 그렇다면 한 리더의 바톤을 누군가가 이어 받을 때 우리는 선배의 강점이 무엇이었고 그런 강점이 남긴 삶의 마당의 기여를 정확하게 파악하고 있어야 한다는 것입니다. 다시 말하면 리더십 승계의 첫째 의무는 선배의 강점을 습득해야 한다는 것입니다. 그래야 선배 리더의 기여가 계속 더 아름답게 성숙해 갈 수 있기 때문입니다. 최근 그런 레슨을 우리에게 감동적으로 가르치는 한 드라마가 우리의 비상한 관심을 끌고 있습니다. 똑바로 읽어도 거꾸로 읽어도 우영우... 드라마 〈이상한 변호사 우영우〉에서 주인공이 자폐 스펙트럼 장애를 극복하며 맹활약을 하는 감동적 스토리 말입니다. 그녀가 자폐증을 가진 장애인이기 때문에 더 이상 쓸모없는 사람이 아니라는 그 항변을 들려주고 있지 않습니까? 그가 잘 할 수 있는 강점을 북돋아 줄 때 그도 얼마든지 우리 사회의 유익한 구성원이 될 수 있다는 레슨을 우리 모두에게 웅변적으로 설득하고 있지 않습니까?

모세의 큰 누이 미리암의 강점과 기여는 무엇이었습니까? 우선 출애굽기 2장에 보면 아기 모세를 담은 갈대상자를 지키고 있다가 바로의 공주에게 유모를 불러올 것을 제안하여 아기 모세를 구출하는 결정적 역할을 한 것이 미리암이었습니다. 그리고 이스라엘 백성들이 모세의 인도로 기적적으로 홍해를 건넜을 때 다음 장면을 출15:20에서 보십시오. "아론의 누이 선지자 미리암이 손에 소고를 잡으매 모든 여인도 그를 따라 나오며 소고를 잡고 춤추니." 여기 성경은 그녀가 선지자였다고 그리고 축제를 이끄는 찬양 사역자였다고 증언하지 않습니까? 르비딤에서 이스라엘 백성들이 아멜렉 족과 싸울 때도 대장 여호수아를 응원하고자 산에 올라 손을 들고 기도하던 모세의 두 팔을 들어 올린 사람이 아론과 훌이었습니다. 많은 성경학자들은 훌이 미리암의 남편이었을 것으로 추정합니다. 미리암의 예언, 그녀의 찬양, 중보가 없었다면 모세가 지금까지 그의 리더십을 얼마나 잘 발휘할 수 있었겠습니까?

그리고 아론은 이스라엘 최초의 대제사장이었습니다. 아론은 동생(3살 아래) 모세가 출애굽의 소명을 받은 직후부터 그의 대언자의 역할을 감당했습니다. 동생 모세보다 언변이 탁월했던 것으로 보여집니다. 모세와 함께 여러 기적을 행하였고, 아말렉과의 전쟁에서 그는 중보자의 사역으로 전장의 승리를 가져왔습니다. 그는 무엇보다 백성들을 위한 평화의 중재자였습니다.

그의 중보의 리더십으로 백성들은 하나님에게 편안하게 다가갈 수 있었습니다. 이런 지도자가 세상을 떠났을 때 백성들은 어떻게 조의를 표현했습니까? 본문 29절을 보십시오. "온 회중 곧 이스라엘 온 족속이 아론이 죽은 것을 보고 그를 위하여 삼십 일 동안 애곡하였더라." 이 삼십 일의 애곡은 최고의 조의의 표현이었습니다. 이런 아론의 중보의 리더십, 평화의 리더십은 마땅히 습득되고 계승되어야 할 리더십이 아니겠습니까?

2. 선배의 약점을 극복해야 합니다.

이미 말씀드린 것처럼 누구나 강점과 약점을 갖고 있다면 우리는 선배의 강점에서 유익을 취하고 선배의 약점을 거울삼아 오늘 우리의 약점을 극복할 수 있어야 합니다. 늘 선배를 탓하고 지나간 리더십의 비판에만 열을 올리고 그들의 강점에서 배우지 못한다면 역사는 발전할 수 없습니다. 지금 광야의 리더십의 교체기를 통해 배워야 할 약점은 무엇일까요? 우선 미리암과 아론의 치명적 약점이 있었다면 그들이 모세의 재혼 사건에서 그들이 공모하여 모세가 구스 여인과 결혼하는 것을 백성들 앞에서 비방하고 비판한 것입니다. 미리암은 자신도 선지자인데 그것이 하나님의 뜻이었다면 왜 하나님이 나에게는 말씀하시지 않았겠느냐는 항변이었고 그것은 분명하게 하나님이 세우신 리더십을 약화시키는 실수였습니다. 하나님은 진노하셨고 잠시 동안이지만 미리암으로 하여금 나병의 고통을 겪게 하셨습니다. 물론 모세의 중보기도로 그녀는 용서함을 받고 7일간의 진밖에 머무는 격리의 처벌로 회복의 은혜를 누리게 하셨습니다.

대제사장 아론의 실수는 무엇이었습니까? 우리는 아론이 평화의 사람이라는 것을 이미 살펴보았습니다. 그러나 이런 평화주의자의 약점은 평화를 위해 원칙을 쉽게 타협하고 희생할 수있다는 것입니다. 모세가 하나님과 대면하고 토라를 받기 위해시내 산에 올라가 있는 동안 그의 하산이 지체되자 백성들은 아론에게 모세 대신 우리를 위하여 우리를 인도할 신을 만들자고 제안합니다. 출애굽기 32장에 보면 이때 아론은 백성들의 비위를 맞추기 위해 그들에게 금 고리를 가져오게 하고 그것으로 금송아지 우상을 만드는 일을 앞장서서 자행하는 범죄를 저지르게 됩니다. 출32:25에서의 모세의 증언을 들어보십시오. "모세가 본즉 백성이 방자하니 이는 아론이 그들을 방자하게 하여 원수에게 조롱거리가 되게 하였음이라." 그 책임이 아론에게 있음을 지적한 것입니다. 이 범죄로 백성들 3천 명이 희생당하는 참사가 발생합니다. 그러나 이때 모세의 중보로 아론은 리더십의 회복을 경험합니다. 그리고 지난 시간에 본 것처럼 모세와 아론은 다시 므리바의 물 사건에서 또 한 번의 감정 통제를 하지 못한 실수를 자행합니다. 물론 이 때에도 지도자로서 아론과 모세는 엄중한 하나님의 지적을 받고 약속의 땅이 보이는 곳까

지 백성들을 인도하고도 그 땅에 들어가지 못하는 결과를 책임
지게 됩니다.

그러나 리더의 실수에 대한 책임은 백성들이 물어야 할 것은
아니었습니다. 그 심판은 리더를 리더로 부르신 하나님이 하시
는 일이었습니다. 백성들이 할 일이 무엇입니까? 새로운 리더
들이 할 일이 무엇입니까? 선배의 실수나 리더의 실수를 거울
로 삼아 공동체가 그 실수를 되풀이 않고 역사의 전진을 만들어
야 한다는 것입니다. 과거의 역사에서 배우지 못하면 역사의 오
류는 반복하기 때문입니다.

3. 공동체의 비전을 승계해야 합니다.

본문 22-23절을 보십시오. "이스라엘 자손 곧 온 회중이 가
데스를 떠나 호르 산에 이르렀더니 여호와께서 에돔 땅 변경
호르 산에서 모세와 아론에게 말씀하시니라." 이스라엘 백성
의 광야 여정의 역사를 연구할 때 제일 난점의 하나는 이스라
엘 백성이 가데스 지역 주변에 얼마 동안을 머물렀는지를 헤아
리기가 어렵다는 것입니다. 상당히 오랜 세월을 가데스를 중심
으로 뺑뺑 도는 방황을 했던 것으로 보여집니다. 아마도 마지막
으로 가데스를 떠나면서 지금의 요단국가를 관통하는 왕의 대
로(King's Highway)를 통과하고자 당시 에돔 왕의 허락을 구했으나
(민20:14,17) 그것이 허락되지 않자 에돔의 변경 호르 산 쪽으로 여

정을 잡아 행진하게 되었고 그 호르 산이 아론의 인생의 마지막 거처가 되었던 것입니다. 본문 22절은 이렇게 시작됩니다. "이스라엘 자손 곧 온 회중이 가데스를 떠나 호르 산에 이르렀더니." 그리고 이어지는 25-26절에서 여호와 하나님께서 명하십니다. "너는 아론과 그의 아들 엘르아살을 데리고 호르 산에 올라 아론의 옷을 벗겨 그의 아들 엘르아살에게 입히라 아론은 거기서 죽어 그 조상에게로 돌아가리라."

여기 제사장 아론의 옷을 벗겨 그의 아들에게 입히는 광경은 바로 공식적인 제사장 직위의 승계를 뜻하는 것이었습니다. 이제부터 대제사장의 역할과 임무는 그의 아들이 대신하게 된 것입니다. 지도자는 죽어도 그의 미션은 지속되어야하기 때문입니다. 그의 가장 중요한 미션은 무엇입니까? 모세를 도와 이스라엘 백성들이 하나님을 경외하는 백성으로 성숙하여 약속의 땅에 들어가게 하는 일입니다. 모세와 아론이 애초에 지도자로 부르심을 받은 이유, 약속의 땅으로 백성들을 인도해 가기 위해서가 아니었습니까? 이 오리지널 비전이야말로 광야를 지나가는 백성들이 바라볼 가장 중요한 비전이었습니다. 비전을 잃은 공동체는 더 이상 존재해야 할 이유를 상실한 것입니다. "묵시가 없으면 백성은 방자히 행하거니와."(잠29:18) 이 말씀을 KJV은 이렇게 번역합니다. "Where there is no vision, the people perish." 비전이 없으면 백성은 망한다는 것입니다. 리더의 가장 중요한 책임은 비전을 계승하는 것입니다.

한 공동체에 새 지도자가 세워질 때 가장 중요한 것은 그 공동체의 오리지널 비전을 숙지하는 것입니다. 왜냐하면 그것이 그 공동체의 탄생의 이유이고 존재의 이유이기 때문입니다. 물론 시대에 따라 그 비전은 다소간 조율이 필요할 경우도 있습니다. 그런 경우를 비전의 갱신(Renewal)이라고 말합니다. 그런 갱신을 통해 공동체의 갱신도 필요할 수 있습니다. 그러나 어떤 경우에도 오리지널 비전은 존중되고 승계되어야 합니다. 이스라엘 백성의 광야의 여정은 여러 차례 조정되어야 했습니다. 그러나 약속의 땅 가나안으로 가야 한다는 것, 거기서 하나님의 나라를 세워가야 한다는 것, 그것은 이스라엘의 오리지널 비전이고 궁극적인 비전이었습니다. 복음으로 민족을 치유하고 세상을 변화시키는 일, 교회의 존재 이유입니다. 자유민주주의 국가의 건설, 우리나라의 존재 이유입니다. 이 비전이 흔들리지 않고 승계되도록 기도합시다. 우리의 리더들을 위해 기도합시다.

Chapter 24
상한 마음,
상한 민족의 치유

• 민 21:4-9

⁴ 백성이 호르 산에서 출발하여 홍해 길을 따라 에돔 땅을 우회하려 하였다가 길로 말미암아 백성의 마음이 상하니라 ⁵ 백성이 하나님과 모세를 향하여 원망하되 어찌하여 우리를 애굽에서 인도해 내어 이 광야에서 죽게 하는가 이 곳에는 먹을 것도 없고 물도 없도다 우리 마음이 이 하찮은 음식을 싫어하노라 하매 ⁶ 여호와께서 불뱀들을 백성 중에 보내어 백성을 물게 하시므로 이스라엘 백성 중에 죽은 자가 많은지라 ⁷ 백성이 모세에게 이르러 말하되 우리가 여호와와 당신을 향하여 원망함으로 범죄하였사오니 여호와께 기도하여 이 뱀들을 우리에게서 떠나게 하소서 모세가 백성을 위하여 기도하매 ⁸ 여호와께서 모세에게 이르시되 불뱀을 만들어 장대 위에 매달아라 물린 자마다 그것을 보면 살리라 ⁹ 모세가 놋뱀을 만들어 장대 위에 다니 뱀에게 물린 자가 놋뱀을 쳐다본즉 모두 살더라

상한 마음, 상한 민족의 치유

본문 4절은 이런 말씀으로 시작됩니다. "백성이 호르 산에서 출발하여 홍해 길을 따라 에돔 땅을 우회하려 하였다가 길로 말미암아 백성의 마음이 상하니라" 여기 '마음이 상했다'는 말이 영어 번역으로는 discouraged 또는 depressed, 낙심하고 낙망했다고 혹은 NIV성경은 impatient, 더 이상의 인내를 상실했다고 표현합니다. 사실 애굽 땅에서 가나안 땅으로 저항 없이 직진하는 길을 선택한다면 그 길은 당시에도 2주간(14일) 정도면 도달할 수 있는 길이었고 40일이면 넉넉하게 갈 수 있는 여정이었습니다. 그런데 가데스 주변에서 37-38년을 빙빙 돌며 방황합니다. 결과적으로 40일이 아닌 40년 가까운 세월을 길에서 소모하며 방황했던 것입니다. 이제 본문 4절에서 "길로 말미암아 백성의 마음이 상하니라"는 표현이 이해가 되십니까? 이제 지칠 대로 지친 것입니다. 얼마나 절망적이고 답답한 광야 길, 사막 길의 고난이었습니까? 이 길에서 목마르고 배고프고 병들고 반역을 경험하고 심판도 경험합니다. 이제 이스라엘 백성은 문자 그대로 상한 마음, 상한 민족이 되었습니다.

그런데 우리 민족은 어떻습니까? 일제 강점기의 식민지 생활 36년(1910-1945년)에 해방 이후 남북 분단의 세월 77년, 왜 우리 민족만이 이런 고난의 길을 걸어야만 했었을까요? 무슨 잘못으로 이웃 민족의 지배를 받아 말도 글도 이름도 빼앗기며 종노릇하고 이웃 천황을 숭배하도록 강요받는 압제의 길을 우리는 걸어야만 했을까요? 해방 이후에는 다시 이념의 갈등으로 남과 북으로 나뉜 채 동족 곧 형제와 형제가 총을 들고 맞서 서로를 죽이며 세계열강들을 불러다가 전쟁터를 만들고 피를 흘려야만 했던 역사의 길은 웬 까닭이었습니까? 왜 전쟁 이후 보릿고개라는 단어를 만들어 내며 한 끼의 식량이 없어 배를 잡고 허기를 견디는 가난의 길을 걸어야만 했습니까? 그리고 아직도 우리는 분단민족의 갈등을 극복하지 못한 채 동족끼리 서로를 위협하고 살아야 하는 운명의 길을 걷고 있습니다. 그래서 우리는 우리 민족을 가리켜 스스로 '한의 민족'이라고 불러왔습니다. 고 함석헌 선생은 이런 민족의 처지를 '늙은 갈보', '수난의 여왕'이라고 칭했습니다. 이스라엘 못지않게 우리도 길로 말미암아 상한 마음의 민족, 한 많은 상한 민족이 되었습니다. 우리에게 과연 치유의 희망은 있는 것일까요? 본문에서 이스라엘 민족은 일시적이지만 놀라운 치유를 경험합니다. 그렇다면 여호와 하나님이 당신의 민족에게 보여주신 치유의 희망은 무엇이었습니까?

1. 원망의 범죄를 자백하라.

본문 5절을 봅시다. "백성이 하나님과 모세를 향하여 원망하되 어찌하여 우리를 애굽에서 인도해 내어 이 광야에서 죽게 하는가 이 곳에는 먹을 것도 없고 물도 없도다 우리 마음이 이 하찮은 음식을 싫어하노라." 여기 이스라엘 백성들은 하나님과 지도자 모세를 원망했다고 했습니다. 그리고 원망의 이유 중의 하나가 '하찮은 음식'때문이라고 말합니다. 이 하찮은 음식이 무엇입니까? 만나를 말하는 것입니다. 기적의 만나, 하늘의 선물... 처음 이 만나를 먹고 그들은 꿀맛 같았다고 했습니다. 그런데 어느 사이 이 양식에 익숙해진 그들은 감사의 대상을 불평의 대상으로 바꾸고 있었던 것입니다. 마치 보릿고개를 넘기고 살만하게 되자 오히려 더 큰 불평과 더 큰 불만에 사로잡힌 우리 한민족과 비슷한 모습이 아닌가요? 일제의 강점기, 그리고 6.25 전쟁을 거쳐 산업화와 민주화를 이루고 선진국가의 대열에 합류하고도 이것이 하나님의 은혜임을 알지 못하는 우리와 같다면 이제야말로 우리는 원망을 멈추고 원망의 범죄를 자백해야 할 때입니다. 사실 고통의 환경에 처하면 원망은 누구에게도 어느 민족에게도 존재하는 보편적 현상입니다. 우리 한국인이 '한의 민족'이었다면 이웃 일본국은 '원의 민족'이었습니다. 그런데 이런 원을 해소하는 일본인의 방식은 희생양을 찾아 복수하는 것이었습니다. 그러나 다행스럽게 한의 골짜기를 우리 민족이 벗어나게 된 원인 중의 하나는 한국 문화의 바탕에

정(情)의 문화(인정, 동정)가 있었고 또 이런 한의 환경을 초월하도록 자극하는 단(斷)의 문화가 있었다고 문화학자들은 말합니다. 우리는 고통 중에도 결단하고 일어나 땀 흘려 일하고 그 결과를 정으로 나누고 결단하고 일어나 새마을운동, 새 문화건설에 떨쳐나선 것입니다. 그래서 다행히도 원한의 늪에 빠지지 않고 우리는 새 역사의 마당으로 나올 수 있었습니다. 그렇다면 정말 이제 우리는 감사할 줄 알아야 합니다. 고(故) 이어령 교수의 나라를 위한 기도가 생각납니다.

"...한국은 못난 조선이 물려준 척박한 나라입니다...그곳에는 선한 사람들이 살고 있습니다. 헤지고 구멍나 비가 새고 고칠 곳이 많은 나라입니다. 버리지 마시고... 희망의 날개를 달아주소서. 어떻게 여기까지 온 사람들입니까? 험난한 기아의 고개에서도 부모의 손을 뿌리친 적은 없습니다. 아무리 위험한 전란의 들판이라도 등에 업은 자식을 내려놓지 않았습니다. 남들이 앉아 있을 때 걷고 그들이 걸으면 우리는 뛰었습니다...우리는 지금이 벼랑인 줄도 모르는 사람들입니다. 어쩌다가 북한이 핵을 만들어도 놀라지 않고, 수출액이 5천억 달러를 넘어서도 웃지 않는 사람들이 되었을까요?...비상에는 비상해야 합니다. 싸움 밖에 모르는 정치인들에게는 비둘기의 날개를 주시고, 살기 팍팍한 서민들에게는 독수리의 날개를 주십시오. 주눅 들은 기업인들에게는 갈매기의 비행을 가르쳐 주시고 진흙 바닥의 지식인들에게는 구름보다 높이 나는 종달새의 날개를 보여주소서...이 사회가 갈등으로 더 이상 찢기기 전에 기러기처럼 나는 법을 가르쳐 주소서. 소리를 내어 서로 격려하고 선두의 자리를 바꾸어 가며 대열을 이끌어 가는 저 따스한 기러기처럼 우리 모두를 날게 하소서. 그래서 이 나라를 사랑하게 하소서..."

이런 민족 치유의 시작은 원망의 범죄를 인정하고 주 앞에 나아와 자백하는 일입니다. 그리고 진심으로 지금 여기까지 오게 하신 은혜에 대한 감사기도를 드려야 합니다. 원망의 반대가 감사입니다. 원망의 치유가 감사입니다.

2. 중보의 기도에 연합하라.

본문 6절 이하에 보면 원망의 죄에 사로잡혀 감사의 대상을 원망의 대상으로 바꾸고 있는 이스라엘 백성들을 징계하시고자 불뱀을 보내어 물게 하십니다. 백약이 무효였습니다. 그러자 비로소 정신을 차리고 백성들은 모세에게 중보의 기도를 부탁합니다. 6-7절 말씀을 보겠습니다. "여호와께서 불뱀들을 백성 중에 보내어 백성을 물게 하시므로 이스라엘 백성 중에 죽은 자가 많은지라 백성이 모세에게 이르러 말하되 우리가 여호와와 당신을 향하여 원망함으로 범죄하였사오니 여호와께 기도하여 이 뱀들을 우리에게서 떠나게 하소서 모세가 백성을 위하여 기도하매." 이미 광야의 여정을 통하여 이스라엘 백성들은 중보기도의 능력을 경험한 사람들이었습니다. 시내 산에서도 모세의 중보기도로 하나님의 용서를 경험한 사람들이었습니다. 르비딤 골짜기와 산언덕에서도 모세의 중보기도로 아말렉을 물리치는 승리를 경험한 사람들이었습니다. 그래서 다시 모세에게 중보기도를 부탁하는 것입니다. 그리고 백성들이 이 중보기도에 연합하는 순간 그들은 불뱀의 고난에서 벗어날 수 있었던 것입니다.

우리가 늘 기도를 강조하면서 나누는 명언을 기억합니다. "사람이 일할 때 사람이 일하지만, 사람이 기도할 때 하나님이 일하신다"는 말씀을 말입니다. 한 나라를 살린 대표적인 기도의 사람, 존 녹스(John Knox, 1514-1572)를 기억합니다. 그는 종교개혁 시대, 그의 조국 스코틀랜드를 기도로 살려냈습니다. 그는 제네바에서 개혁자 칼빈의 영향을 받고 조국 스코틀랜드로 돌아와 자기 조국이 말씀의 나라, 개혁의 비전으로 세워지는 나라가 되기를 열망했습니다. 그의 유명한 기도 "하나님 나에게 스코틀랜드를 주옵소서, 아니라면 죽음을 주옵소서"(Give me Scotland, or I die)라고 기도합니다. 당시 가톨릭 교도인 메리 여왕은 종교개혁의 영향이 그녀가 통치하는 나라에 최소화되도록 개신교도 학살 명령을 내렸습니다. 그래서 그녀의 별명은 '피의 여왕'(Bloody Mary)이었습니다. 그러나 존 녹스와 중보기도자들의 기도로 오히려 메리 여왕이 중병에 걸리게 되고 그녀는 마침내 개신교도 학살 명령을 취소합니다. 그녀가 남긴 고백을 우리는 기억합니다. "존 녹스 한 사람의 기도가 유럽의 모든 군대보다 더 두렵다." 마침내 당시에 그의 기도는 민족적 부흥을 가져왔고 스코틀랜드를 믿음의 나라가 되게 할 수 있었습니다. 이 위대한 기도의 사람 존 녹스가 남긴 말을 하나 더 기억하고 싶습니다. "하나님과 함께 하는 한 사람이 언제나 승리 편에 있다."(One man with God is always in the majority) 지금 우리에게 이런 중보자가 필요하지 않습니까? 그리고 이런 나라를 위한 중보기도에 우리가 연합할 때가 아닙니까?

3. 하나님의 처방을 수용하라.

지도자 모세가 백성들을 위해 중보기도를 하자 하나님의 직접적인 처방이 내려 졌습니다. 8-9절입니다. "여호와께서 모세에게 이르시되 불뱀을 만들어 장대 위에 매달아라 물린 자마다 그것을 보면 살리라 모세가 놋뱀을 만들어 장대 위에 다니 뱀에게 물린 자가 놋뱀을 쳐다본즉 모두 살더라." 불뱀에게 물린 자들을 위해 하나님은 모세로 하여금 장대 위에 놋뱀을 매달게 하시고 그 놋뱀을 믿음으로 쳐다보면 살리라고 하신 것입니다. 사랑하는 여러분, 이것이 바로 십자가의 처방인 것을 기억하십니까? 요한복음 3장에서 예수님을 찾아와 거듭남의 길을 묻던 니고데모에게 주신 14-15절의 처방을 기억하십니까? "모세가 광야에서 뱀을 든 것 같이 인자도 들려야 하리니 이는 그를 믿는 자마다 영생을 얻게 하려 하심이니라" 불뱀에게 물린 백성들의 처방으로 장대 위에 놋뱀을 달게 하신 하나님이 인류의 구원을 위해 그 아들 예수님이 십자가에 달려야 할 것을 예언하신 것입니다. 죄인을 구원하기 위해 하나님의 아들이신 예수님이 죄인이 되어 십자가 장대 위에 달리신 것입니다. 불뱀에 물린 자들을 위해 놋뱀을 장대에 매달게 하신 하나님이 죄인들을 살리시기 위해 아들 예수님으로 우리 죄를 대신 짊어지신 죄인이 되게 하시어 십자가 장대 위에 달리게 하신 것입니다.

사랑하는 여러분, 요3:15 말씀 다음이 유명한 요3:16인 것을 기억하십니까? 만일 구약의 광야시대의 이스라엘 백성들이 요3:16을 알았다면 그들은 이렇게 고백했을 것입니다. "하나님이 불뱀에 물린 백성들을 이처럼 사랑하사 장대 위에 놋뱀을 매달게 하셨으니 이 하나님의 처방인 장대 위에 놋뱀을 믿음으로 바라보는 자마다 멸망치 않고 치유함을 얻어 새 생명, 영원한 생명을 얻었노라." 아멘이십니까? 이것이 복음입니다. "하나님이 세상을 이처럼 사랑하사 독생자를 주셨으니 이는 그를 믿는 자마다 멸망하지 않고 영생을 얻게 하려 하심이라"(요3:16) 불뱀에 물린 당시 광야의 백성들이 살기 위해 온갖 노력을 다했을 것입니다. 그러나 어떤 처방도 그들을 살리지 못했습니다. 그러나 하나님의 처방 곧 장대 위에 놋뱀을 믿음으로 바라보는 순간, 그것이 치유를 가져다 준 것입니다. 이 놋뱀이 바로 구원자 예수 그리스도를 보여주고 있지 않습니까? 사53:5에서 이사야 선지자가 제시한 처방이 그것이 아니었습니까? "그가 찔림은 우리의 허물 때문이요 그가 상함은 우리의 죄악 때문이라 그가 징계를 받으므로 우리는 평화를 누리고 그가 채찍에 맞으므로 우리는 나음을 받았도다." 이것이 복음입니다.

반만년 역사의 질곡에서 찔리고 상처받아 한 많은 한 민족 무엇으로 치유 받고 참된 평화를 누릴 수 있을까요? 정답은 하나입니다. 이 땅 한 많은 한반도에 십자가의 복음의 강이 흘러 넘칠 때 그리고 이 민족의 가슴마다 십자가의 복음이 심어질 때 우리는 비로소 남과 북을 아우르는 참된 평화를 누리게 될 것입니다. 우리의 모든 상처는 깨끗하게 치유될 것입니다. 그래서 우리는 기도합니다. "마음이 상한 자를 고치시는 주님 하늘의 아버지 날(우리를) 주관 하소서 주의 길로 인도하사 자유케 하소서 새 일을 행하사 부흥케 하소서..." 이 기도가 오늘 우리의 기도가 되게 하시기를 기도합시다. 응답의 그 날 우리 민족의 치유가 임하도록 말입니다.

Chapter 25
저주를 축복으로
바꾸라

● 민 22:1-6

¹ 이스라엘 자손이 또 길을 떠나 모압 평지에 진을 쳤으니 요단 건너편 곧 여리고 맞은편이더라 ² 십볼의 아들 발락이 이스라엘이 아모리인에게 행한 모든 일을 보았으므로 ³ 모압이 심히 두려워하였으니 이스라엘 백성이 많음으로 말미암아 모압이 이스라엘 자손 때문에 번민하더라 ⁴ 미디안 장로들에게 이르되 이제 이 무리가 소가 밭의 풀을 뜯어먹음 같이 우리 사방에 있는 것을 다 뜯어먹으리로다 하니 그 때에 십볼의 아들 발락이 모압 왕이었더라 ⁵ 그가 사신을 브올의 아들 발람의 고향인 강 가 브돌에 보내어 발람을 부르게 하여 이르되 보라 한 민족이 애굽에서 나왔는데 그들이 지면에 덮여서 우리 맞은편에 거주하였고 ⁶ 우리보다 강하니 청하건대 와서 나를 위하여 이 백성을 저주하라 내가 혹 그들을 쳐서 이겨 이 땅에서 몰아내리라 그대가 복을 비는 자는 복을 받고 저주하는 자는 저주를 받을 줄을 내가 앎이니라

Chapter 25
저주를 축복으로 바꾸라

옛날 중국의 한 시인은 "인생 도처 유청산"이란 말을 했습니다. 인생이 뜻대로 잘 되어 갈 때 그런 말이 실감이 날 수도 있습니다. 인생은 도처에 푸른 산, 푸른 꿈, 푸른 미래가 우리를 기다리고 있는듯합니다. 그러나 갑자기 의도하지 않은 질병과 사고, 시험이 닥칠 때 우리는 "인생 도처 유저주"라고 소리치게 됩니다. 이스라엘 백성들의 광야 생활이 그랬습니다. 처음 애굽을 떠날 때 그들은 놀라운 하나님의 기적, 하나님의 은혜를 경험하고 약속의 땅에 대한 푸른 꿈에 들떠 광야로 나아갔습니다. 그러나 머지않아 도처에 시험과 전염병, 배신과 반역, 전쟁이 그들을 기다리고 있었습니다. 그럼에도 불구하고 여전하신 하나님의 은혜로 드디어 가나안 땅이 건너편에 바라다 보이는 요단 건너편, 여리고 맞은편, 모압 땅까지 도달하기에 이르렀습니다. 거기에서 모압 왕 발락이라는 존재를 만나게 됩니다. 민수기는 이스라엘 백성이 모압 왕 발락을 만난 사건을 민수기 22-24장까지 무려 세 장에 걸쳐 기록합니다. 이 세 장에 발락과 발람과 나귀가 등장하여 메시지를 전달하고 있습니다.

모압 왕 발락은 당대의 유명한 선지자, 혹은 복술가인 발람을 초대하여 그가 이스라엘을 저주하도록 종용합니다. 6절 말씀을 보겠습니다. "우리보다 강하니 청하건대 와서 나를 위하여 이 백성을 저주하라 내가 혹 그들을 쳐서 이겨 이 땅에서 몰아내리라 그대가 복을 비는 자는 복을 받고 저주하는 자는 저주를 받을 줄을 내가 앎이니라." 결과적으로 말씀을 드리면 그러나 발람은 발락 왕의 뜻대로 아니하고 하나님의 간섭을 통해 오히려 이스라엘을 축복합니다. 이제 저주가 축복으로 바뀐 것입니다. 이것은 비단 이스라엘의 광야 여정의 한 사건일 뿐 아니라 하나님의 백성들의 역사에서 지속적으로 경험되어 온 사건이고 지금도 경험되고 있는 사건입니다. 그렇다면 오늘도 우리 인생의 여정에 직면해 오는 사단의 저주를 어떻게 우리는 하나님의 축복으로 바꾸며 살아갈 수 있을까요? 그 레슨을 우리는 민수기 22-24장에 걸친 교훈을 통해 살펴보고자 합니다. 저주를 축복으로 바꾸는 삶의 레슨은 무엇입니까?

1. 발락을 경계하라.

본문 1절은 이렇게 시작됩니다. "이스라엘 자손이 또 길을 떠나 모압 평지에 진을 쳤으니 요단 건너편 곧 여리고 맞은편이더라." 이제 이스라엘 백성은 약속의 땅이 요단 강 건너편에 보이는 지점까지 도달한 것입니다. 이제 거의 다 왔다고 할 수 있습니다. 그런데 이 지점에서 뜻밖의 시험을 직면하게 됩니다.

지금까지 사단은 직접적인 외적 공격, 전쟁이나 질병 등으로 시험한 것입니다. 22장 직전 21장의 마지막 대목에선 아모리 왕 시혼과 바산 왕 옥의 공격에 맞서 승리하는 이스라엘 백성들의 모습을 보여줍니다. 그런데 22장에서 24장까지는 지금까지와 전혀 다른 시험을 만나게 됩니다. 이것은 미혹의 시험이라고도 할 수 있습니다. 거짓된 선지자의 복술(점술)을 통해 이스라엘을 저주하고자 기획한 것입니다.

자, 여기 우선 모압 왕 발락이 등장합니다. 발락이란 이름의 뜻은 '파괴자'란 의미입니다. 사단 마귀는 성경에서 언제나 파괴자로 등장합니다. 이 사람의 배후에 사단 마귀가 개입하고 있음을 보여줍니다. 그리고 발람이 등장합니다. 그는 유브라데 강가 브돌(5절)에 살고 있던 유명한 복술가였습니다만 여호와 하나님에 대한 지식도 있었던 선지자였는데 그가 발락에 의해 고용되어 이스라엘 백성을 저주하고 파괴하는 사역을 수행하게 됩니다. 물론 그들의 계획은 성공하지 못했습니다. 저주하는 자 사단은 축복하시는 하나님을 이길 수 없기 때문입니다. 사단은 우리보다 능하지만 전능하지는 못한 존재입니다. 사단은 우리보다 지식이 많지만 전지하지는 못한 존재입니다. 하나님만이 홀로 전능하시고 전지하십니다. 우리는 종종 사단 마귀에 대한 두려움을 갖고 있는데 우리가 알아야 할 것은 사단은 또한 우리들 하나님의 백성들을 두려워하고 있다는 사실입니다. 마치 오늘 본문에 모압이 이스라엘을 두려워한 것처럼 말입니다.

본문 2-3절을 보겠습니다. "십볼의 아들 발락이 이스라엘이 아모리인에게 행한 모든 일을 보았으므로 모압이 심히 두려워 하였으니 이스라엘 백성이 많음으로 말미암아 모압이 이스라엘 자손 때문에 번민하더라." 그러므로 사단 마귀를 너무 두려워 할 필요는 없습니다. 그들의 우리를 향한 공격에는 언제나 한계가 있다는 것을 먼저 기억해야 합니다. 사단이 욥을 공격할 때에도 하나님은 시험의 한계를 정해주십니다. 욥1:12을 보십시오. "여호와께서 사탄에게 이르시되 내가 그의 소유물을 다 네 손에 맡기노라 다만 그의 몸에는 네 손을 대지 말지니라 사탄이 곧 여호와 앞에서 물러가니라." 사탄은 욥이 물질이 부요하여 하나님을 섬기는 것이라고 참소하기 때문에 욥이 소유물이 많아 하나님을 섬긴 것은 아니라는 증언을 위해 사탄이 욥의 소유물을 가져가는 시험을 허용하시면서도 그의 생명을 지켰던 것을 우리는 기억해야 합니다. 그러나 사단 마귀는 결코 만만한 상대는 아닙니다. 그래서 우리는 사도 베드로의 경계의 말씀을 잊지 말아야 합니다. 벧전5:8의 말씀 말입니다. "근신하라 깨어라 너희 대적 마귀가 우는 사자 같이 두루 다니며 삼킬 자를 찾나니."

발락에 의해 고용된 거짓 선지자 발람이란 뜻이 '삼키는 자'

란 것은 의미심장하지 않습니까? 그는 교묘한 술책으로 이스라엘 백성들과 발락 왕 사이에서 줄다리기를 하며 이스라엘 백성들의 파괴의 기회를 노리고 있습니다. 잊지 마십시오. 사탄은 전능하지는 않지만 우리보다는 큰 힘을 갖고 있으며 사탄은 전지하지는 않지만 우리보다는 훨씬 더 지혜로운 존재라는 것을! 6절에서 발락이 발람을 초대하는 말씀을 다시 들어보십시오. "우리보다 강하니 청하건대 와서 나를 위하여 이 백성을 저주하라 내가 혹 그들을 쳐서 이겨 이 땅에서 몰아내리라 그대가 복을 비는 자는 복을 받고 저주하는 자는 저주를 받을 줄을 내가 앎이니라." 이런 발락을 경계하십시오. 아니 발락의 배후에서 일하는 사단 마귀를 경계하십시오. 사단이 저와 여러분을 저주하지 못하도록 깨어 경계하십시오.

2. 나귀를 경청하라.

처음 모압의 사절단이 발람을 초대하려는 계획은 실패합니다. 왜냐하면 하나님의 간섭하심 때문이었습니다. 민22:12 말씀을 보겠습니다. "하나님이 발람에게 이르시되 너는 그들과 함께 가지도 말고 그 백성을 저주하지도 말라 그들은 복을 받은 자들이니라." 그러나 한 번의 실패로 발락은 포기하지 않습니다. 그는 15절에 보면 "발락이 다시 그들보다 더 높은 고관들을 더 많이 보내매" 그리고 이어지는 17절의 발람을 향한 발락의 초대를 보십시오. "내가 그대를 높여 크게 존귀하게 하고 그대가 내게 말하는 것은 무엇이든지 시행하리니 청하건대 와서 나를 위하여 이 백성을 저주하라" 처음 사절단을 보낼 때는 7절에 보면 복채(뇌물)로 유혹했고 이제는 그를 높여 주겠다는 명예욕으로 그를 미혹하고 있습니다. 만일 그 백성을 저주하는 것이 하나님의 뜻이 아님을 알았으면 거절하면 그뿐인데 발람은 한밤을 지내고 나서 대답해 주겠다고 합니다. 이런 발람은 우리 안에 존재하는 세상을 향하는 육신적 자아의 실체를 보여주고 있는 것입니다. 타락한 인간 안에는 언제나 "육신의 정욕과 안목의 정욕과 이생의 자랑"(요일2:16)이 작동하고 있는 것입니다.

그런데 결정적으로 발람이 그렇게 끌려가는 것을 막은 것이 민22:21-35에 보면 나귀였습니다. 하나님은 발람을 태우고 가던 나귀를 통해 경고의 메시지를 주십니다. 나귀가 가던 길에 여호와의 사자가 칼을 들고 서 있는 것을 보고 길에서 밭으로 들어가자 발람은 화가 나서 세 번이나 나귀를 때립니다. 그 때 하나님은 나귀의 입을 열어 그에게 말씀하시고 또 그의 눈을 열어 여호와의 사자를 보게 하십니다. 이제 민22:32을 보십시오. "여호와의 사자가 그에게 이르되 너는 어찌하여 네 나귀를 이 같이 세 번 때렸느냐 보라 내 앞에서 네 길이 사악하므로 내가 너를 막으려고 나왔더니" 이미 말씀드린 것처럼 발람이 우리 안에 존재하는 육신적 자아의 정체라면 어쩌면 이 나귀는 우리 안에 존재하는 영적 자아일 수가 있습니다. 성령은 우리의 영적 자아를 향해 말씀하시고 하나님의 뜻을 보여주십니다. 그리스도인 안에도 육신의 정욕과 안목의 정욕, 그리고 이생의 자랑은 여전히 존재하고 그런 욕망들은 우리를 저주의 자리로 이끌어 가려고 합니다. 그때 우리는 나귀의 음성을 들어야 합니다. 성령의 음성을 들어야 합니다. 축복의 자리로 인도되기 위해서입니다. 갈5:16의 말씀을 기억하십니까? "내가 이르노니 너희는 성령을 따라 행하라 그리하면 육체의 욕심을 이루지 아니하리라." 그리고 성령의 음성을 따라 행하는 이들에게 약속된 바가 바로 성령의 열매인 것입니다. "오직 성령의 열매는 사랑과 희락과 화평과 오래 참음과 자비와 양선과 충성과 온유와 절제니"(갈5:22-23) 이것은 바로 구세주 예수 그리스도를 닮은 품성의 열매요 그를 닮아가는 인격적 축복의 열매인 것입니다. 성경학자들은 발람이 가는 길에서 만난 '여호와의 사자'야말로 구약에 등장하는 '성육신 이전의 그리스도'라고 말합니다. 그의 음성을 들으십시오!

3. 메시아를 바라보라.

민수기 22장의 마지막까지 읽다보면 마침내 발람은 발락 왕 앞으로 인도되어 그 앞에서 네 차례에 걸친 예언을 하게 됩니다. 그러나 하나님의 영의 인도 아래 압도된 발람은 저주 대신 오히려 축복의 메시지를 전달하게 됩니다. 민23:8의 말씀을 보십시오. "하나님이 저주하지 않으신 자를 내가 어찌 저주하며 여호와께서 꾸짖지 않으신 자를 내가 어찌 꾸짖으랴." 민23:21 의 예언을 들어 보십시오. "야곱의 허물을 보지 아니하시며 이 스라엘의 반역을 보지 아니하시는도다 여호와 그들의 하나님이 그들과 함께 계시니 왕을 부르는 소리가 그 중에 있도다." 그리 고 마지막 네 번째 예언에서 이 거짓된 선지자의 입술을 통하 여 가장 놀라운 메시아의 예언이 증언됩니다. 민24:17의 말씀 입니다. "내가 그를 보아도 이 때의 일이 아니며 내가 그를 바 라보아도 가까운 일이 아니로다 한 별이 야곱에게서 나오며 한 규가 이스라엘에게서 일어나서 모압을 이쪽에서 저쪽까지 쳐 서 무찌르고 또 셋의 자식들을 다 멸하리로다." 이제 민24:19 의 말씀을 보십시오. "주권자가 야곱에게서 나서 남은 자들을 그 성읍에서 멸절하리로다." 야곱의 후손, 다윗의 별의 후손으 로 오실 메시아가 진정한 인류의 통치자와 주권자로 오실 것을 예언한 것입니다.

발람이 나는 하나님이 복 주신 민족을 저주할 수 없다고 한 이유, 무엇 때문입니까? 창12:2-3의 약속 때문이었습니다. "내 가 너로 큰 민족을 이루고 네게 복을 주어 네 이름을 창대하게 하리니 너는 복이 될지라 너를 축복하는 자에게는 내가 복을 내 리고 너를 저주하는 자에게는 내가 저주하리니 땅의 모든 족속 이 너로 말미암아 복을 얻을 것이라." 이 축복의 완성은 메시아 되신 예수 그리스도 안에서라고 신약은 증거하지 않습니까? 갈

3:13-14의 말씀을 기억합시다. "그리스도께서 우리를 위하여 저주를 받은 바 되사 율법의 저주에서 우리를 속량하셨으니… 이는 그리스도 예수 안에서 아브라함의 복이 이방인에게 미치게 하고 또 우리로 하여금 믿음으로 말미암아 성령의 약속을 받게 하려 함이라." 이 말씀을 주신 바울 사도가 갈라디아서를 통해 전달한 복음의 핵심을 기억하십니까? 우리는 본래 저주 받아 마땅한 자들이었으나 예수 그리스도께서 십자가에 달리심으로 우리는 저주에서 해방되어 하나님의 약속을 기업으로 받는 자가 되었다고 말입니다. 그렇습니다. 십자가는 예수께서 모든 저주를 이기시고 부활하신 승리의 자리입니다. 그래서 바울은 롬8:1에서 "그러므로 이제 그리스도 예수 안에 있는 자에게는 결코 정죄함이 없나니"라고 선포합니다. 이제 우리를 묶고 있는 모든 저주에서 우리는 자유한 것을 선포하십시오. 가난의 저주, 질병의 저주, 슬픈 마음의 저주, 중독의 저주, 사망의 저주에서 예수 그리스도 기름 부으신 메시아 그분의 이름으로 자유를 선포하십시오. 이사야 선지자의 약속의 말씀의 성취를 선포하십시오. "주 여호와의 영이 내게 내리셨으니 이는 여호와께서 내게 기름을 부으사…나를 보내사 마음이 상한 자를 고치며 포로된 자에게 자유를, 갇힌 자에게 놓임을 선포하며…무릇… 그들은 여호와께 복 받은 자손이라 인정하리라."(사61:1-9) 할렐루야! 저주는 떠나고 축복의 사람이 된 것을 선포하고 감사하십시오! 우리의 메시아, 예수님 때문입니다.

Chapter **26**

비느하스의 열심,
하나님의 질투

● 민 25:1-13

1 이스라엘이 싯딤에 머물러 있더니 그 백성이 모압 여자들과 음행하기를 시작하니라 2 그 여자들이 자기 신들에게 제사할 때에 이스라엘 백성을 청하매 백성이 먹고 그들의 신들에게 절하므로 3 이스라엘이 바알브올에게 가담한지라 여호와께서 이스라엘에게 진노하시니라 4 여호와께서 모세에게 이르시되 백성의 수령들을 잡아 태양을 향하여 여호와 앞에 목매어 달라 그리하면 여호와의 진노가 이스라엘에게서 떠나리라 5 모세가 이스라엘 재판관들에게 이르되 너희는 각각 바알브올에게 가담한 사람들을 죽이라 하니라 6 이스라엘 자손의 온 회중이 회막 문에서 울 때에 이스라엘 자손 한 사람이 모세와 온 회중의 눈앞에 미디안의 한 여인을 데리고 그의 형제에게로 온지라 7 제사장 아론의 손자 엘르아살의 아들 비느하스가 보고 회중 가운데에서 일어나 손에 창을 들고 8 그 이스라엘 남자를 따라 그의 막사에 들어가 이스라엘 남자와 그 여인의 배를 꿰뚫어서 두 사람을 죽이니 염병이 이스라엘 자손에게서 그쳤더라 9 그 염병으로 죽은 자가 이만 사천 명이었더라 10 여호와께서 모세에게 말씀하여 이르시되 11 제사장 아론의 손자 엘르아살의 아들 비느하스가 내 질투심으로 질투하여 이스라엘 자손 중에서 내 노를 돌이켜서 내 질투심으로 그들을 소멸하지 않게 하였도다 12 그러므로 말하라 내가 그에게 내 평화의 언약을 주리니 13 그와 그의 후손에게 영원한 제사장 직분의 언약이라 그가 그의 하나님을 위하여 질투하여 이스라엘 자손을 속죄하였음이니라

Chapter 26
비느하스의 열심,
하나님의 질투

　본문을 이해하는 키워드는 '질투'입니다. 본문 11절을 읽습니다. "제사장 아론의 손자 엘르아살의 아들 비느하스가 내 질투심으로 질투하여 이스라엘 자손 중에서 내 노를 돌이켜서 내 질투심으로 그들을 소멸하지 않게 하였도다." 여기 이 짤막한 구절에 질투라는 단어가 세 번이나 등장합니다. 영어로 'zealous'란 단어로 번역됩니다. 그런데 이 zealous(zeal)란 단어(원어, kana)는 '질투'(jealous)를 의미하면서 동시에 '열심'이란 단어로도 번역됩니다. 비느하스의 질투는 비느하스의 열심이며, 하나님의 질투는 바로 하나님의 열심인 것입니다. 본문의 사건은 이제 이스라엘 백성이 약속의 땅에 들어가기 전 모압 땅에서 일어난 마지막 시험의 사건이라 할 수 있습니다. 본문은 이렇게 시작됩니다. "이스라엘이 싯딤에 머물러 있더니 그 백성이 모압 여자들과 음행하기를 시작하니라." 이 사건은 싯딤 곧 요단강 동편에 위치한 강 건너로 여리고 성이 보이는 곳이었습니다. 오늘날의 텔 엘히암맘(Tell el-Hiammam)이나 키르벳 에쉬세이크라 불리우는 곳에서 일어났던 사건으로 보입니다.

우리가 본문을 피상적으로 관찰하면 음행의 사건으로 이해하게 됩니다. 그러나 성경이 문제 삼고 있는 본질적인 이스라엘의 실패는 이스라엘 남자들과 모압 여인들과의 성적 음행이 아니라 이 연합을 통해 궁극적으로 이스라엘이 모압의 이방 신들을 경배하게 되었다는 사실입니다. 우리는 2절에서 성경이 문제 삼는 이스라엘의 실패의 본질을 접하게 됩니다. "그 여자들이 자기 신들에게 제사할 때에 이스라엘 백성을 청하매 백성이 먹고 그들의 신들에게 절하므로." 자, 이제 그 결과로 어떤 일이 벌어졌는가를 3절에서 읽게 됩니다. "이스라엘이 바알브올에게 가담한지라 여호와께서 이스라엘에게 진노하시니라." 바알브올은 브올 지역의 주인 되는 바알 신이었습니다. 모압 여인들과의 육적 교제는 결국 모압인들의 신이었던 바알 신을 숭배하는 자리에까지 나아가는 영적 타락을 초래한 것이었습니다. 결국 여호와 하나님을 떠나 바알이란 우상 신의 노예가 된 것입니다. 그리고 여호와 하나님은 크게 진노하셨습니다. 하나님은 그동안 이스라엘을 저주하고자 한 발락 왕의 계획과 발람 선지자의 계략에서 그들을 보호하시고 구원하셨지만 이것을 감사하지 못하고 방심한 나머지 결국 내면의 욕망을 통해 무너져 내린 것입니다.

그렇다면 본문이 옛 이스라엘 백성의 범죄를 통해 오늘의 하나님의 백성들에게 전달하고자 하는 레슨은 무엇일까요?

1. 가장 무서운 영적 음행을 경계하라는 레슨입니다.

물론 우리는 육적인 음행도 경계해야 합니다. 이스라엘 백성들이 요단 강을 건너 약속의 땅으로 들어가는 역사적 과업을 앞두고 모압 여인들과 성적으로 연합하는 죄에 말려든 것은 큰 실수입니다. 그러나 하나님이 이런 육적 음행보다 더 문제 삼고 있었던 것은 영적 음행이었습니다. 하나님을 떠나 다른 신을 섬기는 행위였습니다. 이것은 바로 십계명의 제1계명과 제2계명을 깨트리는 범죄였던 것입니다. 첫 계명이 무엇입니까? "나 외에 다른 신을 내게 두지 말라"가 아닙니까? 둘째 계명은 무엇입니까? "너를 위하여 새긴 우상을 만들지 말고...그것들에게 절하지 말며 그것들을 섬기지 말라"가 아니었습니까?

그런데 지금 이스라엘 백성들은 바알의 우상에게 절하며 그 신을 기쁘게 하는 축제에 참여하고 있었던 것입니다. 바알의 신은 본래 생식의 신, 풍요의 신이었습니다. 바알의 아내는 아스타롯이란 신이었는데 이 두 신의 성적 연합이 농사의 풍요를 가져 온다고 믿고 있었습니다. 그래서 축제의 절정에 그들은 이 신들을 기쁘게 하는 성의 파티를 열고 있었던 것입니다. 이 축제에 참여한 이스라엘 남자들은 오랫동안 광야의 여정을 통하여 전쟁과 기근을 경험하다가 이 축제에 참여하며 그동안 자신들을 지키는 영적 방어기제를 상실했습니다. 마침내 모압 여자들의 유혹을 이기지 못하고 성적 유희에 동참했고 축제의 음식을 먹던 그들은 마침내 이런 기쁨을 제공하는 바알 신을 경배하기에 이르렀던 것입니다. 여기 본문 3절에 "이스라엘이 바알브올에게 가담한지라..."고 할 때 이 가담했다는 말의 본 의미는 '스스로 멍에를 지게 되었다'(yoked himself)는 뜻입니다. 그들은 이제 바알과 멍에를 같이하며 바알의 노예가 된 것입니다. 어찌 하나님이 진노하지 않으시겠습니까?

잊지 마십시다. 가장 무서운 죄는 육적 타락 이상으로 영적 타락이라는 것을... 육적 음행 이상의 영적 음행이라는 것을! 그것을 하나님은 질투하신다는 것입니다. 그것은 곧 거룩한 질투입니다. 왜냐하면 당신의 기쁨을 위하여 그분과의 사귐의 대상으로 지음 받은 백성들이 하나님을 떠나 우상에 빠져버렸기 때문입니다. 그래서 신약에도 하나님과의 사귐, 교제를 강조하는 대표적인 서신서가 요한일서입니다. 요일1:3-4을 보면 서신서의 기록의 목적이 이렇게 기록됩니다. "우리가 보고 들은 바를 너희에게도 전함은 너희로 우리와 사귐이 있게 하려 함이니라 우리의 사귐은 아버지와 그의 아들 예수 그리스도와 더불어 누림이라 우리가 이것을 쓴은 우리의 기쁨이 충만하게 하려 함이라." 그런데 이런 요한일서 서신서의 마지막 구절을 기억하십니까? 요일5:21입니다. "자녀들아 너희 자신을 지켜 우상에게서 멀리하라." 우상은 하나님에게서 우리의 시선을 멀리하게 하는 모든 것입니다. 우상을 섬긴다는 것은 하나님이 아닌 다른 대상을 더 사랑하고 경배하는 것입니다. 그것은 하나님과의 사귐을 중단하게 하는 가장 무서운 영적 음행인 것입니다. 이 영적 음행을 경계하라고 본문은 경고합니다.

2. 한 사람 비느하스의 열심을 배우라는 레슨입니다.

그런데 이런 이스라엘 백성들이 하나님을 떠나는 집단 배교를 경고하고 그 백성을 돌이키게 하는 결정적 역할을 감당한 것이 한 사람 제사장 비느하스, 아론의 손자, 엘르아살의 아들이었습니다. 그런데 이런 이스라엘 백성의 집단 배교도 한 사람으로 말미암아 대표적으로 촉발되었던 것입니다. 6절을 보십시오. "이스라엘 자손의 온 회중이 회막 문에서 울 때에 이스라엘 자손 한 사람이 모세와 온 회중의 눈앞에 미디안의 한 여인을 데리고 그의 형제에게로 온지라." 물론 당시 이스라엘 남자들이 집단 최면에 걸린 것처럼 음행에 빠져들자 4절과 5절에 보면 모세와 이스라엘 재판관들에게 엄히 다스려 이 죄가 퍼지지 않도록 경고하셨습니다. 그럼에도 불구하고 이 명령을 거스르고 공개적으로 한 사람이 한 미디안 여인을 데리고 막사로 들어가 행음하려 하자 비느하스가 손에 창을 들고 그들의 막사로 들어간 것입니다 이제 8절을 보십시오. "그 이스라엘 남자를 따라 그의 막사에 들어가 이스라엘 남자와 그 여인의 배를 꿰뚫어서 두 사람을 죽이니 염병이 이스라엘 자손에게서 그쳤더라." 피상적으로 읽으면 비느하스가 잔인한 일을 한 것처럼 보이기도 합니다만 이것은 대표적인 죄인을 응징함으로 더 많은 이스라엘 백성들을 죄에서 살려내기 위한 정의로운 재판행위였던 것입니다.

성경은 한 사람의 중요성을 가르칩니다. 로마서 5장을 읽어보면 한 사람 아담으로 말미암아 죄와 사망이 세상에 들어왔다고 가르칩니다. 롬5:12입니다. "그러므로 한 사람으로 말미암아 죄가 세상에 들어오고 죄로 말미암아 사망이 들어왔나니 이와 같이 모든 사람이 죄를 지었으므로 사망이 모든 사람에게 이르렀느니라." 한 사람의 죄가 마침내 모든 사람의 죄와 사망을 초래하게 되었다는 것입니다. 그러나 로마서 5장은 또 다른 한 사람을 소개합니다. 그 한 사람은 바로 예수 그리스도이십니다. 롬5:15을 보면 "...한 사람의 범죄를 인하여 많은 사람이 죽었은즉 더욱 하나님의 은혜와 또한 한 사람 예수 그리스도의 은혜로 말미암은 선물은 많은 사람에게 넘쳤느니라." 이어지는 롬5:18-19을 보십시오. "그런즉 한 범죄로 많은 사람이 정죄에 이른 것 같이 한 의로운 행위로 말미암아 많은 사람이 의롭다 하심을 받아 생명에 이르렀느니라 한 사람이 순종하지 아니함으로 많은 사람이 죄인 된 것 같이 한 사람이 순종하심으로 많은 사람이 의인이 되리라." 민수기 25장의 드라마도 바로 이 한 사람의 중요성을 극명하게 드러내고 있지 않습니까?

이스라엘 한 남자의 모압 여인과의 범죄로 수많은 백성이 범죄의 자리에 도달했지만 한 사람 비느하스의 거룩한 열심이 수많은 이스라엘 백성들을 살려 낸 것입니다. 이런 비느하스의 열심은 그 안에 작동하던 하나님의 거룩한 열심의 반영이었습니다. 그것은 우상을 용납할 수 없었던 하나님의 거룩한 질투요 하나님의 열심이었습니다. 시대를 살려내고 백성을 구원한 한 사람 비느하스의 열심을 학습하는 우리가 되십시다.

3. 평화의 언약, 속죄의 은혜를 사모하라는 레슨입니다.

비느하스의 용기 있는 행동이 초래한 결과는 무엇이었습니까? 12-13절의 말씀을 보겠습니다. "그러므로 말하라 내가 그에게 내 평화의 언약을 주리니 그와 그의 후손에게 영원한 제사장 직분의 언약이라 그가 그의 하나님을 위하여 질투하여 이스라엘 자손을 속죄하였음이니라." 오늘날 우리가 살고 있는 세상은 평화의 필요를 소리쳐 구하고 있고 평화의 회담이 도처에서 열리고 있습니다. 그러나 본문은 죄 문제가 다루어지지 않은 곳에 진정한 평화의 언약은 맺어질 수 없음을 보여주고 있습니다. 비느하스가 하나님의 거룩한 질투로 죄인들을 응징했을 때 하나님은 두 가지를 약속하신 것입니다. '속죄'와 '평화'입니다.

죄의 대가가 지불되었을 때 속죄가 선포되고 이제 하나님과의 관계에서 진정한 평화가 온 것입니다.

이미 소개한 바울의 로마서 5장이 이 사실을 명료한 복음으로 우리에게 선포하고 있습니다. 롬5:1을 읽습니다. "그러므로 우리가 믿음으로 의롭다 하심을 받았으니 우리 주 예수 그리스도로 말미암아 하나님과 화평을 누리자." 여기 이 구절의 시작 '그러므로'라는 접속사는 그 전 구절 롬4:25에서 비롯된 것입니다. "예수는 우리가 범죄한 것 때문에 내줌이 되고 또한 우리를 의롭다 하시기 위하여 살아나셨느니라." 그렇습니다. 예수의 십자가는 우리 범죄를 대신 짊어지시고 죽어주신 그의 죽음으로 말미암은 것입니다. 그가 우리의 죄로 우리가 받을 저주를 대신 짊어지고 죽으셨습니다. 그러나 그가 죄의 삯을 대신 지불하신 까닭에 우리는 죄사함을 받고 이제 의롭다 함을 얻었습니다. 우리가 의롭다함을 받고 의 가운데 살아가도록 그는 십자가에서 다시 사셨습니다. 롬5:1의 그러므로는 이 십자가의 은혜 곧 우리가 의롭다 함을 받은 사실 때문에 이제 우리는 하나님과 화평(화목)한 관계에 들어가게 되었다고 선포합니다.

이런 죄 문제가 해결되기 전에 우리와 거룩하신 하나님의 관계는 원수 된 관계였습니다. 거룩하신 그분은 죄를 향해 진노하실 수밖에 없는 분이시기 때문입니다. 죄를 짓고 우상을 주인으로 섬기는 우리를 향해 그는 질투하시고 진노하시는 하나님이십니다. 그런데 그리스도인 된 우리에게 일어난 기적 중의 기적이 있습니다. 롬5:10-11을 계속 읽어보십시오. "곧 우리가 원수 되었을 때에 그의 아들의 죽으심으로 말미암아 하나님과 화목하게 되었은즉 화목하게 된 자로서는 더욱 그의 살아나심으로 말미암아 구원을 받을 것이니라 그뿐 아니라 이제 우리로 화목하게 하신 우리 주 예수 그리스도로 말미암아 하나님 안에서 또한 즐거워하느니라." 그렇습니다. 예수 그리스도로 말미암은 하나님과의 화목은 하나님과의 원수 됨을 해결할 뿐 아니라 이제 하나님 안에서 진정 즐거워하고 행복한 희열의 삶을 선물하는 것입니다. 존 파이퍼의 말을 빌리면 우리는 이제 그리스도 안에서 거룩한 희락주의자가 된 것입니다. 죄에 대하여 열중하고 하나님의 진노를 사던 우리가 하나님을 사랑하고 그와의 교제에 몰두하며 즐거워하는 천국의 쾌락을 누리는 자가 되는 것입니다. 그래서 우리는 평화의 언약을 사모합니다. 속죄의 은혜를 사모합니다. 나를 질투하시기까지 사랑하시는 하나님과의 사귐을 위해서입니다. 할렐루야!

Chapter **27**
다음 세대를 준비하라

● 민 26:1-4

¹ 염병 후에 여호와께서 모세와 제사장 아론의 아들 엘르아살에게 말씀하여 이르시되 ² 이스라엘 자손의 온 회중의 총수를 그들의 조상의 가문을 따라 조사하되 이스라엘 중에 이십 세 이상으로 능히 전쟁에 나갈 만한 모든 자를 계수하라 하시니 ³ 모세와 제사장 엘르아살이 여리고 맞은편 요단 가 모압 평지에서 그들에게 전하여 이르되 ⁴ 여호와께서 애굽 땅에서 나온 모세와 이스라엘 자손에게 명령하신 대로 너희는 이십 세 이상 된 자를 계수하라 하니라

Chapter 27
다음 세대를 준비하라

우리는 최근에 '인구절벽'(population cliff)이란 말을 자주 접하고 있습니다. 본래 미국의 경제학자 해리 덴트(Harry Dent)라는 사람이 주장한 이론에서 출발한 단어라고 합니다. 어느 순간을 기점으로 한 국가의 구성원의 인구가 마치 절벽이 깎이는 것처럼 급격하게 감소되어 생산 가능 인구는 줄어들고 고령인구만 늘어나는 현상을 일컫는 말이라고 합니다. 그리고 이런 현상은 주로 저출산 기조나 고령화 사회와 맞물려서 일어나는 일종의 사회현상으로 지적됩니다. 우리 한국 사회는 이미 이런 인구 절벽을 경험하면서 우리의 미래에 불안한 숙제들을 떠안고 있습니다. 이미 벌써 7-80대의 노인들이 90-100세 넘어가는 더 늙은 노인부모를 돌보는 시대가 되고 교회도 벌써 원로목사를 두 사람 이상 갖는 교회들이 생겨나고 있습니다. 그래서 이런 문제의 해답으로 코로나로 말미암은 노인의 사망률 증가는 하늘이 내린 해결책이라든지, 노인 안락사 제한 없이 허용하기, 노인 복지 정책을 전면 재고하기 등의 끔직한 비인간적 비도덕적인 웃지 못할 대안들이 코미디처럼 제시되는 현상도 보고 있습니다. 그리고 이런 현상은 오늘의 한국 사회에서 노인들만 절망스럽게 하는 것이 아니라 실은 다음 세대의 희망을 빼앗는 것입니다. 인구 절벽이 피할 수 없는 내일의 국가 미래 이슈와 연결되면서 소위 다음 세대(Next Generation)의 미래를 불안하게 하고 있는 것입니다.

본문은 이스라엘 백성들의 광야 생활 40년이 가까운 시점에서 두 번째 이스라엘 장정들의 인구조사가 실시되는 시작을 보여줍니다. 사실 민수기라는 말 자체가 백성들의 숫자를 헤아린다는 의미임을 우리는 기억합니다. 첫 번째 인구조사는 시내 산에서 광야를 향해 출발하기 직전에(출애굽 2년 2월, 주전 1445년) 이루어졌다면 두 번째 인구조사는 모압 평지에서 가나안 땅 입성을 앞두고 이루어진(출애굽 제40년, 주전 1406년 8-9월경) 것입니다. 제1차 인구조사 목적은 군대 조직의 편성 및 광야 행군의 질서를 위한 것이었다면 제2차 인구조사의 목적은 군대 조직의 재편성과 가나안 땅 분배를 위한 것이었습니다. 결과는 처음 떠날 때와 큰 차이가 없었습니다. 첫 번째 인구조사의 총계는 60만 3550명인데 제2차 인구조사 결과는 60만 1730명으로 불과 1820명이 감소한 것으로 나타났습니다. 광야 생활의 수많은 재난과 역병, 사고에도 불구하고 이 정도의 인구를 유지한 것은 기적이라고 할 수 있습니다. 물론 그 인구는 여호수아와 갈렙을 제외하고 모두 광야에서 태어난 새로운 세대였습니다. 완전한 세대 교체가 이루어진 것입니다. 그러니까 제2차 인구조사의 진정한 의미는 약속의 땅에서의 다음 세대를 준비시키는 과정이었던 것입니다. 그렇다면 이 인구조사를 통한 다음 세대의 준비가 오늘의 우리에게 가르치는 다음 세대 준비의 레슨은 무엇입니까?

1. 전쟁에 능한 군사를 준비하라는 레슨입니다.

제1차, 2차 인구조사 때의 동일한 인구 조사의 원칙은 20세 이상의 남자들을 계수하는 것이었습니다. 그것은 전쟁이 발생할 경우 그들을 훈련시켜 적에 맞서 싸울만한 군사로 그들을 훈련시키고자 한 것입니다. 본문 1-2절을 보겠습니다. "염병 후에 여호와께서 모세와 제사장 아론의 아들 엘르아살에게 말씀하여 이르시되 이스라엘 자손의 온 회중의 총수를 그들의 조상의 가문을 따라 조사하되 이스라엘 중에 이십 세 이상으로 능히 전쟁에 나갈 만한 모든 자를 계수하라." 4절에 한 번 더 강조되고 있습니다. "여호와께서 애굽 땅에서 나온 모세와 이스라엘 자손에게 명령하신 대로 너희는 이십 세 이상 된 자를 계수하라." 국가 안보는 한 국가 국민의 삶을 지키는 대 전제라고 할 수가 있습니다. 안보는 우리의 삶의 울타리와 같은 것입니다. 안보가 보장되지 않은 민족에게 어떤 문화적 삶의 영위를 기대할 수는 없습니다. 그래서 전쟁에 나갈만한 젊은이들을 훈련하고 군사로 양육하는 것은 국가 지도자의 일차적 의무입니다. 그런데 국가 지도자가 소위 청년들의 표를 의식하여 온갖 혜택을 약속하고 군사력을 약화시키는 것은 결국 적에게 우리의 삶을 넘겨주는 것과 다르지 않은 행위임을 우리는 기억해야 합니다.

　그러나 이 군사준비는 군사력의 영역에만 국한되지 않습니다. 성경은 끊임없이 하나님의 백성들이 영적 전투에 노출되어 있다고 가르칩니다. 바울사도가 그의 믿음의 아들이요 그의 지도력을 계승하는 디모데에게 주신 말씀을 기억하십니까? 딤후 2:3-4의 말씀 말입니다. "너는 그리스도 예수의 좋은 병사로 나와 함께 고난을 받으라 병사로 복무하는 자는 자기 생활에 얽매이는 자가 하나도 없나니 이는 병사로 모집한 자를 기쁘게 하려 함이라." 우리들 믿는 자 모두가 그리스도 예수의 좋은 군사, 좋은 병사가 되어야 한다는 것입니다. 그리고 하나님은 우리를 그의 군사로 모집하셨다고 말합니다. 그리고 우리가 잘 아는 에베소서 6장에서 이 영적 전쟁에 대비하여 하나님의 전신 갑주로 무장되어 있어야 한다고 가르칩니다. 엡6:10-11을 다시 기억합시다. "끝으로 너희가 주 안에서와 그 힘의 능력으로 강건하여지고 마귀의 간계를 능히 대적하기 위하여 하나님의 전신 갑주를 입으라." 예수 그리스도의 교회의 중요한 미션이 바로 하나님의 백성들을 영적으로 무장시켜 그들을 예수의 강한 군사가 되게 해야 한다는 것입니다. 여러분이 가평 필그림에 가서 천로역정 길을 걷다 보면 미궁(아름다운 궁전)이 있고 그 안에 평화의 방, 영적 독서의 방과 함께 영적 무장실이 있습니다. 이 미궁의 역할이 바로 교회의 역할이고 그중에 중요한 것이 영적 무장임을 보여주고 있습니다. 교회에 얼마나 많은 교인들이 있느냐 보다 더 중요한 것은 그들이 얼마나 영적 전투에 능한 군사로 훈련되어 있느냐 입니다. 제가 담임목회를 하며 개발한 모든 성경 공부는 바로 광야 길에 훈련된 병사로 성도들을 훈련시키고자 한 것이었습니다.

2. 땅을 관리할 청지기를 준비하라는 레슨입니다.

우리가 민수기 26장을 계속 읽어내려 가다보면 인구조사의 또 하나의 중요한 목적이 기록됩니다. 민26:52-56의 말씀을 읽습니다. "여호와께서 모세에게 말씀하여 이르시되 이 명수대로 땅을 나눠 주어 기업을 삼게 하라 수가 많은 자에게는 기업을 많이 줄 것이요 수가 적은 자에게는 기업을 적게 줄 것이니 그들이 계수된 수대로 각기 기업을 주되 오직 그 땅을 제비 뽑아 나누어 그들의 조상 지파의 이름을 따라 얻게 할지니라 그 다소를 막론하고 그들의 기업을 제비 뽑아 나눌지니라." 여기 중요하게 반복되는 단어가 '기업'이란 말입니다. 그리고 이 기업을 12지파 수에 따라 분배하게 하셨다는 것이고, 어떤 지역의 땅을 갖느냐는 제비를 뽑아 갖게 하셨습니다. 하나님은 그 시대에 벌써 공정함의 원리를 따라 분배하게 하시고 관리하게 하신 것입니다. 일단 이 분배가 이루어진 다음에는 책임 있게 관리하는 숙제가 주어집니다. 따라서 12지파 모두 약속의 땅에 들어가 삶을 사는 중요한 원리는 이제 그들이 모두 하나님의 청지기로 살아야 한다는 것입니다. 이제 일단 분배가 이루어지면 얼마나 큰 땅, 혹은 적은 땅이 맡겨졌느냐가 중요한 것이 아니라 얼마나 맡겨진 땅을 책임 있게 관리하느냐가 중요한 것입니다. 이것이 바로 청지기의 원리요 정신입니다.

이런 청지기 정신은 구약에서 시작되어 신약에도 계속 됩니다. 벧전4:10 말씀을 기억하십니까? "각각 은사를 받은 대로 하나님의 여러 가지 은혜를 맡은 선한 청지기 같이 서로 봉사하라." 청지기(oikonomos, steward)는 주인이 맡겨준 자산을 맡아 관리하는 사람입니다. 그의 태도 여하에 따라 그는 악한 청지기가 될 수도 있고 선한 청지기가 될 수도 있습니다. 그가 선한 청지기가 되려면 우선 그의 모든 소유는 하나님이 일시적으로 그에게 맡겨 주신 것으로 그의 것이 아님을 인식해야 합니다. 그리고 주인 되신 하나님의 선하신 뜻대로 사용할 것을 고민해야 합니다. 복음서의 달란트의 비유처럼 먼 나라에서 주인이 돌아와 우리에게 맡기신 것을 어떻게 우리가 사용했는가를 결산하는 그 날 '착하고 충성된(신실한) 종'이라고 칭찬 받을 수 있어야 합니다. 청지기직에 대한 모든 불만은 하나님의 것을 내 것으로 착각하는 데서 비롯되는 것입니다. 비행기를 타는 동안 읽었던 수필 하나가 생각납니다. 어떤 귀부인이 비행장 가게에서 쿠키 한 봉지를 사가지고 자기 작은 가방 옆에 그 봉지를 놓아두었다고 합니다. 그런데 잠시 후 한 신사가 옆 자리에 앉더니 봉지에서 쿠키 하나를 꺼내 먹더랍니다. 남의 쿠키를 허락도 안 받고 먹는 신사에게 불쾌감을 느끼며 자기도 쿠키 하나를 먹었다고 합니다. 그렇게 몇 개의 쿠키를 교대로 먹고 이제 쿠키가 딱 하나 남았는데 신사는 그 쿠키를 반으로 잘라 남기고 남은 반을 먹으면서 자리에서 일어났다고 합니다. 소리라도 지르고 싶었지만 숙녀의 체면을 생각해서 참았다고 합니다. 잠시 후 자기 비행기 안내를 들고 자리에서 일어나다 보니까 자기 쿠키 봉지는 뜯기지 않은 채로 옆에 그대로 있었다고 합니다. 얼마나 그 신사에게 미안했을까요? 우리는 내 것도 아닌 것 가지고 화내고 불평하며 평생을 사는 것이 아닐까요? 선한 청지기 정신으로 남은 생을 사는 우리가 되기를 소망합니다. 우리의 다음세대가 청지기 정신으로 무장되도록 양육되기를 기대해 봅니다.

3. 미래의 리더십을 준비하라는 레슨입니다.

민수기 26장 마지막 대목 57-62절에는 레위인을 계수하도록 명하십니다. 레위인들은 일종의 영적 지도자들이라고 할 수 있습니다. 민26:62을 보시겠습니다. "일 개월 이상으로 계수된 레위인의 모든 남자는 이만 삼천 명이었더라 그들은 이스라엘 자손 중 계수에 들지 아니하였으니 이는 이스라엘 자손 중에서 그들에게 준 기업이 없음이었더라." 레위인들은 별도로 계수했는데 그 이유는 그들은 군대 가는 대신 성소를 돌아보는 일을 감당했기 때문입니다. 그리고 그들은 이십 세가 아닌 일 개월부터 계수하여 양육했습니다. 다시 말하면 영적 지도자들은 어려서부터 훈련되어야 했기 때문입니다. 그들에게 기업이 없었다면 그들의 생활비는 어떻게 충당되어야 했을까요? 그들은 다른 모든 지파들의 십일조로 필요를 해결한 것입니다. 그 원리는 지금 신약시대에도 말씀 사역에 전무하는 이들을 주의 백성 공동체가 돌봄으로 책임져야 한다는 교훈과도 일치하는 것입니다. 이 영적 지도자들의 헌신으로 하나님의 백성들의 영적 기상도가 좌우되기 때문에 이런 영적 지도자들을 준비하는 것이 우리 다음 세대를 향한 우리의 또 하나의 책임이기도 합니다. 지금 한국 교회에 신학생의 숫자가 급격하게 줄고 있다는 것은 우리가 직면한 또 하나의 심각한 위기입니다.

민수기 26장 마지막 구절 64-65절 말씀은 하나님이 광야 세대 중 남겨주신 마지막 두 명의 리더를 보여주며 막을 내립니다. "모세와 제사장 아론이 시내 광야에서 계수한 이스라엘 자손은 한 사람도 들지 못하였으니 이는 여호와께서 그들에게 대하여 말씀하시기를 그들이 반드시 광야에서 죽으리라 하셨음이라 이러므로 여분네의 아들 갈렙과 눈의 아들 여호수아 외에는 한 사람도 남지 아니하였더라." 이 마지막 구절은 비극적 경고와 희망의 마지막 불씨를 동시에 보여줍니다. 광야 세대 대부분이 광야에서 죽은 채로 이제 가나안 입성을 앞두고 있는 것입니다. 이 새로운 세대를 누가 인도할 수 있겠습니까? 다행스럽게 광야에서 하나님의 임재와 인도를 체험하고 준비된 두 사람의 지도자를 하나님은 남기신 것입니다. 이제 민수기 27장을 보면 하나님은 모세에게 그가 이 세상을 떠날 때가 된 것을 암시하십니다. 민27:12-13절입니다. "여호와께서 모세에게 이르시되 너는 이 아바림 산에 올라가서 내가 이스라엘 자손에게 준 땅을 바라보라 본 후에는 네 형 아론이 돌아간 것 같이 너도 조상에게로 돌아가리니" 그러자 모세는 이 땅을 떠나기 전에 그의 리더십을 승계할 사람을 세워 목자 없는 양과 같이 되지 않게 해 달라고 기도합니다.

그리고 하나님은 말씀하십니다. 민27:18입니다. "여호와께서 모세에게 이르시되 눈의 아들 여호수아는 그 안에 영이 머무는 자니 너는 데려다가 그에게 안수하고." 성령이 충만한 리더 여호수아를 약속의 땅의 인도자로 세우게 하십니다. 그렇습니다. 미래를 위해 준비된 리더, 성령이 그 안에 머무는 사람이었습니다. 우리 가정, 우리 교회의 미래를 위해서도 다음 세대의 이런 리더가 준비되도록 기도합시다. 우리 자녀들 우리의 다음 세대 중에 성령이 머무는 자들이 일어나도록 기도할 때입니다.

Chapter 28
매일 매주 매월의 헌신

● 민 28:1-15

1 여호와께서 모세에게 말씀하여 이르시되 **2** 이스라엘 자손에게 명령하여 그들에게 이르라 내 헌물, 내 음식인 화제물 내 향기로운 것은 너희가 그 정한 시기에 삼가 내게 바칠지니라 **3** 또 그들에게 이르라 너희가 여호와께 드릴 화제는 이러하니 일 년 되고 흠 없는 숫양을 매일 두 마리씩 상번제로 드리되 **4** 어린 양 한 마리는 아침에 드리고 어린 양 한 마리는 해 질 때에 드릴 것이요 **5** 또 고운 가루 십분의 일 에바에 빻아 낸 기름 사분의 일 힌을 섞어서 소제로 드릴 것이니 **6** 이는 시내 산에서 정한 상번제로서 여호와께 드리는 향기로운 화제며 **7** 또 그 전제는 어린 양 한 마리에 사분의 일 힌을 드리되 거룩한 곳에서 여호와께 독주의 전제를 부어 드릴 것이며 **8** 해 질 때에는 두 번째 어린 양을 드리되 아침에 드린 소제와 전제와 같이 여호와께 향기로운 화제로 드릴 것이니라 **9** 안식일에는 일 년 되고 흠 없는 숫양 두 마리와 고운 가루 십분의 이에 기름 섞은 소제와 그 전제를 드릴 것이니 **10** 이는 상번제와 그 전제 외에 매 안식일의 번제니라 **11** 초하루에는 수송아지 두 마리와 숫양 한 마리와 일 년 되고 흠 없는 숫양 일곱 마리로 여호와께 번제를 드리되 **12** 매 수송아지에는 고운 가루 십분의 삼에 기름 섞은 소제와 숫양 한 마리에는 고운 가루 십분의 이에 기름 섞은 소제와 **13** 매 어린 양에는 고운 가루 십분의 일에 기름 섞은 소제를 향기로운 번제로 여호와께 화제를 드릴 것이며 **14** 그 전제는 수송아지 한 마리에 포도주 반 힌이요 숫양 한 마리에 삼분의 일 힌이요 어린 양 한 마리에 사분의 일 힌이니 이는 일 년 중 매월 초하루의 번제며 **15** 또 상번제와 그 전제 외에 숫염소 한 마리를 속죄제로 여호와께 드릴 것이니라

Chapter 28
매일 매주 매월의 헌신

'헌신한다', '드린다'는 말을 들을 때 어떤 느낌이 드시는지요? 바울 사도는 로마서에서 그리스도인들에게 "...너희 지체를 의의 무기로 하나님께 드리라"(롬6:13)고 할 때 원어(희랍어)에서 부정과거형을 사용함으로 단 한 번의 결정적 헌신의 중요성을 강조합니다. 그러나 자기 자신을 하나님에게 한 번 바치고 헌신한 사람들은 그것을 스스로에게 계속 날마다 상기시킬 필요가 있습니다. 그래야 헌신이 유효하게 되는 것입니다. 바울은 롬 12:1에서 "그러므로 형제들아 내가 하나님의 모든 자비하심으로 너희를 권하노니 너희 몸을 하나님이 기뻐하시는 거룩한 산 제물로 드리라"고 말씀하십니다. 본래 제물은 죽여서 바치는 것입니다. 그런데 여기 '산 제물'로 드려야 한다는 말은 우리의 산 존재를 살아있는 한 계속해서 하나님에게 드려야 한다는 의미로 말씀하시고 있는 것입니다. 이 대목을 유진 피터슨이 그의 메시지 성경에서 어떻게 번역하고 있는지를 읽어보도록 하겠습니다. "그러므로 나는 이제 여러분이 이렇게 살기를 바랍니다. 하나님께서 여러분을 도우실 것입니다. 여러분의 매일의 삶, 일상의 삶, 자고 먹고 일하고 노는 모든 삶을 하나님께 헌물로 드리십시오."

본문은 이스라엘 백성들이 약속의 땅으로 들어가 어떻게 살도록 가르칠 것인가를 하나님께서 모세에게 말씀하시는 대목입니다. 여기서 하나님은 일 년 중 중요한 날에 어떻게 중요한 헌신을 드려야 할 것인가를 가르치는 대신에 매일, 매주, 매월을 어떻게 제물을 드리며 살아야 할 것인가를 먼저 가르치십니다. 다시 말하면 그는 일상의 헌신을 우리에게 가르치신 것입니다. 하루하루가 모여 한 주간을 만들고 한 주간 한 주간이 모여 한 달을 만들고 한 달 한 달이 모여 일 년을 만들고, 일 년 일 년이 모여 한 평생을 만드는 것이라면 매일, 매주, 매월, 매년의 헌신을 가르치는 것이 무엇보다 중요하지 않겠습니까? 그래서 하나님은 이제 약속의 땅에 들어가기 전 그 땅에서의 하나님의 백성다운 삶을 가르치기 위해 민수기 28장과 29장에서 주의 백성들이 지켜야 할 제사와 절기에 대한 말씀을 전달하십니다. 먼저 본문 1-15절에서 모세는 날마다 바치는 번제물(1-8절), 안식일의 제사(9-10절), 월삭에 드리는 제물(11-15절)에 대하여 말씀하십니다. 이 본문을 오늘의 우리에게 쉽게 적용하여 말씀한다면 '매일, 매주, 매월의 헌신'이라고 할 수 있습니다.

1. 매일의 헌신
우선 본문 3절에 보면 일 년 된 숫양을 매일 두 마리씩 상번제로 드리라고 했습니다. 상번제란 '끊임없이 드리는 제사'(올라 타미드, A Continual Burnt Offering)라는 의미입니다. 매일 지속적으로 그렇게 해야 한다는 것입니다. 이어 4절을 보겠습니다. "어린 양 한 마리는 아침에 드리고 어린 양 한 마리는 해 질 때에 드릴 것이요." 그리고 이어지는 규례를 통하여 아침저녁 이렇게 상번제를 드릴 때에 소제 제물과 전제 제물을 함께 바쳐야 한다는 것이었습니다. 소제의 제물로는 고운 밀가루 10분의 1에바(1에바 = 22리터)에 좋은 올리브기름 4분의 1힌(1힌= 3.6리터)을 섞은 것을 바쳐야 했습니다. 전제의 제물로는 독한 술 4분의 1힌이 필요했습니다. 이런 제사는 모두 하나님의 은혜에 대한 우리의 응답으로 하나님을 기쁘시게 하기 위해 드려지는 것이어야 했습니다.

이런 구약시대의 매일의 제사가 오늘을 사는 우리에게는 어떻게 적용되어야 할까요? 한마디로 오늘의 우리에게도 매일의 헌신이 필요하다는 것입니다. 그래서 오늘의 개신교도들에게 가장 광범하게 적용되는 경건의 헌신의 하나는 QT라고 할 수가 있습니다. 오래 동안 QT(Quiet Time)는 경건의 시간(Devotional Hour), 아침의 경종(Morning Watch) 등으로 불리우다가 최근에 와서는 QT라고 불리워지고 있습니다. 이것은 일주일에 한 번 주일의 예배만으로 신앙생활을 영위하던 성도들에게 큰 영적 유익을 끼쳐 왔습니다. 그러나 구약 시대의 매일의 제사와 비교할 때 한 가지 약점이 지적되어 왔습니다. 대체로 QT는 아침에 한 번 짧게는 15-20분, 30분, 좀 오래하시는 분들은 한 시간 가까이 하는 성도들도 있습니다. 그러나 아침에 아무리 진지하게 QT시간을 갖고 은혜를 받았어도 몇 시간이 흘러 직장에 나가 일하다 보면 혹은 가정의 여러 일을 처리하며 여러 사람과 부딪히다 보면 우리는 다시 은혜를 상실하고 화내고 경건한 마음을 잃어버리는 자신을 발견하게 됩니다.

그래서 구약시대의 매일의 헌신이 매일 아침과 저녁 두 차례의 제사로 이루어 진 것을 다시 주목할 필요가 있습니다. 대체로 학자들은 저녁 제사가 오후 일찍 한 세시 경에 드려졌을 것으로 추정합니다. 아침에 제사하며 자신의 헌신을 주께 드리던 그 마음을 오후 3시경에 한 번 더 저녁 제사로 드리며 헌신의 마음을 추슬러 하루의 마지막 시간들을 주께 드리곤 한 것입니다. 그래서 제가 지구촌교회 영성 QT를 다시 개발하며 아침에 30분하기 보다 아침에 20분하고 10분을 남겼다가 점심 전후에 5분, 저녁 전후에 5분을 기도시간으로 사용한다면 훨씬 더 유익하다고 제안하게 된 것입니다. 자, 영성 QT의 핵심은 본문을 읽고 묵상하며 본문에서 만나는 하나님이 누구이신가를 정리하며 마무리 됩니다. 예컨대 이번 본문 민수기에서 만나는 하나님은 '매일 매주 매월 나를 만나기를 기뻐하시는 하나님'(기도 언어)이라고 해봅시다. 그러면 점심과 저녁 식사 전후 조용한 곳을 찾아 각각 5분을 사용하여 아침에 만난 그 하나님, 곧 매일 매주 매월 우리를 만나기를 기뻐하시는 하나님! 지금 저를 만나주시고 저의 기도를 들어주소서...하며 기도하는 시간을 갖는 것입니다. 그러면 아침의 은혜가 오후로 저녁으로 이어질 수 있는 장점이 있습니다. 그래서 매일이 은혜로 충만한 하루하루가 되시기를 축복합니다.

2. 매주의 헌신

본문 9-10절에 보면 안식일 제사 규범이 기록됩니다. "안식일에는 일 년 되고 흠없는 숫양 두 마리와 고운 가루 십분의 이에 기름 섞은 소제와 그 전제를 드릴 것이니 이는 상번제와 그 전제 외에 매 안식일의 번제니라." 평일과 무엇이 달라졌습니까? 한 마디로 평일의 두 배의 제물을 드리라는 것입니다. 매일의 상번제의 제물을 안식일에도 드리면서 다시 안식일의 제물을 드리라는 것입니다. 그러면 평소의 배가 되겠지요. 평일에 숫양 두 마리를 드렸는데 안식일에 다시 두 마리를 더하여 네 마리를 드리고 거기에 곡식, 기름, 포도주를 함께 드린 것입니다. 메시지가 무엇일까요? 안식일에는 하나님을 갑절로 생각하라는 것입니다. 평소에도 하나님 생각하고 살아가지만 안식일에는 집중적으로 하나님을 더 묵상하라는 것입니다. 안식일은 휴일(holiday)이 아니라, 거룩한 날(holy day)가 되어야 한다는 것입니다.

그래서 이스라엘 사람들은 안식일에 모든 노동을 피하지만 회당에는 반드시 나아가 여호와 하나님을 예배한 것입니다. 행 1:12에 보면 이런 말씀이 있습니다. "제자들이 감람원이라 하는 산으로부터 예루살렘에 돌아오니 이 산은 예루살렘에서 가까워 안식일에 가기 알맞은 길이라." 여기 안식일에 가기 알맞은 길이란 말이 나오지 않습니까? 어느 정도의 길일까요? 분명한 것은 1km 미만의 길이란 것입니다. 그 정도의 길은 안식일에도 걸을 수 있는 거리로 인정했고 유대인들은 그 정도 범위 안에 있는 회당에 가족들과 함께 걸어가서 예배를 드립니다. 왜 예배를 드립니까? 예배의 정의는 무엇입니까? 대부분의 예배학자들의 정의는 '예배는 자신을 계시하시는 하나님에 대한 인생의 응답'이라고 말합니다. 성경의 하나님은 자신을 계시(열어 보이신다)하시는 하나님이십니다. 하나님이 자신을 열어 보이시며 우리에게 다가 오실 때 우리가 할 일, 예배하는 것입니다. 예배를 영어로 worship이라고 하는데 이 단어의 어근은 worth(가치)라는 말입니다. 예배는 하나님의 하나님 되신 가치를 인정하고 그분을 높여 드리고 찬양하는 행위입니다.

계4:10-11에 보면 천국에서 이십사 장로들이 하나님을 경배하며 이렇게 찬양합니다. 계4:11입니다. "우리 주 하나님이여 영광과 존귀와 권능을 받으시는 것이 합당하오니 주께서 만물을 지으신지라." 세상에 가장 큰 신비가 있다면 창조의 신비

일 것입니다. 장엄한 우주의 창조, 아직도 인간의 과학과 생각이 미치지 못하는 신비입니다. 이 창조의 신비를 묵상하며 하나님은 영광과 존귀와 권능을 받으시기에 합당하다고 찬양합니다. 여기 '합당하다'는 말이 영어로 worthy(가치있다)란 단어입니다. 하나님은 그렇게 영광과 찬양을 받으실 가치가 있으신 분이라는 것입니다. 우리가 하나님을 언제나 예배하고 찬양할 수 있지만 과거 구약으로 말하자면 안식일에, 우리는 주일에 특히 그렇게 해야 한다는 것입니다. 그렇게 하나님을 집중적으로 묵상하고 예배하며 한 주를 설계하는 것이 안식일에 할 일입니다. 구약의 안식일은 한 주의 시작입니다. 안식하고 한 주를 살아가는 것입니다, 안식일에 얻은 은혜의 에너지로 한 주를 살아갈 힘을 얻습니다. 안식일의 예배는 매주의 헌신인 것입니다.

3. 매월의 헌신

본문 11-15절까지 매월 초하루에 드리는 제사에 대하여 기록합니다. 이것을 월삭(new moon)이라고도 했습니다. '초하루'란 말은 히브리어로 우베라쉐 호드쉐켐(in the beginnings of your months) 매월의 첫날에 지켜야 할 제사였습니다. 상번제나 안식일의 제물보다 더 많은 제물이 드려져야 했습니다. 번제로 수송아지 두 마리, 일 년 된 숫양 일곱 마리가 드려졌고 더하여 상번제와 속죄제로 숫염소 한 마리가 드려졌습니다. 이 초하루의 제사는 은 나팔을 부는 것으로 시작됩니다. 하나님께서 우리의 기도와 간구를 기억해 주시기를 기대하며 시작됩니다. 그런데 이 월삭의 제사가 다른 제사와 구별되는 특성은 속죄의 제사로 드려야 한다는 것입니다. 그것은 새로운 달을 시작하며 우선 하나님에게 지나간 달에 잘못된 내 행위를 참회하며 용서를 구하는 것입니다. 동시에 새롭게 시작되는 새로운 달에 대한 결심을 아뢰는 것입니다. 이것이 월삭의 제사, 지금 우리말로 매월의 헌신입니다.

어떻게 이 구약의 월삭의 제사가 오늘의 우리에게 적용될 수 있을까요? 저는 문자 그대로 우리도 매월 1일이 되면 이런 한 달의 헌신을 지금도 드리면 좋겠다는 생각을 해 봅니다. 우선 매월 1일이 되면 우리는 지나간 한 달을 돌아보며 참회의 기도를 드리는 것이 좋겠다고 생각합니다. 우리 식의 오늘의 속죄 제사가 될 것입니다. 과거를 떳떳하게 청산한 사람만이 미래를 향해 나아갈 수 있기 때문입니다. 그리고 이제 다가온 새로운 한 달의 중요한 계획들을 주께 아뢰며 기도하는 것입니다. 과거가 무거운 짐이 되면 우리의 미래도 무거울 수밖에 없습니다. 우리의 미래가 하늘의 보좌로부터 받는 복된 선물이기 위해 우리는 과거를 오래 음습한 창고 속에 묻어 두지 말고 속히 푸른 하늘로 날려 보내고 우리의 꿈의 날개를 펴야 합니다. 이런 과거 청산을 매달마다 할 수 있다면 얼마나 축복이겠습니까? 과거 청산은 빠를수록 좋은 것입니다.

KBS 인기 드라마로 방영한 〈현재는 아름다워〉라는 극이 있습니다. 주인공이 '현재'와 '미래'입니다. 둘이 사랑해서 결혼 날짜를 잡아 놓았는데 장애물이 발생합니다. 현재 할아버지가 어려서 잃어버린 딸을 평생 찾았는데 그 딸이 미래 엄마라는 것입니다. 만일 할아버지가 딸과의 법적인 관계를 회복하면 가족끼리의 결혼이 되어 현재와 미래는 결혼할 수 없게 됩니다. 그런데 할아버지가 친권을 회복하지 않기로 하면서 현재와 미래는 결혼에 골인하게 됩니다. 아마 작가는 이 드라마를 통해 오늘날 결혼을 기피하는 문화에 대해 우리가 조금만 마음을 넓히면 극복하지 못할 장애는 없다는 메시지를 전달하려는 것으로 보여집니다. 더 나아가 주인공의 이름이 상징하는 현재와 미래 사이의 간극을 우리가 어떻게 극복하고 새 날을 향해 갈 것인가를 보여주고자 하는 것입니다. 그런데 본문은 과거를 넘어 설 때 우리는 진정한 복된 미래로 나아갈 수 있으며 그것은 속죄의 은총으로만 가능하다고 말합니다. 십자가에서 속죄의 제물 되신 예수님 앞에 나아와 그의 보혈로 씻음 받을 때 우리는 미래를 바라보고 아름다운 현재를 즐거워 할 수가 있습니다.

Chapter **29**

매년 기억해야 할 감사
(1)

• 민 28:16-31

¹⁶ 첫째 달 열넷째 날은 여호와를 위하여 지킬 유월절이며 ¹⁷ 또 그 달 열다섯째 날부터는 명절이니 이레 동안 무교병을 먹을 것이며 ¹⁸ 그 첫날에는 성회로 모일 것이요 아무 일도 하지 말 것이며 ¹⁹ 수송아지 두 마리와 숫양 한 마리와 일 년 된 숫양 일곱 마리를 다 흠 없는 것으로 여호와께 화제를 드려 번제가 되게 할 것이며 ²⁰ 그 소제로는 고운 가루에 기름을 섞어서 쓰되 수송아지 한 마리에는 십분의 삼이요 숫양 한 마리에는 십분의 이를 드리고 ²¹ 어린 양 일곱에는 어린 양 한 마리마다 십분의 일을 드릴 것이며 ²² 또 너희를 속죄하기 위하여 숫염소 한 마리로 속죄제를 드리되 ²³ 아침의 번제 곧 상번제 외에 그것들을 드릴 것이니라 ²⁴ 너희는 이 순서대로 이레 동안 매일 여호와께 향기로운 화제의 음식을 드리되 상번제와 그 전제 외에 드릴 것이며 ²⁵ 일곱째 날에는 성회로 모일 것이요 아무 일도 하지 말 것이니라 ²⁶ 칠칠절 처음 익은 열매를 드리는 날에 너희가 여호와께 새 소제를 드릴 때에도 성회로 모일 것이요 아무 일도 하지 말 것이며 ²⁷ 수송아지 두 마리와 숫양 한 마리와 일 년 된 숫양 일곱 마리로 여호와께 향기로운 번제를 드릴 것이며 ²⁸ 그 소제로는 고운 가루에 기름을 섞어서 쓰되 수송아지 한 마리마다 십분의 삼이요 숫양 한 마리에는 십분의 이요 ²⁹ 어린 양 일곱 마리에는 어린 양 한 마리마다 십분의 일을 드릴 것이며 ³⁰ 또 너희를 속죄하기 위하여 숫염소 한 마리를 드리되 ³¹ 너희는 다 흠 없는 것으로 상번제와 그 소제와 전제 외에 그것들을 드릴 것이니라

Chapter 29
매년 기억해야 할 감사(1)

　우리는 앞서 구약의 하나님의 백성들이 매일 매주 매월 드리는 제사를 통하여 오늘의 우리가 어떻게 매일 매주 매월의 헌신을 우리의 삶의 주인 되신 하나님께 드려야 하는지를 성찰하였습니다. 그런데 주의 백성들이 약속의 땅에 들어가 드려야 할 축제나 제사는 거기에서 끝나지 않습니다. 이제는 주의 백성들이 그 땅에 들어가 매년 지켜야 할 특별한 절기에 대하여 민수기 28장과 29장에서 가르치고 있습니다. 이런 절기를 구약의 백성들은 '하그'(hag)라고 불렀습니다. 히브리어 '하그'는 '기뻐하다', '춤추다'라는 의미를 갖고 있습니다. 영어로는 'festival'(feast)로 다시 우리말로 번역하면 '명절' 혹은 '축제'입니다. 매년 지켜야 할 축제로 한 7대 절기(유월절, 무교절, 초실절, 오순절, 나팔절, 속죄일, 초막절)가 레위기와 민수기를 통해 소개됩니다만 이런 모든 축제의 핵심에는 여호와 하나님을 향한 감사의 교훈이 핵심을 이루고 있습니다. 그리고 한 걸음 더 나아가서 이 축제들은 신약 교회의 관점에서 볼 때 예언적이고 구속사적으로 구약의 백성들이 바라보고 기다리던 메시아 되신 예수 그리스도의 미래 사역을 보여주고 있습니다.

하나님께서는 당신의 백성들이 광야의 삶에서 잃어버리고 있는 것이 무엇인가를 알고 계셨습니다. 그것은 바로 축제의 기쁨이었던 것입니다. 그래서 약속의 땅에서의 새로운 삶이 진정한 축제의 삶이 되기를 기대하신 것입니다. 하나님은 본래 우리 인간을 지으실 때 '축제하는 인간'(Homo festivus)으로 지으신 때문입니다. 그러나 축제에 몰입하고 열중하다 보면 타락한 성품을 지닌 우리는 다시 자연스럽게 쾌락에 빠져 방종해지는 약점을 지니고 있기 때문에 우리가 축제를 즐기면서도 제사를 드려야 했고 이런 제사, 혹은 이런 축제가 담고 있는 영적 의미들을 깨닫고 축제 행위에 동참하기를 기대하신 것입니다. 우선 본문 민 28:16-31에는 두 가지 명절이 소개되고 그 명절을 지키는 규례와 제사가 소개되고 있습니다. 본문 16-25절까지에는 유월절이 그리고 이어 26-31절까지에는 칠칠절이 소개되고 있습니다. 그러면 우리는 이 두 가지 명절 혹은 축제를 통한 감사의 레슨을 함께 성찰하고자 합니다.

1. 유월절의 레슨

이스라엘 종교 달력에 의하면 니산 월 그러니까 첫째 달 14일로 오늘 우리의 달력에 의하자면 3-4월의 보리 수확기에 이 절기가 있습니다. 일단 이런 보리 수확에 대한 감사와 기쁨을 담고 이 절기에 임하게 됩니다. 그러나 역사적으로 말하면 이스라엘 백성이 이집트의 노예 된 운명에서 벗어나 자유와 구원을 얻게 된 것에 대한 감사를 드리는 절기입니다. 출애굽기 12장에 보면 하나님의 심판이 이집트의 모든 장자들에게 임할 때 하나님의 명하심을 따라 어린 양을 잡고 그 피를 집 좌우 문설주와 인방에 바른 집에는 심판의 천사가 그 집을 넘어가리라(유월, pass-over)고 약속하신 것입니다. "내가 애굽 땅을 칠 때에 그 피가 너희가 사는 집에 있어서 너희를 위하여 표적이 될지라 내가 피를 볼 때에 너희를 넘어가리니 재앙이 너희에게 내려 멸하지 아니하리라."(출12:13) 그런 의미에서 유월절은 해방의 날이요 구원의 날이었습니다. 그래서 이 절기에는 흠 없는 숫양(없을 경우 수송아지나 숫염소로 대체 가능)을 준비하여 바치는 것이 제일 중요한 제사의 의무였습니다. 출12:3에 보면 "...이 달 열흘에 너희 각자가 어린 양을 취할찌니 각 가족대로 그 식구를 위하여 어린 양을 취하되" 이제 출12:5을 보십시오. "너희 어린 양은 흠 없고 일 년 된 수컷으로 하되 양이나 염소 중에서 취하고." 본문을 조심스럽게 읽어보면 안식일이 유월절이 되는 경우 무려 11마리의 숫양과 기타 짐승들이 제물로 바쳐져야 했습니다. 이 모든 제물 특히 어린 양이 상징하는 실체는 무엇입니까? 요1:29에서 요한이 예수님을 향해 증거한 말씀을 기억하십니까? "...보라 세상 죄를 지고 가는 하나님의 어린 양이로다." 그러므로 유월절 절기의 핵심은 우리의 속죄의 어린 양으로 오신 예수님의 피 흘리심, 그 구원의 은혜를 감사하는 마음을 드리는 것입니다.

그런데 구약의 유월절은 엄격하게 말하면 하루에 끝납니다. 본문 16절을 보십시오. "첫째 달 열넷째 날은 여호와를 위하여 지킬 유월절이며." 이스라엘 종교력으로 1월 14일입니다. 그런데 그 다음 날이면 유월절에 이어지는 새 절기가 따라옵니다. 그 절기를 무교절이라 부릅니다. 본문 17절을 보시기 바랍니다. "또 그 달 열다섯째 날부터는 명절이니 이레 동안 무교병을 먹을 것이며." 무교병은 누룩 없는 떡이란 말입니다. 그런 누룩 없는 떡을 먹는 절기가 바로 무교절인 것이고 이 무교절은 한 주간 지속됩니다. 그래서 흔히 유월절을 8일간으로 기억하는 분들이 있습니다만 실제로는 유월절은 하루이고 무교절이 한 주간 지속됩니다. 무교절은 누룩 없는 떡(빵)을 먹는 기간일 뿐 아니라, 집안에서 누룩을 제거하고 없애야 하는 기간이기도 했습니다. 누룩은 성경에서 죄나 악을 상징합니다. 바울 사도는 고전5:6에서 "...적은 누룩이 온 덩어리에 퍼지는 것을 알지 못하느냐"고 말합니다. 죄나 악의 빠른 전염성을 경고한 것입니다. 그 다음 절, 고전5:7을 기억하십니까? "너희는 누룩 없는 자인데 새 덩어리가 되기 위하여 묵은 누룩을 내버리라 우리의 유월절 양 곧 그리스도께서 희생되셨느니라."

이제 여기서 유월절은 하루로 끝나는데 무교절이 한 주간 내내 지속되는 이유가 밝혀집니다. 우리가 예수 그리스도의 십자가의 보혈로 죄 씻음을 받고 구원받는 것은 한 순간 단번에(once for all) 이루어지는 일입니다. 그러나 우리가 구원받음이 죄에서 용서받은 것이지 죄와 상관없는 사람이 된 것을 뜻하지는 않습니다. 우리는 아직도 죄에 오염되고 죄를 퍼트릴 가능성이 있는 자들인 것입니다. 우리는 아직도 묵은 누룩을 내어버릴 필요가 있는 사람들인 것입니다. 뮤지컬 〈지붕 위의 바이올린〉에 보면 유대인들은 전 세계에 흩어져 살면서도 그들의 전통을 지켜내는 모습을 보게 됩니다. 그 전통 중의 하나가 무교절을 준비하며 집안에 손이 닿기 어려운 곳곳에 빵 부스러기(누룩, 효모)를 뿌려 놓았다가 다시 그 누룩 부스러기들을 찾아내어 쓰레받기에 담아 집 밖에서 불태우는 의식을 행하는 모습입니다. 예수의 피로 구원받은 사람들도 늘 긴장하고 죄를 경계하고 늘 쉽게 우리 일상에 침투해 들어오는 죄와 더불어 싸워서 죄를 제거해야 한다는 것입니다. 그리하여 죄에서 지켜주시는 주의 은혜에 감사하는 우리가 되어야 합니다.

2. 칠칠절의 레슨

본문에서 큰 문단으로 유월절에 이어 두 번째로 다루고 있습니다만 사실은 유월절, 무교절, 초실절에 이은 4번째 절기가 칠칠절입니다. 히브리어로 샤부옷(Shavuot)이라고 하고 영어로 표기하면 Weeks(7X7), 곧 칠칠절입니다. 유월절이 니산 월 14일, 무교절의 시작이 15일인데 그 다음 날, 그러니까 16일을 초실절(첫 열매, 첫 곡식단을 바치는 날)이라고 합니다. 그 초실절부터 일곱 안식일을 지난 절기를 칠칠절 혹은 그 다음 날을 가리켜(7X7+1) 오순절이라고 부르기도 합니다. 칠칠절은 오순절과 동의어로 생각하시면 됩니다. 구속사적으로 유월절이 그리스도의 피 흘리고 죽으심을 상징한다면 무교절은 예수 그리스도의 장사지내심(우리 죄를 짊어지고 무덤에 가심) 그리고 초실절은 예수 그리스도가 부활의 첫 열매되심을 예표하는 절기입니다. 그렇다면 칠칠절 혹은 오순절은 그리스도의 어떤 사건을 예표하는 것입니까? 그가 우리를 위해 죽으시고 부활하신 다음 오십 일째 되던 날 어떤 사건이 이루어집니까? 그리스도의 영이신 보혜사 성령이 강림하신 날, 바로 오순절 성령강림일을 예표하는 절기입니다.

봄에 이스라엘 백성이 처음 곡식을 수확하는 날이 초실절이라면 그 수확을 오십 일이 지나 하나님께 바치는 절기가 오순절입니다. 헬라어로 오십 번째를 가르쳐 '펜테코스테'(Pentecost)라고 합니다. 초실절에 보리를 수확하고 오십 일이 지나 밀 수확까지 마치고 하나님께 감사를 바치는 절기였습니다. 그런데 이때 드리는 제물은 곡식단이 아니라 햇곡식으로 만든 빵 두 개였다고 합니다. 그래서 전통적으로 칠칠절 혹은 오순절의 중요한 유대 전통은 두 덩어리의 떡(빵)을 성전에 바치고 이 두 덩이의 빵 속에는 반드시 누룩을 넣어야만 했다고 합니다. 메시아닉 유대인들은 이것을 하나님께서 불완전한 죄인 된 유대인과 이방인을 오순절에 교회 공동체 안에 하나 되게 하신 사건의 예표로 해석합니다. 엡2:14-15 말씀을 보십시오. "그는 우리의 화평이신지라 둘로(유대인과 이방인) 하나를 만드사 원수 된 것 곧 중간에 막힌 담을 자기 육체로 허시고 법조문으로 된 계명의 율법을 폐하셨으니 이는 이 둘로 자기 안에서 한 새 사람을 지어 화평하게 하시고." 레23:17에 보면 이 사건을 떡 두 개를 가져다가 고운 가루에 누룩을 넣어 구워 하나님께 바치는 것이라고 했습니다.

이것이 바로 오순절의 기적입니다. 성령이 오시면 누룩 같은 죄인들이 성령의 불로 녹아지고 유대인과 이방인이 하나가 된다는 것입니다. 그 어떤 죄인들도 성령의 은혜 안에 있게 되면 모든 차이와 다름을 내어버리고 하나가 됩니다. 그러나 성령의 은혜를 소멸하고 자기의 주관을 고집하면 우리는 결코 하나가 될 수 없습니다. 세상에서 모든 것이 하나 된다 해도 정말 하나 되기 어려운 불가능의 대상이 있다면 유대인과 이방인입니다. 왜냐하면 유대인의 감사기도 중 하나가 우리를 이방인으로 태어나지 않게 하심을 감사한다는 것이었습니다. 이방인을 인간이 아닌 개라고 불렀습니다. 유대인들에게는 이방인은 부정한 존재로 상대해선 안되는 대상이었습니다. 그런데 오순절 성령 강림 후, 그들은 초대교회에서 하나가 되어 세계 선교에 헌신하게 됩니다. 왜 도대체 무슨 일이 일어났습니까? 두 가지 때문입니다. 하나는 십자가에서 예수께서 죽으실 때 그는 유대인과 이방인을 함께 품고 돌아가셨기 때문입니다. 다시 엡2:16을 보십시오. "또 십자가로 이 둘을 한 몸으로 하나님과 화목하게 하려 하심이라 원수 된 것을 십자가로 소멸하시고." 그렇습니다. 예수의 십자가가 우리의 죄와 허물을 담당하신 사건이라면 그는 거기서 우리의 편견, 우리의 차별, 우리의 오해, 우리의 아집도 다 소멸하신 것입니다. 십자가가 모든 원수된 것을 소멸하신 것입니다. 우리가 아직도 인간에 대한 어떤 뿌리 깊은 편견을 가지고 어떤 사람들을 피하고 있다면 우리의 인생은 아직 십자가를 통과하지 못한 것입니다. 십자가에서 우리의 옛 자아, 우리의 고집과 우리의 편견이 죽지 못한 까닭입니다.

둘째는 성령이 무리 중에 임하신 까닭입니다. 사도행전 2장에 보면 오순절에 여러 지역에서 다른 언어들을 사용하던 사람들이 예루살렘 다락방에 모여 예배하고 있었습니다. 행2:1을 보십시오. "오순절 날이 이미 이르매 그들이 다같이 한 곳에 모였더니." 행2:3-4을 보십시오. "마치 불의 혀처럼 갈라지는 것들이 그들에게 보여 각 사람 위에 하나씩 임하여 있더니 그들이 다 성령의 충만함을 받고 성령이 말하게 하심을 따라 다른 언어들로 말하기를 시작하니라." 정확하게 말하면 그날의 기적은 그들이 다른 언어를 사용했음에도 불구하고 자신들의 사용 언어를 초월하여 마음과 영이 통하는 기적이 일어난 것입니다. 행2:8을 보십시오. "우리가 우리 각 사람이 난 곳 방언으로 듣게 되는 것이 어찌 됨이냐." 오순절의 기적은 언어를 초월하여 그들이 진리 안에서 하나가 되어 한 마음 한 영이 되는 기적이었습니다. 그래서 오늘 우리는 찬양하고 또 간구합니다. "불길 같은 주 성령 간구하는 우리게 지금 강림하셔서 영광 보여주소서/ 주의 제단 불 위에 우리 몸과 영혼과 우리 가진 모든 것 지금 바치옵니다/ 모든 것 다 바치고 비고 빈 내 마음에 성령 충만하도록 주여 채워주소서/ (후렴)성령이여 임하사 우리 영의 소원을 만족하게 하소서 기다리는 우리게 불로 불로 충만하게 하소서"(찬184장, 불길 같은 주 성령) 그렇습니다. 성령의 불이 임하면 모든 편견과 주관과 판단이 사라집니다. 모든 불평도 사라지고 감사로만 충만합니다. 성령으로만 충만합니다. 오직 성령에 충만하여 오직 한 일 복음이신 예수를 증거하는 일에만 하나 되어 헌신하게 될 것입니다. 민족들은 치유되고 세상은 변화됩니다. 이것이 오늘 우리가 다시 사모할 오순절의 기적이 아니겠습니까?

매년 기억해야 할 감사 (2)

● 민 29:7-16

7 일곱째 달 열흘 날에는 너희가 성회로 모일 것이요 너희의 심령을 괴롭게 하며 아무 일도 하지 말 것이니라 **8** 너희는 수송아지 한 마리와 숫양 한 마리와 일 년 된 숫양 일곱 마리를 다 흠 없는 것으로 여호와께 향기로운 번제를 드릴 것이며 **9** 그 소제로는 고운 가루에 기름을 섞어서 쓰되 수송아지 한 마리에는 십분의 삼이요 숫양 한 마리에는 십분의 이요 **10** 어린 양 일곱 마리에는 어린 양 한 마리마다 십분의 일을 드릴 것이며 **11** 속죄제와 상번제와 그 소제와 그 전제 외에 숫염소 한 마리를 속죄제로 드릴 것이니라 **12** 일곱째 달 열다섯째 날에는 너희가 성회로 모일 것이요 아무 일도 하지 말 것이며 이레 동안 여호와 앞에 절기를 지킬 것이라 **13** 너희 번제로 여호와께 향기로운 화제를 드리되 수송아지 열세 마리와 숫양 두 마리와 일 년 된 숫양 열네 마리를 다 흠 없는 것으로 드릴 것이며 **14** 그 소제로는 고운 가루에 기름을 섞어서 수송아지 열세 마리에는 각기 십분의 삼이요 숫양 두 마리에는 각기 십분의 이요 **15** 어린 양 열네 마리에는 각기 십분의 일을 드릴 것이며 **16** 상번제와 그 소제와 그 전제 외에 숫염소 한 마리를 속죄제로 드릴 것이니라

Chapter 30
매년 기억해야 할 감사(2)

성경에 보면 "하나님이 모든 것을 지으시되 때를 따라 아름답게 하셨고..."(전3:11)라는 말씀이 있습니다. 봄은 봄의 아름다움이 있고, 여름은 여름의 아름다움이 있는가 하면 가을은 가을의 아름다움이 있고 겨울은 겨울만의 아름다움을 지닙니다. 언젠가 뉴스에 보니까 한국인이 제일 좋아하는 클래식으로 비발디의 협주곡 〈사계〉가 뽑힌 것을 보았습니다. 왜 그랬을까 생각해 보았습니다. 아무래도 우리 한국인이 살고 있는 이 땅의 특성의 하나가 사계절이 뚜렷하게 다른 자연을 살고 있기 때문에 그런 사계의 아름다움을 표현하는 이 곡이 한국인의 감성을 자극한 것이 아닐까 생각되었습니다. 그러나 저는 개인적으로 사계절 중 가을이 제일 좋습니다. 가을에 한가위가 있어 왠지 풍성하고 가을은 특히 축제의 계절이기 때문입니다. 비발디의 〈사계〉에도 가을 편에 보면 수확의 계절을 노래합니다. 1악장은 "마을 사람들은 춤과 노래로 수확의 즐거움을 기뻐하고 노래한다"로 시작됩니다.

앞에서 저는 이스라엘의 7대 절기를 소개한 바 있습니다. 그

중에는 봄에 4개의 축제가 있었습니다. 유월절, 무교절, 초실절, 오순절이 그것들입니다. 그런데 가을에 나머지 3개의 축제가 기다립니다. 우리 달력으로 말하면 9월과 10월입니다. 이스라엘 달력으로 일곱째 달입니다. 이 계절에 이스라엘 백성들은 나팔절, 대속죄일, 그리고 초막절을 기념하게 됩니다. 민수기 29장을 펼치면 1절이 이렇게 시작됩니다. "일곱째 달에 이르러는 그 달 초하루에 성회로 모이고 아무 노동도 하지 말라 이는 너희가 나팔을 불 날이니라." 그래서 민29:1-6은 나팔절을 소개하고 민29:7-11까지는 속죄일을 그리고 민29:12부터 마지막까지 초막절(장막절)이 소개됩니다. 우리는 이 3가지 명절, 축제가 무엇을 감사하라고 가르치는지를 살펴보려고 합니다. 제가 이미 모든 이스라엘 축제의 핵심은 하나님께 드려지는 감사라는 것을 말씀드렸습니다. 가을 하늘 아래 펼쳐지는 이 3개의 축제를 통한 감사의 레슨을 함께 살펴보고자 합니다.

1. 나팔절의 레슨

이미 살펴 본 것처럼 티스리(Tishri)월로도 불려 진 일곱 번째 달 1일은 나팔을 부는 것으로 시작되어 나팔절(Feast of Trumpets)로 불리워집니다. 이스라엘 종교 달력에 의하면 이 날이 신년의 시작입니다. 그래서 히브리 사람들은 이 절기를 로쉬 하샤나(Rosh ha-Shanah, 그 해의 머리)라고 일컫습니다. 이스라엘 백성들은 나팔을 불어 그날을 기념하고 안식의 날로 지킵니다. 원칙적으로 하루

이기는 하지만 전통적으로 한 이틀을 신년 축하와 감사의 날로 지킵니다. 저는 인생을 '하나님이 당신의 뜻을 이루도록 맡겨주신 시간의 길이'로 정의합니다. 새해가 되면 무엇보다 우리는 시간을 맡겨주셔서 인생을 살게 하신 하나님에게 감사하는 것입니다. 본문 2절을 보십시오. "너희는 수송아지 한 마리와 숫양 한 마리와 일 년 되고 흠 없는 숫양 일곱 마리를 여호와께 향기로운 번제로 드릴 것이며"했습니다. 고대 이스라엘의 월삭 날에는 보통 나팔을 짧게 불었지만 이 날 신년에는 나팔을 길게 불어 이 날의 특별함을 상기시켰다고 합니다.

유대 전승에 의하면 로쉬 하샤나에서 '대속죄일'(욤 키푸르)까지의 10일을 경외의 날, 경외의 시간이라고 합니다. 하나님께서 각 사람에 대한 심판의 책을 열어 보시는 때라고 생각합니다. 그래서 신년 첫날 오후에 강이나 우물 같은 물가에 내려가 참회의 기도를 암송합니다. "다시 우리를 불쌍히 여기셔서 우리의 죄악을 발로 밟으시고 우리의 모든 죄를 깊은 바다에 던지시리이다"(미7:19)는 말씀을 묵상합니다. 그리고 이어 자기의 죄를 상징하는 빵 부스러기를 물속에 던지기도 합니다. 그래서 신년을 자기 정화의 시간으로 맞이하는 것입니다. 그러나 이날은 진지한 시간이지만 동시에 행복한 시간이기도 합니다. 그들은 이날 우리가 신년에 하는 인사와 비슷하게 '샤나 토바, Shana tovah'라고 인사하며 멋진 한 해, 좋은 한 해를 축복합니다. 그리고 우리처럼 전통 음식을 나누게 됩니다. 신년에 준비하는 전통 음식은 꿀에 절인 사과를 먹는 것입니다. 보통 둘째 날에 저녁에 새 옷을 입고 달콤한 과일을 먹으며 새해가 달콤한 한 해가 되기를 기원하는 것입니다. 무엇보다 다시 한 해의 시간을 주신 것을 감사하는 것입니다.

2. 속죄일의 레슨

이제 신년이 나팔의 소리로 선포되고 10일이 지나면 이스라엘 달력에서 가장 엄숙한 날 속죄일을 맞이합니다. 히브리 사람들은 이 날을 '욤 키푸르'(Yom Kippur)라고 부릅니다. 영어로 표기하면 The Day of Atonement, 곧 속죄의 날인 것입니다. 이제 본문 7절을 함께 읽습니다. "일곱째 달 열흘 날에는 너희가 성회로 모일 것이요 너희의 심령을 괴롭게 하며 아무 일도 하지 말 것이니라." 여기 말씀에서 우리의 시선을 끄는 것은 너희 심령 혹은 영혼을 괴롭게 한다는 말입니다. 어떻게 하란 말입니까? 이스라엘 사람들은 이 말을 금식하란 말로 이해합니다. 그래서 그 날은 지난 한 해 지은 죄를 회개하기 위해 금식하며 온전한 하루를 드립니다. 욤 키푸르 날은 성경이 명하는 유일한 금식의 날로 이해합니다. 문자 그대로 이날 금식과 회개로 자신을 헌신하지 않는 이스라엘 백성은 "그 백성 중에서 끊어질 것이라"(레23:29)는 말씀을 문자 그대로 받아들입니다. 따라서 이날은 모든 형태의 노동을 금했습니다.

욤 키푸르는 특별히 이스라엘의 제사장들에게도 아주 특별한 날이었습니다. 일 년 중 유일하게 대제사장이 지성소에 들어가 하나님을 독대하고 하나님의 영광의 임재 앞에서는 오직 한 번의 날이었던 것입니다. 그날 대제사장은 금색 흉패가 달린 일상의 채색 옷 대신 세마포로 짠 거룩한 옷을 입어야 했습니다. 대제사장의 실수는 국가적 재앙으로 인식되어 대제사장은 주의하고 또 주의하여 이날을 준비합니다. 보통 욤 키푸르 한 주 전에 집을 떠나 성전 내의 대제사장 숙소에 머물며 모든 의식을 준비했다고 합니다. 무엇보다 이 한 주간 동안 사체를 만져 부정하게 될 가능성을 배제해야 했습니다. 본래 욤 키푸르는 히브리어로 '덮다'(cover)를 의미하는 카파르(kaphar)에서 온 말입니다. 속죄의 날은 자기 죄를 덮는 날입니다. 무죄한 가축, 속죄의 제물의 피가 우리 죄를 덮는 다고 믿었습니다. 레17:11을 보겠습니다. "육체의 생명은 피에 있음이라 내가 이 피를 너희에게 주어 제단에 뿌려 너희의 생명을 위하여 속죄하게 하였나니 생명이 피에 있으므로 피가 죄를 속하느니라." 신약시대를 사는 우리에게 중요한 것은 우리의 대제사장이시요 동시에 희생 제물이 되신 예수 그리스도의 보혈로 우리가 죄 씻음을 받고 죄의 영원한 덮음을 받아 용서된 것을 감사하는 날이 바로 우리의 대속죄일인 것입니다.

바울 사도는 롬4:7-8에서 구약을 인용하며 이렇게 말합니다. "불법이 사함을 받고 죄가 가리어짐을 받는 사람들은 복이 있고 주께서 그 죄를 인정하지 아니하실 사람은 복이 있도다." 우리가 인생을 살며 누릴 최고의 행복은 우리의 창조자시요 심판자이신 하나님 앞에서 우리의 죄가 덮혀지고 용서받은 자로 살아갈 수 있다는 것입니다. 우리의 어린 양 되신 예수 그리스도의 대속의 은총 때문입니다. 구약의 백성들은 이 속죄일에 금식하며 하나님이 생명책에서 그들의 이름을 지우시지 않도록 기도합니다. 그러나 새 언약의 시대에 예수를 구주와 주님으로 믿는 우리는 그런 기도를 할 필요가 없어졌습니다. 이제 우리는 예수님께서 전도 나갔다 돌아온 제자들에게 주신 말씀 눅10:20을 기억해야 합니다. "귀신들이 너희에게 항복하는 것으로 기뻐하지 말고 너희 이름이 하늘에 기록된 것으로 기뻐하라." 아멘! 구약의 속죄일은 오늘의 성도들에게 예수 그리스도로 말미암은 속죄의 큰 은혜, 큰 기쁨을 감사하는 절기일 뿐입니다.

3. 초막절의 레슨

초막절 혹은 장막절(Sukkot, Feast of Tabernacles)은 일 년의 마지막 절기입니다. 아주 복된 절기입니다. 본문 12절을 보겠습니다. "일곱째 달 열다섯째 날에는 너희가 성회로 모일 것이요 아무 일도 하지 말 것이며 이레 동안 여호와 앞에 절기를 지킬 것이라." 나팔절이 오고 곧 이어 열흘이 지나 속죄일을 맞이하며 이제 한 해의 마지막 절기인 초막절을 맞이하는 것입니다. 이 세 개의 절기는 구속사적으로 이제 천사장의 나팔소리와 함께 예수 그리스도의 재림 사건이 있을 것입니다. 살전4:16을 기억합시다. "주께서 호령과 천사장의 소리와 하나님의 나팔 소리로 친히 하늘로부터 강림하시리니 그리스도 안에서 죽은 자들이 먼저 일어나고." 그 후에는 하나님께서 생명책을 열고 최후의 심판을 진행하실 것입니다. 그날에 계20:12은 증언합니다. "...죽은 자들이 자기 행위를 따라 책들에 기록된 대로 심판을 받으니." 그 마지막 결과는 무엇입니까? 계20:15을 보십시오. "누구든지 생명책에 기록되지 못한 자는 불못에 던져지더라." 그러면 생명책에 그 이름이 기록된 주의 백성들의 마지막 운명은 무엇입니까? 주와 함께 그가 예비하신 영원한 기업을 누리는 것입니다. 그 영원한 천국의 삶을 상징하는 것이 바로 초막절의 기쁨입니다.

레23:40은 초막절의 즐거움을 이렇게 전합니다. "첫 날에는 너희가 아름다운 나무 실과와 종려나무 가지와 무성한 나무 가지와 시내 버들을 취하여 너희의 하나님 여호와 앞에서 이레 동안 즐거워할 것이라." 모든 이스라엘 백성들은 한 주간 내내 예배하고 축제하며 초막(수카, 수콧)에 거합니다. 서로의 초막을 방문하여 춤추고 노래하고 예배하며 음식을 나누며 즐거워합니다.

모든 이스라엘 백성들은 속죄일이 끝나자마자 초막(수콧)을 만들기 시작합니다. 우리가 10월에 성지순례를 떠나면 우리는 특히 예루살렘에서 초막절의 축제를 목격하고 참여할 수도 있습니다. 초막절 추수의 보름달이 떠오르고 가을 하늘 청명한 석양 예루살렘 언덕을 비추는 부드러운 달빛과 함께 집집마다 켜지는 캔들의 아름다움은 숨을 멎게 합니다. 메노라에서 타오르는 노란 불빛이 도처에서 예루살렘 가득한 석회암(라임 스톤)의 광채와 어울리는 광경은 그대로 빛의 천국을 연상하게 합니다.

예수님 당시 초막절의 절정은 제사장들이 실로암에서 물을 길어다가 예루살렘 성전의 제단에 물을 붓는 의식이었습니다. 마지막 날 제사장들은 평소 한 바퀴 돌던 제단 주위를 일곱 번을 돌며 호산나 라바(Hoshana Rabbah, 큰 구원의 주)를 외치며 제단에 길어 온 물을 넘치도록 붓습니다. 그런데 초막절 명절 끝날 큰 날 그 석양에 한 분이 제단으로 나아와 외치십니다. "...누구든지 목마르거든 내게로 와서 마시라 나를 믿는 자는 성경에 이름과 같이 그 배에서 생수의 강이 흘러나오리라"(요7:37-38) 메시아 되신 예수 그리스도로 말미암은 유일한 삶의 만족, 영원한 생명의 행복을 그분이 친히 선포하신 것입니다. 초막절은 바로 메시아가 가져올 영원한 나라의 행복의 그림이었던 것입니다. 성지에 가득한 초막들, 수콧 하나하나는 천국에 속한 가정들의 행복한 풍경이었던 것입니다. 초막절의 감사는 이스라엘이 광야 생활을 하던 중에도 그들에게 장막이 있었다는 것입니다. 그 장막에서 비바람을 이겨내고 만나를 거두며 하나님에게 감사하던 잊지 못할 기억을 일깨우는 것입니다. 초막절은 가정을 인해 감사하고 또한 그들을 위해 예비된 영원한 천국을 감사하는 것입니다.

지난 9월 6일 태풍이 몰아치던 날 지하 주차장에 차를 빼러 내려갔다가 평소 몸이 아픈 엄마를 돕기 위해 주차장에 내려갔던 15살 김군.(교회 열심히 나가던 그리스도인) 갑자기 주차장에 물이 차오르자 엄마가 난간을 붙들고 "아들아 너만이라도 살아야 해…빨리 나가…"하는 그때 물에 밀려 나가며 아들이 남긴 마지막 말은 "어머니 키워 주셔서 감사합니다"였다고 합니다. 비록 이 아들은 먼저 세상을 떠났지만 어머니에게 감사를 남기고 간 그 한마디는 고통 속에 드린 진정한 감사의 제사가 아니었습니까? 우리가 하나님을 향하여 예수님을 향하여 그리고 우리의 부모님들을 향한 이런 감사를 잊지 않고 산다면 우리는 광야 같은 세상에서 아직도 살아야 할 이유, 그리고 저 천국의 소망을 바라보며 잠시 사는 이 땅의 감사를 놓치지 않는 주의 참 백성이 될 줄로 믿습니다. 호산나 라바! 할렐루야!

Chapter 31

서원을
해보셨습니까?

● 민 30:1-5

1 모세가 이스라엘 자손 지파의 수령들에게 말하여 이르되 여호와의 명령이 이러하니라 **2** 사람이 여호와께 서원하였거나 결심하고 서약하였으면 깨뜨리지 말고 그가 입으로 말한 대로 다 이행할 것이니라 **3** 또 여자가 만일 어려서 그 아버지 집에 있을 때에 여호와께 서원한 일이나 스스로 결심하려고 한 일이 있다고 하자 **4** 그의 아버지가 그의 서원이나 그가 결심한 서약을 듣고도 그에게 아무 말이 없으면 그의 모든 서원을 행할 것이요 그가 결심한 서약을 지킬 것이니라 **5** 그러나 그의 아버지가 그것을 듣는 날에 허락하지 아니하면 그의 서원과 결심한 서약을 이루지 못할 것이니 그의 아버지가 허락하지 아니하였은즉 여호와께서 사하시리라

서원을 해보셨습니까?

'서원'은 히브리어로 네데르(neder, a vow)라고 합니다. 인생의 위기의 때나 위기에서 구출을 경험하며 특별한 감사를 느끼는 때 하나님께 우리의 물질이나 인생, 마음을 드리고자 하는 하나님과의 약속입니다. 그런데 본문에 보면 '서약'이라는 단어가 함께 등장합니다. '맹세'로도 번역되는 이 단어는 히브리어로 샤바(shaba, swear)인데 하나님과의 관계나 아니면 사람과의 관계에서도 어떤 약속을 드리면서 어떤 헌신을 다짐하는 행위라고 할 수 있습니다. 본문 2절을 보겠습니다. "사람이 여호와께 서원하였거나 결심하고 서약하였으면 깨뜨리지 말고 그가 입으로 말한 대로 다 이행할 것이니라." 우리 중에도 신앙생활을 하다가 어떤 위기를 만나면 "하나님… 이렇게, 이렇게 저를 도와주시면, 저도 이렇게, 이렇게 하나님에게 드리면서 나머지 인생을 살겠습니다"라는 소위 서원기도를 올린다든지 혹은 하나님의 은혜가 감격으로 다가올 때 넘치는 감사의 마음으로 "하나님, 저 앞으로 이렇게, 이렇게 하나님을 섬기며 살 거예요"라고 결단의 기도를 드리기도 합니다.

그래서 서원은 때로는 조건적일 수 있고, 때로는 일방적일수 있습니다. 조건적일 경우 하나님께서 기도를 응답해 주시고 소원을 들어주시면 자신도 물질을 드린다든지 몸을 드려 헌신하겠다는 서원으로 나타나고, 일방적일 경우에는 조건 없이 하나님을 향한 충성과 헌신을 드리겠다는 서원으로 나타납니다. 우리 중에는 이런 서원을 해 보신 분들도 있고, 신앙의 여정에서 전혀 이런 서원 없이 믿음의 길을 걷는 사람들도 있습니다. 지금 이스라엘 백성들의 가나안 입성을 앞두고 이런 서원을 가르치시는 이유는 언약의 백성인 이스라엘이 하나님과 그리고 사람과의 관계에서 책임 있는 태도로 약속의 땅을 정직하고 책임 있는 사회로 만들어가기 위한 하나님의 의도 때문이라고 할수 있습니다. 다시 말하면 하나님의 백성이 하나님의 백성다워지고 하나님의 나라가 하나님의 나라다워지는 그런 미래를 향한 교훈의 장이라고 할 수 있습니다. 이런 교훈의 열쇠 중의 하나가 서원을 제대로 이해하고 살아가기를 기대하신 것입니다. 그렇다면 본문이 가르치는 성경적 서원의 원리는 무엇입니까?

1. 경솔하게 서원하지 마십시오.

서원은 지켜지는 것을 전제하는 것입니다. 따라서 지켜질 수 없다면 서원 자체를 경솔하게 해서는 안된다는 것입니다. 특히 지도자는 더욱 그래야 합니다. 그래서 본문에서 서원에 대한 교훈을 주시면서 모세는 지도자들을 대상으로 이 말씀을 주시고 있습니다. 본문 1절을 보십시오. "모세가 이스라엘 자손 지파의 수령들에게 말하여 이르되 여호와의 명령이 이러하니라." 이 말씀은 특히 수령, 머리가 되는 지도자들에게 주시는 말씀이었던 것입니다. 본문 30장을 읽어 내려가다 보면 흥미로운 것은 경솔하게 말한 서원을 어떻게 해야 하는가라는 지침이 기록됩니다.

우선 3-5절 사이에 보면 결혼 이전의 미혼 처녀가 아버지의 허락 없이 무슨 서원을 했을 경우 그것은 서원을 파해도 용서받을 것이라고 말합니다. 그러나 아버지가 그 서원을 인정하면 지켜지도록 한 것입니다. 이런 원칙은 무분별한 서원의 피해를 아버지의 보호를 통해서 방지하려는 의도라고 할 수 있습니다. 이어서 6-8절에 보면 결혼한 기혼녀의 경우 남편의 허락 없이 그녀가 무슨 서원을 하면 역시 그 서원이 파해져도 용서받을 수 있는 것이고 남편이 묵인하면 그 서원은 이행되어져야 한다는 것이었습니다. 8절 말씀을 보겠습니다. "그러나 그의 남편이 그것을 듣는 날에 허락하지 아니하면 그 서원과 결심하려고 경솔하게 입술로 말한 서약은 무효가 될 것이니 여호와께서 그 여자를 사하시리라." 여기 중요한 단어가 '경솔하게' 한 서약에 대하여 피할 길을 예비하신 것입니다. 보호자의 동의 없는 서원에 대한 대안을 준비하신 것입니다.

결론은 명확하지 않습니까? 서원은 절대로 쉽게 해서는 안 된다는 것입니다. 전5:4-5을 보시겠습니다. "네가 하나님께 서원하였거든 갚기를 더디게 하지 말라 하나님은 우매한 자들을 기뻐하지 아니하시나니 서원한 것을 갚으라 서원하고 갚지 아니하는 것보다 서원하지 아니하는 것이 더 나으니." 그러므로 모든 서원은 신중해야 한다는 것입니다. 가장 비극적이고 경솔한 서원의 예는 사사기에 나오는 입다의 서원일 것입니다. 입다가 암몬과 싸우러 나가 승리하고 돌아오면 개선의 때에 자기를 제일 먼저 영접 나오는 이를 제물로 바치겠다고 합니다. 그런데 그 주인공이 바로 자기 딸이었습니다. 사실 이런 서원은 처음부터 아버지가 자기 딸을 번제물로 바치겠다는 의도가 없었기 때문에 그대로 행하지 않아도 좋은 면제되어도 좋을 서원이었습니다. 여하간 이런 케이스들은 우리의 서원이나 맹세가 모두 신중해야 한다고 가르칩니다.

2. 서원은 진심을 다해 지키십시오.

그러나 모든 서원이나 서약, 맹세 등은 반드시 지켜져야 한다는 것을 성경은 일관성 있게 가르칩니다. 다시 본문의 2절 말씀을 보겠습니다. "사람이 여호와께 서원하였거나 결심하고 서약하였으면 깨뜨리지 말고 그가 입으로 말한 대로 다 이행할 것이니라." 이미 말씀드린 사사기 입다의 서원은 불행한 비극이었습니다. 자기 딸을 번제물로 드리는 것이 얼마나 큰 아픔이었겠습니까? 그렇게 하지 않아도 될 사항임을 말씀드렸습니다. 그러나 하나님은 입다의 진심을 아시고 받으셨습니다. 그 증거는 저 유명한 히브리서 11장 믿음의 챔피언들을 기록하실 때 입다의 이름을 기록하신 것입니다.(히11:32) 일단 서원을 행하고자 한 입다의 진심을 하나님은 헤아리고 계셨던 것입니다.

매튜 헨리의 주석에 보면 유다의 전통에서 "서원은 분리의 울타리 혹은 담과 같다"고 했습니다. 서원은 자신을 그 맹세에 종속시키는 것이지만 동시에 하나님은 서원을 지키려는 그 사람을 보호해 주신다는 것입니다. 울타리나 담이 한계를 정하는 것이지만 동시에 울타리와 담이 우리를 보호해 주는 것과 마찬가지입니다. 야곱의 벧엘에서의 서원기도를 기억하십니까? 창 28:20-22입니다. "야곱이 서원하여 이르되 하나님이 나와 함께 계셔서 내가 가는 이 길에서 나를 지키시고 먹을 떡과 입을 옷을 주시어 내가 평안히 아버지 집으로 돌아가게 하시오면 여호와께서 나의 하나님이 되실 것이요 내가 기둥으로 세운 이 돌이 하나님의 집이 될 것이요 하나님께서 내게 주신 모든 것에서 십분의 일을 내가 반드시 하나님께 드리겠나이다 하였더라." 야곱은 이 서원을 한동안 잊었습니다. 그러나 무려 21년이 지난 후, 하나님은 야곱에게 이 서원을 생각나게 하십니다. 창세기 35장에서 다시 벧엘로 올라가 제단을 쌓으라고 하십니다. 약속을 이행하라는 것입니다. 야곱은 그렇게 합니다. 그리고 야곱은 그 장소를 엘벧엘로 다시 명합니다. 그리고 그는 고향에 돌아와 이스라엘의 명예로운 조상이 됩니다. 서원은 늦게라도 진심을 다해 지켜져야 합니다.

제가 지구촌교회를 개척하고 급성장하던 시절, 적지 않은 대형교회들이 우리 사회에서 비판의 대상이 되는 것을 보고 서원을 했습니다. 지구촌교회가 셀 교회로서 안정적으로 건강하게 정착하는 사인을 보여주시면 70세까지 담임목사 안하고 65세에 은퇴하겠다고 했습니다. 그리고 예배시간에 발표했습니다. 그런데 생각보다 65세가 빨리 오더라고요. 64세가 되었을 때 한 평신도 지도자가 제게 오셔서 정말 65세에 은퇴하시겠느냐고, 목사님이 하신 그 말을 기억하는 사람은 별로 없다고, 70세까지 하셔야 한다고, 우리 교회는 목사님의 설교가 꼭 필요하다고 하셨습니다. 제가 어떻게 답했을까요? 기억하는 분이 없다니요? 장로님이 기억하시니까 지금 저에게 오셔서 말씀하시는 것이 아니겠느냐고. 그리고 하나님이 기억하시지 않겠느냐고. 전 70세까지 약속을 깨뜨리고 설교하기보다 약속대로 65세에 은퇴하는 것이 제가 남길 수 있는 더 좋은 설교라고 생각한다는 말씀을 드린 일이 있습니다.

3. 특권에 부응하는 책임의 삶을 사십시오.

저는 살아가는 동안 서원을 할 것인가? 하지 말고 평생을 살

것인가? 둘 중에 선택을 요구 받는다면 그래도 서원을 해보는 것이 더 나은 선택이라고 믿습니다. 물론 함부로 서원하지는 말아야 하겠습니다만, 성령이 내 안에서 감동하실 때 그 감동을 어떻게 소멸할 수 있겠습니까? 사실 대부분의 우리 믿음의 선배들의 서원은 성령의 인도를 따라 이루어진 것들입니다. 그리고 그런 서원들이 위대한 하나님 나라의 역사를 만들어 온 것입니다. 우리가 예수 믿고 하나님의 자녀가 되어 이 땅의 삶을 살아간다는 것은 거룩한 특권입니다. 그렇다면 이제 당연하게 이런 특권에 부응하는 삶을 사는 것이 마땅하지 않겠습니까? 특별히 지도자로 살아가려면 말입니다. 그래서 저는 이 서원의 레슨을 모세가 이스라엘 지도자들에게 주셨다고 믿습니다. 다시 본문 1절 말씀을 보겠습니다. "모세가 이스라엘 자손 지파의 수령들에게 말하여 이르되 여호와의 명령이 이러하니라." 사무엘서를 열면 우리는 이 성경이 하나의 서원기도로 시작되는 것을 볼 수 있습니다. 삼상1:10은 이렇게 시작됩니다. "한나가 마음이 괴로워서 여호와께 기도하고 통곡하며." 다음 11절에 보면 이렇게 기도합니다. "...만일 주의 여종의 고통을 돌보시고 나를 기억하사 주의 여종을 잊지 아니하시고 주의 여종에게 아들을 주시면 내가 그의 평생에 그를 여호와께 드리고 삭도를 그의 머리에 대지 아니하겠나이다." 이 한나의 서원기도로 탄생한 아들이 유명한 사무엘입니다. 사무엘은 이스라엘 건국의 기초를 놓았던 지도자입니다. 사무엘이란 이름의 뜻은 '하나님이 들으셨다'는 말입니다. 그의 존재 자체가 기도의 응답임을 선언한 것입니다. 그런데 이 한나의 서원기도 후에 역사 속에는 수많은 한나들이 자신의 아들과 딸을 하나님에게 드리겠다고 서원합니다. 기독교 역사 속의 수많은 목회자들 선교사들이 대부분 그들의 부모의 서원으로 헌신한 것들을 볼 수 있습니다. 그렇다면 서원기도는 필요한 기도가 아니겠습니까?

자식들에 대한 서원뿐 아니라 이렇게 복을 주신다면 내게 주신 부나 자산을 가치있게 사용하여 하나님에게 영광을 돌리겠다고 선언한 수많은 선배들을 생각해 보십시오. 기독교 문화권인 프랑스와 영국을 배경으로 태어난 단어 중에 '노블리스 오블리제'(Nobless Oblige)라는 말이 있습니다. 귀족의 의무라는 뜻입니다. 특권을 누리는 사람일수록 의무를 다해야 한다는 뜻입니다. 최근 엘리자베스 2세의 장례식이 전 세계의 이목을 집중시켰습니다. 70년간 여왕으로 특권의 자리에 있으면서도 그녀가 존경을 받은 원인 중의 하나는 그녀가 노블리스 오블리제를 실천했다는 것입니다. 그녀는 공주 시절 군에 지원하여 입대하고 차량을 운전하고 정비하는 등의 의무를 다했을 뿐 아니라, 영국이 독일과 싸울 때 식량난을 타개하기 위해 윈저 성에서 텃밭을 일구어 채소를 가꾸는 자급자족 운동에 앞장서는 본을 보였다고 하지요. 그런 결과가 영국뿐 아니라, 전 세계의 애도 속에 떠나는 결과를 가져온 줄로 압니다.

미국 홀리데이 인(Holiday Inn) 호텔 경영인 중에 클라이머(L. M. Clymer)라는 분이 있었습니다. 그는 회장에 취임하여 도덕적으로 유해한 카지노 사업을 하지 않으면서 호텔을 발전시키고 싶다는 포부를 피력했습니다. 그의 리더십 아래서 호텔은 놀라운 성장을 했습니다. 그러나 그의 호텔이 네바다 주에 카지노를 열게 되자 그는 사임을 발표합니다. 그의 사임의 말은 단순하고 명쾌했습니다. "나의 주님 예수 그리스도와의 약속을 지키기 위해서입니다." 이런 분들이 있어서 세상은 아직도 살만한 세상이고 도덕적 가치가 유효하고 존중받는 사회로 존재하고 있다고 믿습니다. 서원은 특권을 넘어서서 책임을 다하는 지도자들을 만들어 냅니다. 이런 지도자들이 더 많이 이 땅에 일어나야 하지 않겠습니까? 지금 이 시대를 바라보며 서원을 드릴 성도들은 어디에 있을까요? 저는 우리 시대 지금이야말로 거룩한 서원이 필요한 때라고 믿습니다. 거룩한 헌신이 필요한 때입니다. 그리고 이런 우리의 서원이나 헌신은 예수님의 이미 베푸신 사랑에 대한 응답에 불과합니다. "(1절)성자의 귀한 몸 날 위하여 버리신 그 사랑 고마워라 내 머리 숙여서 주님께 비는 말 나 무엇 주님께 바치리까/ (4절)만 가지 은혜를 받았으니 내 평생 슬프나 즐거우나 이 몸을 온전히 주님께 바쳐서 주님만 위하여 늘 살겠네"(찬216장) 이런 서원, 이런 헌신, 당신에게도 필요하지 않으십니까?

Chapter **32**
약속의 땅을 정복하라

● 민 33:50-56

50 여리고 맞은편 요단 강 가 모압 평지에서 여호와께서 모세에게 말씀하여 이르시되 **51** 이스라엘 자손에게 말하여 그들에게 이르라 너희가 요단 강을 건너 가나안 땅에 들어가거든 **52** 그 땅의 원주민을 너희 앞에서 다 몰아내고 그 새긴 석상과 부어 만든 우상을 다 깨뜨리며 산당을 다 헐고 **53** 그 땅을 점령하여 거기 거주하라 내가 그 땅을 너희 소유로 너희에게 주었음이라 **54** 너희의 종족을 따라 그 땅을 제비 뽑아 나눌 것이니 수가 많으면 많은 기업을 주고 적으면 적은 기업을 주되 각기 제비 뽑은 대로 그 소유가 될 것인즉 너희 조상의 지파를 따라 기업을 받을 것이니라 **55** 너희가 만일 그 땅의 원주민을 너희 앞에서 몰아내지 아니하면 너희가 남겨둔 자들이 너희의 눈에 가시와 너희의 옆구리에 찌르는 것이 되어 너희가 거주하는 땅에서 너희를 괴롭게 할 것이요 **56** 나는 그들에게 행하기로 생각한 것을 너희에게 행하리라

Chapter 32
약속의 땅을 정복하라

한국 남자들의 인생 여정에 있어 가장 잊지 못할 체험은 군대 생활일 것입니다. 군대에서 제대한 후에 오랜 시간이 지나도록 잊지 못할 경험으로 추억됩니다. 그 이유는 전에 경험하지 못한 새로운 질서에 편입되는 고난의 과정 때문입니다. 누가 제일 군대 생활에 적응을 못할까요? 그것은 군대 이전의 라이프 스타일을 포기하지 못하는 사람입니다. 반대로 누가 군대 생활에 적응을 제일 잘 할까요? 그것은 말할 것도 없이 군대 이전의 라이프 스타일을 빨리 포기하는 사람입니다. 그런데 이런 군대 이전의 라이프 스타일을 포기 못하고 어정쩡하게 방황하는 사람들을 군대에서는 고문관이라고 놀려 댑니다. 대체로 고문관들은 문자 그대로 고문을 많이 받고 나서야 새로운 군대 생활에 적응이 가능해집니다. 저는 군대 가서 고문관의 경험을 한동안 겪어야 했습니다. 제 잘난 자존심 때문이었습니다. 사실 자존감은 포기할 필요가 없는 소중한 것입니다. 그러나 열등감에서 비롯된 자존심은 빨리 포기할수록 새로운 생활에 적응이 가능해집니다.

본문에 보면 이제 이스라엘은 요단강을 건너 약속의 땅에 진입을 앞두고 있습니다. 그리고 가나안 정복 전쟁을 통해 온전히 약속의 땅을 하나님이 주신 기업의 땅으로 누릴 수 있어야 했습니다. 여기 약속의 땅, 정복의 과제가 눈앞에 있게 되었습니다. 이 과제는 옛 것을 새 것으로 대치하는 중대한 과제였고, 이 과제의 궁극적인 목표는 약속의 땅에서의 하나님 나라 건설이라고 할 수 있겠습니다. 이것은 마치 우리가 예수 믿고 새 사람이 되었을 때 이제 우리 안에 하나님의 새로운 통치를 수용하고 새로운 삶을 살아야 할 과제에도 비유할 수 있습니다. 성경을 보면 바울 사도는 새 인생의 과제를 앞둔 성도들에게 엡4:22-24에서 이렇게 명합니다. "너희는 유혹의 욕심을 따라 썩어져 가는 구습을 따르는 옛 사람을 벗어 버리고 오직 너희의 심령이 새롭게 되어 하나님을 따라 의와 진리의 거룩함으로 지으심을 받은 새 사람을 입으라."

자, 이제 모압 평지에서 하나님은 지금까지의 리더 모세를 부르시사 가나안 정복의 지침을 말씀하십니다. 본문 50-51절을 보십시오. "여리고 맞은편 요단 강 가 모압 평지에서 여호와께서 모세에게 말씀하여 이르시되 이스라엘 자손에게 말하여 그들에게 이르라 너희가 요단 강을 건너 가나안 땅에 들어가거든." 여기 약속의 땅 정복의 원리들이 제시되고 있습니다. 그 정복의 원리들은 무엇입니까?

1. 옛것을 몰아내라.

본문 52절을 보십시오. "그 땅의 원주민을 너희 앞에서 다 몰아내고..."《엑스포지멘터리 민수기》의 저자(송병현)는 그래서 이 과제를 가르쳐 '냉정한 정복'의 과제라고 부릅니다. 그런데 우리들 신약의 성도들이 구약을 해석할 때 유의할 것은 구약의 문자를 보는 것이 아니라, 문자 배후에 있는 정신을 파악하는 일입니다. 다시 말하면 본문을 보고 하나님이 가나안 원주민에 대한 미움을 가지신 것으로 읽으면 안된다는 것입니다. 하나님 나라의 백성의 관점에서 볼 때 그들이 약속의 땅 가나안에 들어가 받을 원주민들의 악한 영향력의 위험성 때문에 그 영향력을 차단해야 한다는 의미에서 주신 명령이었던 것입니다. 이것은 마치 우리가 예수를 만나 새 사람이 되었을 때 옛 사람의 영향력을 차단해야 한다는 의미와 상통하는 것입니다.

우리가 엡4:22-24에서 옛 사람을 벗어버리라고 명하신 바울 사도는 우리가 벗어버려야 할 죄 된 영향력의 요소들을 엡4:25-32에서 조목조목 열거하십니다. 예를 들어 어떤 것들입니까? 거짓, 분노, 도둑질, 더러운 말...등입니다. 이제 엡4:31을 보십시오. "너희는 모든 악독과 노함과 분냄과 떠드는 것과 비방하는 것을 모든 악의와 함께 버리고." 그렇습니다. 버릴 것을 버리는 것이 새로운 삶을 실현하는 우선순위적 결단인 것입니다. 버릴 것을 버리지 못하는 것이 가나안 땅의 원주민을 용납하는 행위와 같습니다. 그러므로 이제 본문 55절의 경고를 잊지 말아야 합니다. "너희가 만일 그 땅의 원주민을 너희 앞에서 몰아내지 아니하면 너희가 남겨둔 자들이 너희의 눈에 가시와 너희의 옆구리에 찌르는 것이 되어 너희가 거주하는 땅에서 너희를 괴롭게 할 것이요." 사실 그렇게 철저하게 옛 것의 영향을 차단하지 못한 것이 후일 이스라엘 백성을 아프게 괴롭히게 됩니다. 그것이 초래한 결과가 사사기의 갈등이고 결국 북 이스라엘은 앗수르에 의해, 남 유다는 바벨론에 의해 파멸하게 되지 않습니까?

그렇습니다. 우리가 제거하지 못한 옛 사람, 옛 습관, 옛 가치가 오히려 우리의 옆구리를 찌르는 가시가 되어 새 사람 된 우리를 새 것으로 성숙하고 완성되지 못하게 하는 것입니다. 그래서 성경은 옛 것을 몰아내라고 냉정하게 명하고 있습니다.

2. 우상을 깨뜨리라.

사실 이 두 번째 명령은 첫 번째 명령과 연관되어 있습니다. 이스라엘 백성들이 가나안 원주민을 몰아내라고 하신 이유는 그렇지 못한 결과로 원주민의 우상의 노예가 될 것을 아셨기 때문입니다. 그래서 본문 52절에서 성경은 "...그 새긴 석상과 부어 만든 우상을 다 깨뜨리며 산당을 다 헐고"라고 말씀하십니다. 하나님이 주의 백성들에게 우상을 경계하게 하신 이유가 무엇입니까? 하나님 한 분만을 사랑하도록 하기 위한 것이 아닌가요? 구약의 가장 중요한 명령이 무엇일까요? 이스라엘 백성들은 주저없이 신6:4-5의 말씀을 말할 것입니다. "이스라엘아 들으라 우리 하나님 여호와는 오직 유일한 여호와이시니 너는 마음을 다하고 뜻을 다하고 힘을 다하여 네 하나님 여호와를 사랑하라." 우상이란 무엇입니까? 하나님 사랑을 방해하는 것, 하나님과 나 사이에 끼어드는 모든 것이 바로 우상입니다. 그래서 십계명의 첫째가 나 외에 다른 신을 내게 두지 말라였다면 둘째 계명은 너를 위하여 새긴 우상을 만들지 말라였던 것입니다.

그러나 신약에 오면 우상의 정의는 좀 더 내적인 것으로 발전합니다. 골3:5의 말씀을 기억하십니까? "...탐심은 우상숭배니라." 하나님 이상으로 우리가 탐하는 모든 것이 오늘의 우상이 될 수 있다는 것입니다. 재물도, 학위도 우상이 될 수 있고, 우리가 탐닉하는 오락과 쾌락도 우상이 될 수 있고, 사회적 지위도 우상이 될 수 있고, 심지어는 우리가 우리 자녀들에게 지나치게 몰두하고 빠져버리면 자식도 우상이 될 수 있는 것입니다. 그래서 그랬나요? 하나님이 아브라함에게 주신 선물, 이삭을 바치라고 하신 이유 말입니다. 어쩌면 이 늙은 나이에 이삭을 선물로 받고 이삭은 점차 아브라함의 우상이 되어가는 위기를 보신 하나님, "네 독자 이삭을 내게 바치라"고 말씀하십니다. 그리고 비로소 깨닫고 독자 이삭을 모리아 산의 제단 위에 올려 놓는 순간 하나님은 이삭이 아닌 수풀에 걸린 어린 양을 대신 제물로 바치게 하십니다. 이삭은 더 이상 아브라함의 우상이 아니었기 때문입니다. 그러면 오늘 우리가 깨뜨려야 할 우상들은 무엇입니까?

3. 주권에 순복하라.

아마도 약속의 땅에 입성할 이스라엘 백성을 주목하며 하나님께서 가장 염려하신 것이 있었다면 땅의 분배 과정에서 있을 이스라엘 12지파 사이의 분쟁이었던 것 같습니다. 그래서 어떻게 하셨습니까? 본문 54절을 보십시오. "너희의 종족을 따라 그 땅을 제비 뽑아 나눌 것이니 수가 많으면 많은 기업을 주고 적으면 적은 기업을 주되 각기 제비 뽑은 대로 그 소유가 될 것인즉 너희 조상의 지파를 따라 기업을 받을 것이니라." 하나님께서 생각하신 최선의 공정성을 담보하시고자 제비를 뽑아 땅을 분배하게 하신 것입니다. 물론 이렇게 해도 불만이나 불평을 가질 지파들은 존재할 것입니다. 그러나 적어도 하나님이 편애를 가지고 의도적으로 한 지파에게 더 많은 땅을 주셨다고 불평하지는 못할 것입니다. 그리고 이런 분배의 과정에 존재한 대전제가 있다면 하나님의 절대주권입니다. 하나님이 지상의 모든 땅의 근원적 주인이시라는 것입니다. 그리고 그 하나님이 때를 따라 하나님의 의도에 합하도록 공정성을 담보하며 땅을 제비 뽑아 분배하게 하신 것입니다.

하나님은 인생을 너무나 잘 알고 계셨습니다. 아직 판단이 성숙하지 못한 이스라엘 백성들에게 그들 스스로 땅을 분배하게 하셨다면 저마다의 탐욕으로 더 좋은 땅, 더 많은 땅을 갖고자 그들은 싸움을 벌이지 않았겠습니까? 지금도 러시아와 우크라이나 전쟁의 원인이 땅 따먹기 아닙니까? 지금도 민족과 민족들의 분쟁이 끊임없이 지속되는 원인이 무엇입니까? 거주의 한계에 대한 불복 때문이 아닙니까? 이런 불만을 예방하려면 무엇보다 우리 모두 하나님의 주권을 따라 사는 인생임을 인정하고 하나님을 주인으로 고백하는 믿음의 보편화가 이루어져야 할 것입니다.

창세기 13장에 보면 아브람과 조카 롯의 종들이 같은 지역의 땅에서 가축들의 관리로 다투게 되자 가족의 불화를 경험하게 됩니다. 이때 이 불화를 극복하기 위해 아브람이 먼저 롯에게 어떤 제안을 합니까? 창13:9입니다. "네 앞에 온 땅이 있지 아니하냐 나를 떠나가라 네가 좌하면 나는 우하고 네가 우하면 나는 좌하리라." 이런 제안은 아브람이 하나님의 주권을 믿지 않았다면 불가능한 제안이지요. 하나님에게 모든 것을 맡기고 먼저 선택을 롯에게 제안한 것입니다. 그래서 결국 아브람은 가나안 땅을 차지하게 되고 롯은 소돔 땅을 차지하게 됩니다. 물론 롯이 그런 선택을 한 이유는 소돔 땅이 눈으로 보기에 좋은 땅이었기 때문입니다. 창13:10을 보십시오. "이에 롯이 눈을 들어 요단 지역을 바라본즉 소알까지 온 땅에 물이 넉넉하니 여호와께서 소돔과 고모라를 멸하시기 전이었으므로 여호와의 동산 같고 애굽 땅과 같았더라." 롯의 선택이 보는 것에 의한 것이었다면 아브람의 선택은 믿음에 의한 선택이었습니다. 고후5:7의 말씀을 기억합시다. "이는 우리가 믿음으로 행하고 보는 것으로 행하지 아니함이로라."

하나님은 사실 약속의 땅의 분배에 있어서도 이런 수준 높은 믿음을 기대하고 계셨을 것입니다. 중요한 것은 어느 때 어느 곳에서나 하나님의 백성으로 하나님의 주권을 수용하고 사는 것을 배우는 것입니다. 그러면 약속의 땅에서 행복할 것입니다. 그러나 이런 하나님의 주권을 거절한다면 아무리 외적으로 좋은 조건의 땅과 환경을 가진다 해도 우리는 결코 행복할 수 없습니다. 우리가 하나님의 주권을 수용한 증거는 무엇일까요? 그것은 만족한다는 것입니다. 바울의 표현을 빌리면 자족하는 것입니다. 그리고 기뻐하는 것입니다. 바울이 그런 삶을 빌립보서에서 고백하고 가르치지 않습니까? 먼저 그는 빌4:4에서 "주 안에서 항상 기뻐하라 내가 다시 말하노니 기뻐하라"고 가르칩니다. 그리고 이어 빌4:11에서 "내가 궁핍함으로 말하는 것이 아니라 어떠한 형편에든지 나는 자족하기를 배웠노니"라고 말합니다. 그렇습니다. 이런 삶이 하나님의 주권을 수용하고 기뻐하고 행복해하는 인생의 고백입니다. 사실 모세의 뒤를 이어 여호수아의 인도로 약속의 땅 가나안에 들어간 이스라엘 백성들은 그런 수준의 삶에 도달하지 못합니다. 그러나 새 언약의 시대에 예수의 인도로 그리스도 안으로 인도함을 받은 우리에게 가능한 고백이 있습니다. "나는 행복하고 기뻐합니다. 주께서 우리에게 약속의 삶을 선물로 주셨기 때문입니다."

우리가 우리의 삶의 마당에서 아직도 만족하지 못하고 기뻐하지 못하고 산다면 우리는 약속의 땅을 정복하지 못한 것입니다. 그렇다면 이제라도 주의 주권을 수용하고 그리고 이런 찬양을 당신의 찬양으로 만드십시오. "...아무것도 너는 염려치 말고 오직 기도와 간구로 하나님께 너희 구할 것을 감사함으로 아뢰라."

Chapter 33

여인들을 배려하라

● 민 27:1-7

1 요셉의 아들 므낫세 종족들에게 므낫세의 현손 마길의 증손 길르앗의 손자 헤벨의 아들 슬로브핫의 딸들이 찾아왔으니 그의 딸들의 이름은 말라와 노아와 호글라와 밀가와 디르사라 **2** 그들이 회막 문에서 모세와 제사장 엘르아살과 지휘관들과 온 회중 앞에 서서 이르되 **3** 우리 아버지가 광야에서 죽었으나 여호와를 거슬러 모인 고라의 무리에 들지 아니하고 자기 죄로 죽었고 아들이 없나이다 **4** 어찌하여 아들이 없다고 우리 아버지의 이름이 그의 종족 중에서 삭제되리이까 우리 아버지의 형제 중에서 우리에게 기업을 주소서 하매 **5** 모세가 그 사연을 여호와께 아뢰니라 **6** 여호와께서 모세에게 말씀하여 이르시되 **7** 슬로브핫 딸들의 말이 옳으니 너는 반드시 그들의 아버지의 형제 중에서 그들에게 기업을 주어 받게 하되 그들의 아버지의 기업을 그들에게 돌릴지니라

● 민 36:5-9

5 모세가 여호와의 말씀으로 이스라엘 자손에게 명령하여 이르되 요셉 자손 지파의 말이 옳도다 **6** 슬로브핫의 딸들에게 대한 여호와의 명령이 이러하니 이르시되 슬로브핫의 딸들은 마음대로 시집가려니와 오직 그 조상 지파의 종족에게로만 시집갈지니 **7** 그리하면 이스라엘 자손의 기업이 이 지파에서 저 지파로 옮기지 않고 이스라엘 자손이 다 각기 조상 지파의 기업을 지킬 것이니라 하셨나니 **8** 이스라엘 자손의 지파 중 그 기업을 이은 딸들은 모두 자기 조상 지파의 종족되는 사람의 아내가 될 것이라 그리하면 이스라엘 자손이 각기 조상의 기업을 보전하게 되어 **9** 그 기업이 이 지파에서 저 지파로 옮기게 하지 아니하고 이스라엘 자손 지파가 각각 자기 기업을 지키리라

Chapter 33
여인들을 배려하라

이제 우리는 민수기 여행의 끝자락에 와 있습니다. 민수기의 마지막이 무슨 내용으로 막을 내릴까요? 여인들에 대한 배려로 그 마지막 정점을 찍고 있다는 사실입니다. 사실 본문 36장은 민수기 27장과 함께 읽혀져야 할 대목입니다. 즉 민수기 36장은 27장에서 이루어진 법을 보완하고자 하는 것입니다. 그 법은 바로 여인들의 상속법이었습니다. 사실 이스라엘이 광야를 여행하고 있었을 때는 상속에까지 신경을 쓸 여유가 없었습니다. 그러나 이제 약속의 땅 입성을 앞두고 그 땅의 기업 분배에 대한 정책이 가르쳐지는 이 시점에서 한 가문의 문제 제기로 바로 여인들의 상속법이 등장하게 된 것입니다. 민27:1-2은 므낫세 지파에 속한 슬로브핫의 다섯 딸이 모세와 이스라엘의 지도자들을 찾아 왔다고 말합니다. "요셉의 아들 므낫세 종족들에게 므낫세의 현손 마길의 증손 길르앗의 손자 헤벨의 아들 슬로브핫의 딸들이 찾아왔으니 그의 딸들의 이름은 말라와 노아와 호글라와 밀가와 디르사라 그들이 회막 문에서 모세와 제사장 엘르아살과 지휘관들과 온 회중 앞에 서서 이르되." 므낫세 지파에 속한 이 사람 슬로브핫은 아들이 없이 딸만 다섯을 남긴 채 죽었던 것입니다. 그 딸들이 아버지에게 속한 기업의 땅을 자신들에게 달라고 호소하고자 한 것입니다.

드디어 문제의 제기가 이루어집니다. 민27:3입니다. "우리 아버지가 광야에서 죽었으나 여호와를 거슬러 모인 고라의 무리에 들지 아니하고 자기 죄로 죽었고 아들이 없나이다." 그들은 모든 인생은 죄의 값으로 죽는다는 성경적 원리를 이해하고 있었습니다. 그러나 특별히 광야에서 발생한 고라 당의 반역 같은 범죄 행위에 가담하지는 아니하고 자기의 조상들이 자연사 했다고 말하는 것입니다. 다만 그들에게 아들을 후손으로 두지 못하고 우리 다섯 딸을 남겼다는 것입니다. 그들의 호소는 계속됩니다. 4절입니다. "어찌하여 아들이 없다고 우리 아버지의 이름이 그의 종족 중에서 삭제되리이까 우리 아버지의 형제 중에서 우리에게 기업을 주소서 하매." 이어지는 말씀을 보면 모세는 이런 문제의 제기를 직면하고 여호와 하나님 앞에 나아와 하나님의 의견을 묻습니다. 이제 민27:7을 읽습니다. "슬로브핫 딸들의 말이 옳으니 너는 반드시 그들의 아버지의 형제 중에서 그들에게 기업을 주어 받게 하되 그들의 아버지의 기업을 그들에게 돌릴지니라." 하나님의 말씀은 단호하고 분명했습니다. 그들의 문제 제기가 옳다고 인정하십니다. 그리고 당장에 그들의 몫을 받기 위한 법이 제정되도록 하라고 말씀하십니다. 인생을 하나님의 형상을 따라 남자와 여자로 지으신 하나님의 조처였습니다. 이것은 고대 세계에서는 찾기 힘든 파격이었습니다. 이런 여인들의 배려에서 나타난 성경의 하나님은 어떤 분이십니까?

1. 사회적 약자의 호소를 들으시는 하나님이십니다.

슬로브핫의 다섯 딸들의 호소를 들은 지도자 모세는 즉각적으로 이 문제를 여호와 하나님에게 아룁니다. "모세가 그 사연을 여호와께 아뢰니라."(민27:5) 그리고 하나님은 즉각적으로 응답하십니다. "여호와께서 모세에게 말씀하여 이르시되."(민27:6) 그리고 이렇게 말씀하십니다. "슬로브핫의 딸들의 말이 옳으니."(민27:7) 비록 여인들의 호소이지만 그런 문제의 제기는 당연하고 올바른 것이라고 인정하십니다. 그리고 이어 민27:8에서 이렇게 말씀하십니다. "너는 이스라엘 자손에게 말하여 이르기를 사람이 죽고 아들이 없으면 그의 기업을 그의 딸에게 돌릴 것이요." 주저 없이 명쾌하게 여인들에게도 상속의 권리가 있다고 선언하신 것입니다. 당시에 여인들은 남자에게 속한 부속적 도구처럼 인정되던 시대에서 이런 하나님의 선언은 파격이 아닐 수 없습니다. 여기서 우리는 이미 구약에서부터 성경의 하나님이 사회적 약자의 권리를 옹호하시고 그들의 호소에 귀를 기울이시는 하나님이심을 알 수 있습니다.

해방신학자들은 구약을 읽으며 특히 고아, 여성, 특히 과부,

그리고 나그네에 대한 하나님의 관심에 유의하며 성경의 하나님을 사회적 약자들을 보호하시는, 심지어 편애하시는 하나님이시라고 말합니다. 시146:9 말씀을 봅시다. "여호와께서 나그네들을 보호하시며 고아와 과부를 붙드시고 악인들의 길은 굽게 하시는도다." 예수님 당시에도 여인들의 권리는 아직 보장되지 못한 채 그들은 인간 이하의 수모를 감수하고 있었을 때 베드로는 벧전3:7에서 남편들에게 이렇게 권면합니다. "남편들아 이와 같이 지식을 따라 너희 아내와 동거하고 그를 더 연약한 그릇이요 또 생명의 은혜를 함께 이어받을 자로 알아 귀히 여기라 이는 너희 기도가 막히지 아니하게 하려 함이라." 여기 성경은 여인들이 신체적으로 남성에 비해 연약한 존재임에도 그들은 생명의 은혜를 함께 누릴 자임을 잊지 말라고 말합니다. 그리고 이런 여인들의 존재가 보호되지 못하면 그것은 부부의 영적 생활을 훼손하는 일, 곧 기도가 막히는 일이라고 말합니다. 그래서 하나님은 사회적 약자의 호소에 더 민감하게 반응하시고 응답하시는 하나님이시라고 말합니다.

2. 어떤 경우에도 공정성을 고려하시는 하나님이십니다.

우리는 이미 민수기 27장에서 여인들을 배려한 상속법의 제정을 하나님이 편들어 주시고 허락하시는 것을 보았습니다. 그러나 이제 민수기 마지막 36장에서 이런 법에 대한 추가적 이의가 제기되는 것을 보게 됩니다. 민36:3-4을 보겠습니다. "그들이 만일 이스라엘 자손의 다른 지파들의 남자들의 아내가 되면 그들의 기업은 우리 조상의 기업에서 떨어져 나가고 그들이 속할 그 지파의 기업에 첨가되리니 그러면 우리가 제비 뽑은 기업에서 떨어져 나갈 것이요 이스라엘 자손의 희년을 당하여 그 기업이 그가 속한 지파에 첨가될 것이라 그런즉 그들의 기업은 우리 조상 지파의 기업에서 아주 삭감되리이다." 다시 말하면 아버지께로부터 상속된 몫으로 분배 받은 기업이 그 딸이 다른 지파의 남자에게 결혼하면 결국 다른 지파의 자산으로 넘겨짐으로 본래 제비 뽑아 지파 사이에 어느 정도 균등하게 나눈 본래의 공정성이 훼손되는 것이 아니냐는 것이었습니다. 타당한 문제의 제기라고 할 수 있습니다. 그래서 결국 어떤 해결에 도달합니까? 6-9절이 하나님의 궁극적 처방이었습니다. "슬로브핫의 딸들에게 대한 여호와의 명령이 이러하니라 이르시되 슬로브핫의 딸들은 마음대로 시집가려니와 오직 그 조상 지파의 종족에게로만 시집갈지니… 이스라엘 자손의 지파 중 그 기업을 이은 딸들은 모두 자기 조상 지파의 종족되는 사람의 아내가 될 것이라 그리하면 이스라엘 자손이 각기 조상의 기업을 보전하게 되어 그 기업이 이 지파에서 저 지파로 옮기게 하지 아니하고 이스라엘 자손 지파가 각각 자기 기업을 지키리라." 결국 지파 사이에 어느 정도의 균등한 기업분배의 공정성을 유지하게 하신 것입니다.

결국 오늘의 사회가 직면한 딜레마는 개인의 자유를 희생하지 않으면서 어떻게 개인 상호간에 혹은 집단 상호간에 공정성을 유지하느냐는 것입니다. 성경은 결코 개인의 자유를 희생하면서 억지로 공정을 담보하려는 사회주의적 발상을 지지하지 않습니다. 그러나 성경은 동시에 자유를 구실로 인간의 무제한적인 탐욕으로 공정성이 무너지는 자본주의적 발상도 지지하지 않습니다. 성경은 결코 빈부 차이가 극대화되는 사회를 이상적으로 보지 않습니다. 잠30:8-9에서의 잠언기자의 기도가 시사하는 바를 생각해 봅시다. "...나를 가난하게도 마옵시고 부하게도 마옵시고 오직 필요한 양식으로 나를 먹이시옵소서 혹 내가 배불러서 하나님을 모른다 여호와가 누구냐 할까 하오며 혹 내가 가난하여 도둑질하고 내 하나님의 이름을 욕되게 할까 두려워함이니이다." 초대 그리스도인들은 자발적인 하나님의 사랑으로 가난한 자들의 필요를 공급하는 것으로 사회적 불평등의 딜레마를 해결하고자 했습니다. 고후8:14을 보십시오. "이제 너희의 넉넉한 것으로 그들의 부족한 것을 보충함은 후에 그들의 넉넉한 것으로 너희의 부족한 것을 보충하여 균등하게 하려 함이라." 결국 해답은 성도된 우리에게 하나님의 사랑의 다스림을 받아 가난한 이웃들을 끌어안고 함께 살아가려는 선의의 의지가 있느냐는 것입니다. 이런 구제의 정신에서 기독교 복지운동이 일어납니다. 결국 복음을 받아들이고 복음을 따라 살고자 할 때에만 우리는 공정한 사회의 소망에 가까이 가게 될 것입니다.

3. 그리스도 안에서의 인간회복을 기대하시는 하나님이십니다.

우리가 이제 약속의 땅의 입성을 앞에 두고 당시의 사회적 약자인 여인들에 대한 배려를 보며 새 언약 아래서의 궁극적인 하나님의 기대를 살펴보지 않을 수 없습니다. 성경학자들과 신학자들은 새 언약의 복음이 오늘의 여인들의 인권 회복, 아니 총체적인 인간 회복에 결정적 기여를 한 말씀을 바울 사도의 말씀 갈3:28으로 봅니다. "너희는 유대인이나 헬라인이나 종이나 자유인이나 남자나 여자나 다 그리스도 예수 안에서 하나이니라." 초대 교회에 세 가지 대표적인 사회적 장벽이 존재하고 있었습니다. 1) 선민 유대인과 이방인 사이의 벽, 2) 종과 주인 사이의 벽, 3) 남자와 여자 사이의 벽이었습니다. 그런데 이 세 가지 장벽이 바울사도의 이 복음의 선포로 무너지기 시작합니다. 그것은 모두 그리스도 안에서 일어나기 시작한 극적인 변화, 기적적인 변화였습니다.

여호와 하나님을 신앙하는 유대인들은 하나님을 모르는 이방인들을 인간으로 간주하지도 않았고 따라서 그들과의 만남 자체를 거부해왔습니다. 그런데 유대인으로 예수를 믿는 이들과 이방인으로 예수를 구주와 주님으로 믿는 사람들이 함께 한 공간에서 예배하는 기적이 일어났습니다. 종을 부리던 시대에 주인에게 종은 자기의 자산에 불과했지 인격이 아니었습니다. 그런데 새 언약의 성경은 주인들에게 골4:1에서 이렇게 가르칩니다. "상전들아 의와 공평을 종들에게 베풀지니 너희에게도 하늘에 상전이 계심을 알지어다." 주인에게 피해를 입히고 도망친 빌레몬의 종 오네시모가 바울을 통해 예수를 믿게 되자 그를 옛 주인에게 돌려보내며 바울은 편지 한 장을 씁니다. 그것이 바로 빌레몬서입니다. 몬1:16을 보십시오. "이 후로는 종과 같이 대하지 아니하고 종 이상으로 곧 사랑 받는 형제로 둘 자라." 다시 말하면 그는 더 이상 너의 종이 아닌 하나님을 아버지로 함께 부르는 너의 형제라고 말합니다. 주인과 종 사이의 벽이 예수 그리스도 안에서 무너진 것입니다.

그리고 마지막으로 남자와 여자 사이에 장벽을 보십시오. 우리가 암송하는 십계명에 보면 마지막 열 번째 계명을 출20:17은 이렇게 말합니다. "네 이웃의 집을 탐내지 말라 네 이웃의 아내나 그의 남종이나 그의 여종이나 그의 소나 그의 나귀나 무릇 네 이웃의 소유를 탐내지 말라." 무슨 말입니까? 옛날 아내의 존재는 남종이나 여종과 같은 그리고 소나 나귀 혹은 그 밖의 소유물과 같은 존재였다는 것입니다. 그런데 바울은 이제 남자나 여자가 다 그리스도 안에서 하나라고 선언합니다. 아니, 창세기의 말씀에 의하면 남자나 여자가 동일하게 하나님의 형상을 따라 지음 받았다는 것입니다. 아니 창세기의 증언에 의하면 창2:21에 "여호와 하나님이 아담을 깊이 잠들게 하시니 잠들매 그가 그 갈빗대 하나를 취하고..." 여인을 만드셨다고 말합니다. 성경학자들은 하나님은 아담의 머리뼈로 하와를 만들지 않으시고 또한 아담의 발뼈로 만들지도 않으시고 갈빗대로 만드신 이유, 소중하고도 동등한 존재임을 시사한다고 말합니다. 그리고 그녀를 돕는 배필로 주셨습니다. '돕는 자'란 열등한 존재가 아닙니다. 성경은 하나님을 우리의 돕는 자라고 말하기 때문입니다. 사실은 더 많은 것을 가진 자만이 도울 수 있는 자입니다. 잊지 마십시다. 하나님은 여인들을 돕는 배필로 허락하셨다는 것입니다. 그리스도 안에서 이제 여인들은 남성들의 동역자요 동행자입니다. 신약에서 부활하신 주님의 복음을 맨 처음 증거 한 이들이 여인들이었습니다. 구약에서 가장 중요한 것, 약속된 땅이었습니다. 그러나 신약에서 가장 중요한 약속은 약속된 삶을 사는 것입니다. 그리스도를 주로 모시고 그리스도 안에서 남자와 여자가 하나 되는 비밀을 누리는 삶입니다. 바울은 "이 비밀이 크도다!"(엡5:32)라고 말합니다. 이 연합의 복을 놓치지 말라고 말합니다. 이제 약속의 땅에 들어가는 이들에게 여인들을 배려하라고, 함께 그 나라를 증거하라고 말합니다.

Chapter 34
도피성의 은총

- 민 35:9-15

9 여호와께서 또 모세에게 말씀하여 이르시되 **10** 이스라엘 자손에게 말하여 그들에게 이르라 너희가 요단 강을 건너 가나안 땅에 들어가거든 **11** 너희를 위하여 성읍을 도피성으로 정하여 부지중에 살인한 자가 그리로 피하게 하라 **12** 이는 너희가 복수할 자에게서 도피하는 성을 삼아 살인자가 회중 앞에 서서 판결을 받기까지 죽지 않게 하기 위함이니라 **13** 너희가 줄 성읍 중에 여섯을 도피성이 되게 하되 **14** 세 성읍은 요단 이쪽에 두고 세 성읍은 가나안 땅에 두어 도피성이 되게 하라 **15** 이 여섯 성읍은 이스라엘 자손과 타국인과 이스라엘 중에 거류하는 자의 도피성이 되리니 부지중에 살인한 모든 자가 그리로 도피할 수 있으리라

- 민 35:28

28 이는 살인자가 대제사장이 죽기까지 그 도피성에 머물러야 할 것임이라 대제사장이 죽은 후에는 그 살인자가 자기 소유의 땅으로 돌아갈 수 있느니라

Chapter 34
도피성의 은총

이스라엘 백성들은 약속의 땅 진입이란 역사적 순간을 앞두고 있었습니다. 하나님께서는 이스라엘 12지파가 거할 기업의 땅을 제비 뽑아 분배하셨습니다. 그런데 아직 하나님의 백성들을 영적으로 지도하고 섬길 레위 지파의 살 곳에 대한 언급이 없으셨습니다. 이제 드디어 그 일을 처리하십니다. 민수기 35장의 내용이 그것입니다. 곧 48개의 특별한 성읍들을 지정하시고 덧붙여 푸른 초장을 그들에게 허락하십니다. 그들이 백성 중에 편리하게 흩어져 거하며 백성들을 잘 섬기도록 하기 위한 하나님의 배려이셨습니다. 민35:7 말씀을 보겠습니다. "너희가 레위인에게 모두 사십팔 성읍을 주고 그 초장도 함께 주되." 그런데 그 레위인들에게 하사될 성읍 중에 여섯 성읍은 아주 특별한 용도로 사용하게 하십니다. 민35:6 말씀을 읽겠습니다. "너희가 레위인에게 줄 성읍은 살인자들이 피하게 할 도피성으로 여섯 성읍이요 그 외에 사십이 성읍이라." 여기 이 여섯 성읍을 도피성으로 부르게 하셨습니다.

본문은 이런 도피성 제도의 목적과 의미를 밝혀주고 있습니다. 본문 9-11절을 읽겠습니다. "여호와께서 또 모세에게 말씀하여 이르시되 이스라엘 자손에게 말하여 그들에게 이르라 너희가 요단 강을 건너 가나안 땅에 들어가거든 너희를 위하여 성읍을 도피성으로 정하여 부지중에 살인한 자가 그리로 피하게하라." 이것은 우리가 살인하지 말고 인생을 살아야 하지만 인간성의 연약함으로 의도하지 않은 살인을 한 사람들을 보호하기 위한 특별한 하나님의 배려였던 것입니다. 이것은 비단 이스라엘 백성들뿐 아니라, 약속의 땅에 살게 될 이방인들 곧 타국인들에게도 적용되는 처사였습니다. 본문 15절을 보겠습니다. "이 여섯 성읍은 이스라엘 자손과 타국인과 이스라엘 중에 거류하는 자의 도피성이 되리니 부지중에 살인한 모든 자가 그리로 도피할 수 있으리라."

그러므로 이 여섯 성읍의 존재는 전적으로 하나님의 은총의 배려였다고 할 수 있습니다. '은총', 혹은 '은혜'를 영어로 Grace라고 합니다. 그것은 '받을 자격이 없는 자들에게도 베풀어지는 하나님의 호의 혹은 사랑'(unmerited favor)을 뜻하는 말입니다. 그래서 이 도성은 하나님의 은총을 증거하는 표지판 같은 것입니다.

도피성의 제도가 오늘의 우리에게 전달하는 영적 레슨은 무엇일까요?

1. 죄인 된 인생들을 위한 도피성입니다.

본래 이런 도피성 제도는 본문 11절이 강조하는 바와 같이 '부지중에 살인한 자'를 위한 조처였지만 인간에게는 어쩔 수 없는 상황에서의 실수나 허물의 가능성을 인정하고 그런 인생에게 피할 길을 만들어 주기 위한 은총의 제도였습니다. 성경은 보편 인간의 죄인 됨을 일관성 있게 가르칩니다. 롬3:23의 말씀을 기억합시다. "모든 사람이 죄를 범하였으매 하나님의 영광에 이르지 못하더니." 롬3:10은 더욱 명확하게 이런 진실을 증언합니다. "의인은 없나니 하나도 없으며." 롬3:12입니다. "다 치우쳐 함께 무익하게 되고 선을 행하는 자는 없나니 하나도 없도다." 언제인가 영국 런던에서 장난치기 좋아하는 언론인 저널리스트가 런던에서 사회적 영향력을 끼치는 대표적인 명사 20명을 선정하고 똑같은 내용의 전문을 발송했다고 합니다. "모든 것이 탄로 났음... 빨리 잠시만 도피하기 바람" 그리고 다음 날 명사 20명은 일제히 런던 시내에서 자취를 감추었다고 합니다. 죄에서 자유한 인생은 아무도 없다는 풍자일 것입니다. 모든 사람이 죄인입니다. 이 선언에서 예외는 존재하지 않는다는 것입니다.

유대인 출신 미국의 정치 철학자 한나 아렌트가 쓴 책 중에 《예루살렘의 아이히만》이란 문제의 도서가 있습니다. 아이히만은 세계 2차 대전 이후 수많은 유대인을 학살한 책임자로 체포

되어 재판을 받습니다. 그리고 유대인 출신 철학자 한나 아렌트는 그의 재판과정을 추적합니다. 철학자는 그가 매우 사악하고 악마적인 인물일 것이라는 선입관을 갖고 재판을 방청합니다. 그러나 실제로 시간이 흘러가며 그의 인물, 그의 대화를 집중적으로 접하면서 철학자는 놀라기 시작합니다. 아이히만은 그냥 상관의 명령을 충실하게 따랐을 뿐이라고 자신을 변호합니다. 재판과정에서만 아니라 그의 일상, 그의 사람됨을 면밀하게 관찰하면서 한나 아렌트는 아이히만이 그냥 평범한 한 사람이었고 심지어 개인적으로 친절하고 선량한 사람이기까지 하다는 인상을 받습니다. 그래서 그는 이 책에서 결론적으로 '악의 평범성' 혹은 '악인의 평범성'이란 논제를 제기합니다. 평범해 보이는 이웃 사람 누구도 이런 악인이 될 수 있고 누구도 이런 악을 범할 수 있다는 말입니다. 죄인이 따로 존재하는 것이 아니라 누구나 죄인일 수 있고 누구나 악인일 수 있다는 말입니다. 그래서 도피성 같은 제도가 필요했던 것입니다.

오늘의 우리의 법에서는 아무도 변호하지 않으려는 소위 사회가 포기한 악한 죄인을 위해서도 국선 변호인 제도를 두고 있습니다. 아무리 악한 범죄자라 할지라도 변호 받을 수 있는 천부의 권리가 있다는 전제 아래서 이런 제도가 운영되고 있는 것입니다. 구약성경에서는 이런 정신이 도피성 제도로 등장한 것입니다. 그리고 그것은 하나님의 아이디어였습니다. 그는 이렇게 우리를 초대하십니다. 사1:18의 말씀입니다. "오라 우리가 서로 변론하자 너희의 죄가 주홍 같을지라도 눈과 같이 희어질 것이요 진홍 같이 붉을지라도 양털 같이 희게 되리라"

2. 어디서나 쉽게 접근할 수 있는 은총의 성읍입니다.

본문 13-14절 말씀을 읽겠습니다. "너희가 줄 성읍 중에 여섯을 도피성이 되게 하되 세 성읍은 요단 이쪽에 두고 세 성읍은 가나안 땅에 두어 도피성이 되게 하라" 그래서 이 여섯 개의 도피성은 전략적으로 팔레스타인 여러 곳에 분산 배치되어 누가 어디서라도 쉽게 접근 가능하게 한 것입니다. 수20:7-8에 보면 여섯 성읍의 이름이 기록되어 있습니다. 1)게데스(거룩함) 2)세겜(어깨,능력) 3)헤브론(교제,교통) 4)베셀(요새,안전) 5)라못(높음,고지) 6)골란(희열,기쁨) 이 성읍들은 모두 산지 높은 곳에 위치하여 누구나 쉽게 발견하고 접근할 수 있었습니다. 이 성읍들은 신약에서 그리스도 안에 거하는 자들을 위한 약속들을 포함합니다. 그리스도안에 거룩함이 있고, 능력이 있고, 교제가 있고, 안전이 있고, 높임이 있고, 기쁨이 있습니다. 구약에 도피성을 준비하시고 신약에 그리스도를 준비하신 하나님을 찬양합시다.

도피성이 지향하는 보편성은 바로 예수님의 복음이 지향하는 그런 보편성을 대표합니다. 누구라도 예수님을 믿을 수 있고 누구라도 예수님에게 나아올 수 있습니다. 가진 자도 갖지 못한 자도, 지식인도 무식한 사람도 그분은 차별하지 않습니다. 그분에게는 어른도 어린이도 나아올 수 있습니다. 그분에게는 남자도 여인도 나아올 수 있습니다. 그분에게는 권력자도 평범한 서민도 나아올 수 있습니다. 그분에게는 늙은이도 청년들도 나아올 수 있습니다. 그분의 복음은 누구든지의 복음입니다. "하나님이 세상을 이처럼 사랑하사 독생자를 주셨으니 이는 그를 믿는 자마다(누구든지) 멸망하지 않고 영생을 얻게 하려 하심이라."(요 3:16) "수고하고 무거운 짐 진 자들아 다 내게로 오라 내가 너희를 쉬게 하리라."(마11:28) 심지어 그분에게는 유대인도 이방인도 차별 없이 나아올 수 있습니다. 본문 15절을 보십시오. "이 여섯 성읍은 이스라엘 자손과 타국인과 이스라엘 중에 거류하는 자의 도피성이 되리니 부지중에 살인한 모든 자가 그리로 도피할 수 있으리라."

이 도피성은 이스라엘인만 아니라, 타국인에게도 열려 있었습니다. 오늘날도 예수 그리스도의 복음은 이스라엘 백성만 아니라 타국인, 한국인, 그리고 한국에 와있는 모든 국적의 사람에게도 열려 있습니다. 복음은 모든 사람 누구에게나 열려 있습니다. 외국인 사업가에게도 외국인 노동자에게도 난민에게도 열려 있습니다.

3. 대제사장의 죽음으로 완전한 죄사함을 얻는 은총의 배려입니다.

그런데 이런 성읍 도피성에 머물던 사람들에게 언제 완전한 자유가 주어져 그들의 집으로 돌아갈 수 있을까요? 민35:28 말씀을 보겠습니다. "이는 살인자가 대제사장이 죽기까지 그 도피성에 머물러야 할 것임이라 대제사장이 죽은 후에는 그 살인자가 자기 소유의 땅으로 돌아갈 수 있느니라." 참으로 흥미로운 제도가 아닙니까? 그런데 우리가 신약성경 히브리서를 읽어보면 놀라운 사실을 발견하게 됩니다. 히4:14의 말씀을 읽겠습니다. "그러므로 우리에게 큰 대제사장이 계시니 승천하신 이 곧 하나님의 아들 예수시라 우리가 믿는 도리를 굳게 잡을 지어다" 이천 년 전 하나님의 아들로 이 땅에 오사 우리의 죄를 대신 짊어지고 십자가에 죽으시고 부활하시고 승천하신 예수가 곧 우리의 큰 대제사장이란 말씀입니다. 그의 죽으심은 우리 모두를 위한 대속의 죽음이셨습니다. 그의 죽으심으로 그를 믿음으로 받아들인 모든 이들은 이제 죄사함을 받고 자유를 얻은 자가 되었다는 말입니다. 이것이 바로 성경이 증언하는 복음 곧 기쁜 소식인 것입니다.

얼마 전 포항에 폭우가 내리던 날(2022.9.6)입니다. 아파트 지하 주차장에 안내를 따라 차를 빼러 내려왔다가 8명이 희생된 사건을 기억합니다. 밀려드는 물에 가까스로 차에서 빠져나온

한 어머니는 천장 소방 호스 줄을 가까스로 붙든 채로 자기 아들에게 빨리 빠져나가라고 했다고 합니다. 갑작스런 물에 밀려 나가면서 아들은 "엄마 잘 키워주셔서 감사해요", "엄마, 사랑해요"라고 소리쳤다고 한 사건을 기억합니다. 후에 알려진 사실은 이 엄마와 아들은 포항 오천제일교회의 신실한 성도들로 엄마는 기도의 사람 김은숙 집사님이었고, 아들은 선교훈련을 받고 이집트 선교사가 되기를 소망한 중학생 김주영 군이었습니다. 그러나 이 중학생은 희생자가 되었고 엄마는 생존자가 되어 간증을 우리에게 전합니다. 너무 아프고 힘들지만 그녀는 살아남은 이유가 있다고 말합니다. 앞으로 "세상의 모든 아이들을 품고 살겠다"고 말합니다.(지난 목요일 저는 김 집사님과 통화하며 그 일을 함께 하자고 전했습니다). 그렇다면 주영군의 죽음은 너무나 고귀한 것입니다. 어머니를 살리고 이 땅에 수많은 아이들을 살리기 위한 희생적 죽음이었다고 말하게 될 것이라고. 그렇게 하나님의 아들 예수님도 이천 년 전 십자가에서 우리가 죽을 죽음을 대신하셨습니다. 우리를 살리고 우리의 자유를 위해 죽으신 것입니다. 그가 대제사장으로 우리 대신 죽으심으로 우리의 죄를 사하시고 우리를 온전히 새 인생으로 살게 하신 것입니다.

지구촌교회의 블레싱 축제는 이 복음을 전하고자 하는 것입니다. 옛날 구약에 도피성이란 은총의 제도가 있었던 것처럼, 우리가 과거에 어떤 인생을 살았던 그리스도 안에 오기만 하면 거기 용서가 있고 구원이 있고 자유가 있다고 하는 소식입니다. 이 놀라운 복음의 소식을 놓치지 말고 이제 우리의 도피성 되신 예수 그리스도께로 나아오십시오. 그는 죄에서 자유를 얻게 하는 유일한 구원의 길이십니다. 그는 우리 죄를 대신 짊어지고 피흘려 돌아가셨습니다. 그를 믿는 순간 그의 보혈은 우리 죄를 씻고 우리에게 새로운 생명과 자유를 선물합니다. 이 은혜를 놓치지 마십시오. 오늘이 바로 당신이 은혜 받을만한 때요 구원의 날입니다.